Nils Meyer-Selbach (Hrsg.)

Ahrensmord

Stormarner Kriminalgeschichten

CW Niemeyer

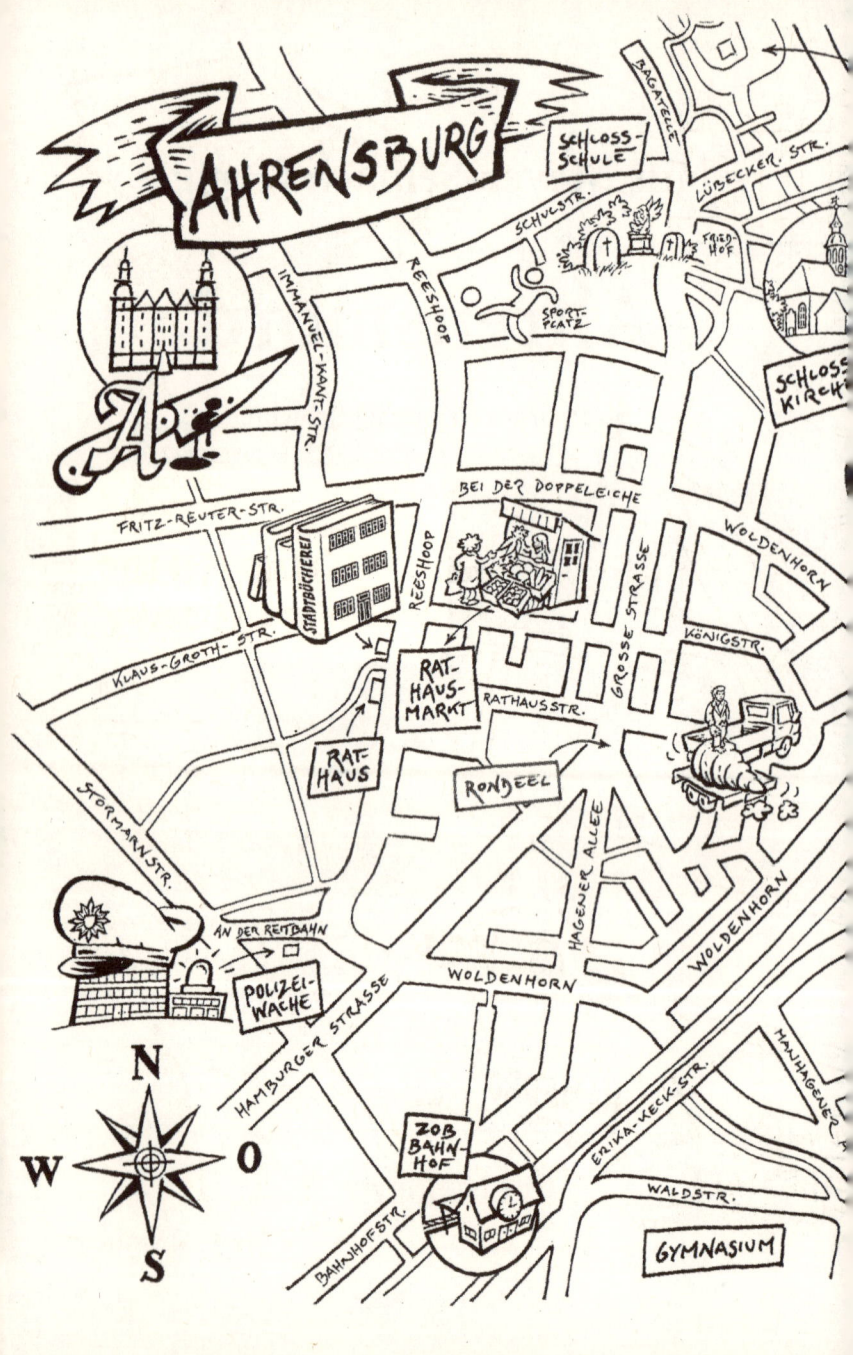

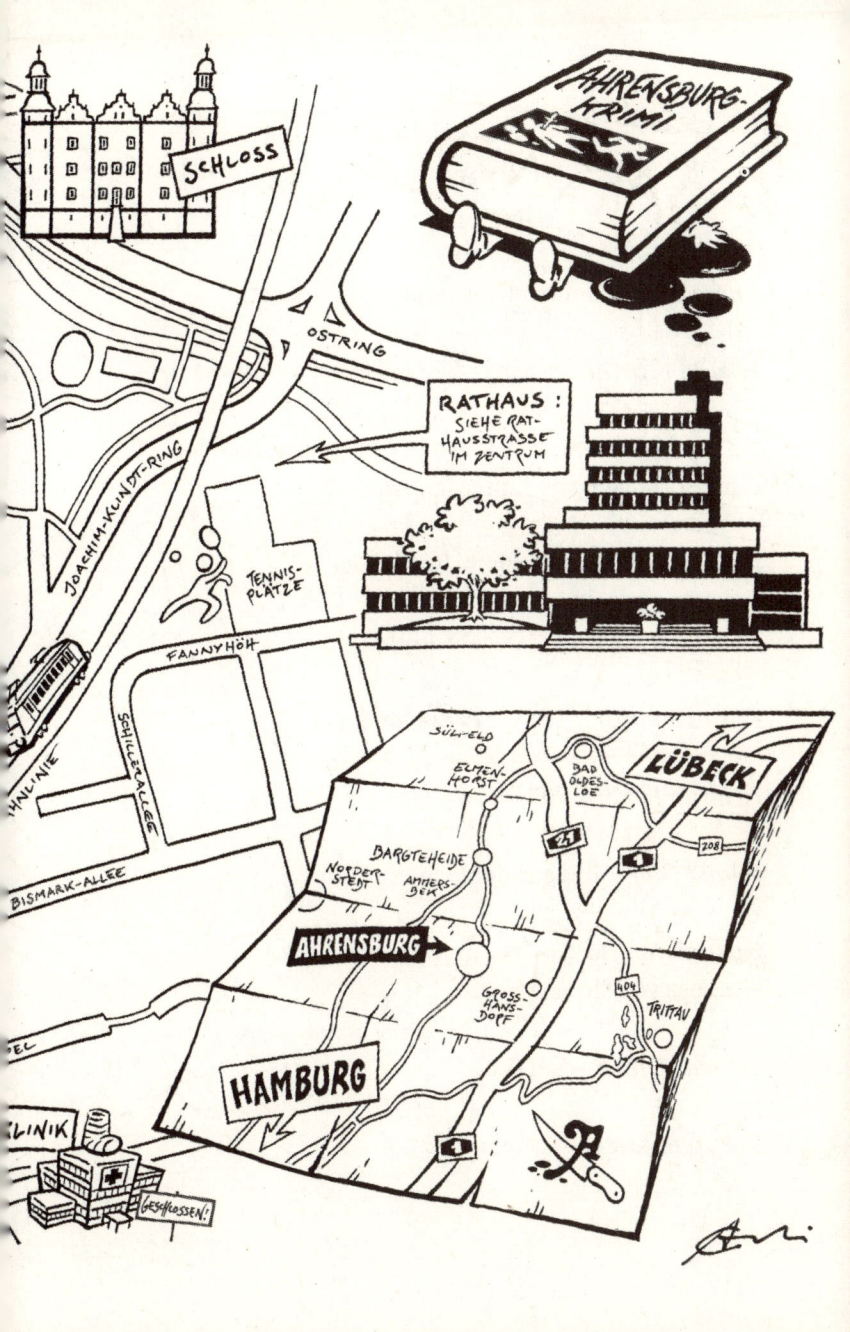

Inhalt

Vorwort

*„Ich hingegen werde mich hingebungsvoll selbst gemachten
kleinsten Delikatessen widmen, die ihm bestimmt
den Atem stocken lassen."*

Zitat aus Silke Möllers „Friedas Häkelclub"

Und hier sind sie, liebe Leserinnen und Leser, die selbst
gemachten kleinen Delikatessen aus Ahrensburg, die Ihnen den Atem stocken lassen werden. Denn wie die Brot-
krumen bei Hänsel und Gretel führen sie Sie immer tiefer hinein in die finstren Abgründe menschlicher Seelen.
Zubereitet von wahren Kennern, von Menschen aus Ihrer
Mitte, die wissen, wohin sie schauen müssen, enthalten sie
alle Zutaten, die man in einer kleinen Stadt wie Ahrensburg
erwarten darf. Ich weiß, wovon ich spreche, bin ich doch
selbst in kleinen Orten aufgewachsen, die bei einem ersten,
oberflächlichen Blick Frieden und Harmonie ausstrahlen.
Doch kratzt man den Zuckerguss vom süßen Selbstgeba-
ckenen, kommt darunter eine Mischung zum Vorschein,
die oft genug tödlich ist.

Lokalkolorit ist dabei nichts anderes als ein Synonym für
„Das Verbrechen vor der eigenen Haustür".

Wir wissen es doch alle; unter Nachbarn, Verwandten,
Bekannten, der Familie finden sich die besten, abstrusesten,

9

verrücktesten Motive für kriminelles Verhalten in allerlei
Ausprägung.

Und so müssen Sie Ihren Blick auch nicht auf die weite
Welt richten, nicht nach Hollywood und in die USA, nein,
behalten Sie besser die Nachbarn im Auge, die Arbeitskol-
legen, die Verwandten, die Menschen, die Ihnen tagtäglich
in Ahrensburg und dem Kreis Stormarn begegnen.

Hier versteckt sich das wahre Böse!

In kleinen, selbst gemachten Häppchen, die Ihnen den
Atem rauben werden, und wenn Sie es merken, ist es längst
zu spät.

Spannende Unterhaltung wünscht Ihnen

Andreas Winkelmann
Krimiautor

VORWORT

Wenn man sich als Bürgermeister von Ahrensburg eins nicht wünscht, dann ist es mehr Kriminalität in der Stadt. Es sei denn natürlich, Morde und andere Verbrechen finden nicht in der realen Welt statt, sondern als fiktionale Kriminalfälle.

Für dieses Buch hat der Initiator und Herausgeber Nils Meyer-Selbach 22 Autorinnen und Autoren im Alter von 9 bis 96 Jahren zusammengebracht, deren Geschichten eine Gemeinsamkeit haben: Sie spielen in Ahrensburg – oft an Orten, die vielen Besuchern und Einwohnern Ahrensburgs gut bekannt sind. Neben etablierten Krimiautoren aus der näheren Umgebung haben viele Neu- und Jungautoren zu diesem Buch beigetragen. Ich bin sehr gespannt: Welche Verbrechen gilt es aufzuklären, wie gehen die Ermittler vor, welche Spur führt in die Irre – und wo genau in Ahrensburg sind die Protagonisten unterwegs?

In dieser Form sind Kriminalfälle in unserer Schlossstadt willkommen, und es freut mich sehr, dass nun auch Ahrensburg einen Platz auf der Krimi-Landkarte findet.

Ich wünsche Ihnen viel Spaß bei der Lektüre – und falls Sie unsere schöne Stadt noch nicht kennen, besuchen Sie doch einmal die Originalschauplätze der Geschichten.

Eckart Boege
Bürgermeister der Stadt Ahrensburg

Bernhard Behrendsen
MORD IN DER COTTAGE SAUNA
EINE HOMMAGE AN PHILIP MARLOWE

Es war mal wieder einer dieser verdammten Tage, an dem eigentlich schon alles schiefgegangen war. Ein Tag, der mir obendrein auch noch den restlichen Abend gründlich vermiesen sollte.

Erst hatte ich mir morgens im Auto mit einem Kaffee vom Kiosk mein einziges bügelfreies Hemd versaut, nur weil ich wegen eines senilen Fußgängers scharf bremsen musste, dann hatte ich mich mit diesem überkorrekten Lehrbuchbullen und Kollegen Harry Klein mal wieder heftig über meine Ermittlungsmethoden gestritten, und zu guter Letzt hat mir dann noch irgend so 'ne hysterische Helikoptermutter mit fettem SUV auf dem Supermarkt-parkplatz laut pöbelnd die Antenne meines geliebten Ford Granada abgebrochen. Und das nur, weil ich für ein paar

Minuten auf einem der fünf freien Mutter-und-Kind-Parkplätze gestanden hatte, um eben meine Tiefkühlpizza für den Abend einzukaufen.

Verdammt, das war jetzt schon die dritte Antenne innerhalb des letzten halben Jahres, und nun regnete es obendrein auch noch Bindfäden.

Ich war nur noch genervt und freute mich auf etwas Entspannung mit ein paar späten Saunagängen in der *Cottage Sauna*.

20:37 Uhr

Ich wohnte gleich um die Ecke und wäre normalerweise zu Fuß gegangen, aber in Anbetracht des stürmischen und nassen Herbstwetters war ich mit mir übereingekommen, es wäre wohl besser, den Wagen zu nehmen.

Einen Parkplatz hatte ich nur noch ganz am äußersten Ende der Parkfläche gefunden, das beliebte Freizeitbad auf der anderen Straßenseite musste ziemlich voll sein, folgerte ich kriminalistisch.

Mit schnellen Schritten umkurvte ich die größten Pfützen, um meine teuren italienischen Schuhe mit den Ledersohlen nicht zu ruinieren, und stand schließlich an der Fußgängerampel. Ich drückte den Ampelknopf und wartete auf Grün. Wie immer, wenn es in Strömen gießt, passierte eine Weile lang gar nichts, und ich begann schließlich, auf dem Ampelknopf nach dem grünen Männchen zu morsen. Eine Reihe von Autos war bereits an mir vorbeigefahren, bis dann das letzte, ein aufgemotzter Golf III, so dicht an mir vorbeischoss, dass ich von oben bis unten durch das Regenwasser aus einem dieser tiefen Schlaglöcher, die immer an Fußübergängen entstehen, nass gespritzt wurde.

Ich konnte mir das dämliche Grinsen des spätpubertierenden Pickelgesichts hinter dem Steuer bildlich vorstellen und fluchte dem Wagen lauthals hinterher.

Hoffentlich hatte das Schlagloch eine fiese Kerbe in der Alufelge der Karre hinterlassen. Ich zumindest hatte jetzt die Nase endgültig voll, erklärte die Ampel für defekt und rannte zwischen einer größeren Fahrzeuglücke über die Straße.

„Was für ein lausiges Wetter", fluchte ich vor mich hin und schob mir meinen Hut zum Schutz gegen den von vorn prasselnden Regen noch tiefer ins Gesicht.

Der Wind pfiff aus Richtung des Schlosses durch den Mühlenredder, und ich zog die Schultern hoch. Die Beleuchtung entlang des Weges war spartanisch, darüber hatten sich schon viele Ahrensburger bei der Stadt beschwert. Im Sommer ein wunderbarer, kühler, von Büschen und Bäumen gesäumter Weg zum Schlosspark, mieden die meisten Fußgänger den Weg im Herbst und Winter.

Zu dunkel und zu schlecht einzusehen, befanden sie, und so war es für mich auch kein Wunder, dass mir hier niemand entgegenkam.

Nur noch wenige Schritte trennten mich von der Saunaanlage, als ich die Eingangstür knallen hörte. Darüber wird Kowalski sich bestimmt nicht gefreut haben, dachte ich noch.

Klaus Kowalski war der Pächter der *Cottage Sauna* und ein unbedingter Freund der leisen Töne.

In seiner Sauna wurde kein Lärm gemacht, nicht mal laut geredet, auch nicht im Glasgarten, der den *Cottage Pub* mit dem Saunabereich verband.

20:43 Uhr

Eine Sekunde später rannte mich ein kräftiger Kerl über den Haufen, der mich im Dunkeln offensichtlich nicht gesehen hatte. Wir beide strauchelten, ich verlor das Gleichgewicht und kippte nach hinten. Der andere rappelte sich wieder hoch und verschwand hinter mir in der Dunkelheit.

„Was zum Teufel war das denn?", fluchte ich erneut. Mein ständiges Fluchen war auch so etwas, worüber ich mit Klein beinahe täglich in Streit geriet.

Ich richtete mich auf, wischte mir grob den schlammigen Boden vom Trenchcoat und klopfte meinen Hut aus, bevor ich ihn wieder aufsetzte.

Die wenigen Schritte zum Eingang des Saunagebäudes nahm ich im Sprint und öffnete die Tür.

An der Rezeption war niemand, aber das war nicht ungewöhnlich.

Zu später Stunde, zumindest unter der Woche, war Kowalski in der Regel allein in der Sauna, seine Angestellten schickte er normalerweise gegen acht Uhr abends nach Hause.

Die Sauna lebte wohl größtenteils vom Wochenendgeschäft, denn die Clubs, die sich hier regelmäßig unterhalb der Woche zum gemeinschaftlichen Saunieren trafen, lasteten das Geschäft bestimmt nicht aus.

Heute war, wie jeden Donnerstag nach halb neun, kein Club mehr da und die Sauna normalerweise bis auf ganz wenige Gäste leer. Das war auch der Grund, warum ich an solchen Abenden in die Sauna ging. Ich konnte diese meist schwabbelbäuchigen, selbst ernannten Gesundheitsapostel und deren oberflächliches Gerede nicht ertragen und genoss die Saunagänge lieber allein, oder bestenfalls mit meinem Freund *Jim Beam*, der mich ab und an heimlich in der Tasche meines Saunakilts begleitete.

Ich schlug die Rezeptionsklingel. Einmal. Nichts. Ich wiederholte das Klingeln, energischer.

Spätestens jetzt wäre Kowalski eigentlich nach vorn gekommen, um sich darüber zu beschweren.

Der kam nicht.

Ich langte über den Tresen, drückte den elektrischen Türöffner und öffnete den Sperrbügel zu den Umkleiden.

„Kowalski?" Keine Antwort, es blieb still. Ich ging durch die Ankleiden weiter in den *Cottage Pub*, wo jetzt normalerweise der eine oder andere späte Gast saß. Der Pub und der Glasgarten waren leer.

Außer dem Plätschern des Innenbeckens war nichts zu hören, die Sauna war leer. Aber wo war Kowalski?

Mir wurde heiß, aber das war nicht der Situation geschuldet, dazu war ich zu abgeklärt.

Die Temperatur in dem Gebäude betrug in der Regel angenehme 26 °C, ausreichend für aufgeheizte Saunagänger sowie für die in Badetücher oder Bademäntel gehüllten Gäste, die den Ruhebereich zwischen den Saunagängen genossen.

Ich aber stand mit Trenchcoat, hochgeklapptem Kragen und Hut vor den Eingängen zu den Saunaräumen und kam mir irgendwie fehl am Platz vor.

„Kowalski?", rief ich wieder. „Kowalski?"

Ich öffnete eine Saunatür nach der anderen, alle Saunen waren leer.

Im Duschbereich lief Wasser aus einem der Duschköpfe, und ich blickte hinein.

Kowalski lag blutüberströmt in der Ecke unter der halb herausgerissenen Halterung des Eiswasserkübels. Der massive Holzeimer war offensichtlich die Tatwaffe, denn dieser steckte noch blutig auf seinem Kopf.

Kowalski stöhnte leise, also lebte er zumindest noch. Ich kniete mich zu ihm hinunter und zog vorsichtig den Holzkübel von seinem Kopf.

Oh Mann, er war übel zugerichtet. Der Täter hatte ihm den Schädel eingeschlagen, ein Wunder, dass er noch lebte. Ich rief mit meinem Diensttelefon Polizei und Notarztwagen und versorgte Kowalski, so gut es mein abgenutztes Erste-Hilfe-Wissen eben hergab.

„Wer war das, Kowalski?", flüsterte ich in sein Ohr, aus dem Blut floss, das bereits langsam gerann. „Konntest du den Kerl erkennen?"

Kowalski öffnete eines der zugeschwollenen Augen angestrengt zu einem kleinen Schlitz und versuchte zu antworten. „Be…kannter…", röchelte er. „… von … früh… er…"

„Und weiter?", bohrte ich. „Sein Name …?"

„… Club …"

Das war's dann! Kowalski war tot, und ich hatte plötzlich den nächsten Fall an den Hacken.

Erst jetzt bemerkte ich, dass immer noch Wasser lief, und drehte den Hahn zu. Eine gespenstische Stille machte sich breit. Ich nahm eine Zigarette aus meinem Etui und steckte sie mir noch im Duschbereich an. Dass in der Sauna Rauchverbot herrschte, war jetzt auch egal, Kowalski konnte sich ja nicht mehr darüber beschweren, und die nächsten Tage würde hier sowieso kein Saunagast anwesend sein.

Ich zog den Trenchcoat aus, setzte mich auf eine Holzbank am Pool und wartete, Zigarette rauchend, auf Verstärkung.

21:38 Uhr

Meine Kollegen der Polizeistation Ahrensburg waren nach wenigen Minuten am Tatort, zusammen mit dem Notarzt, der, wie nicht anders zu vermuten war, nur noch den Tod Kowalskis feststellen konnte. Das hätte ich ihm auch gleich sagen können.

Die Uniformierten sperrten den Duschbereich ab und riefen anschließend die Spurensicherung.

Anders als in den meisten Kriminalfilmen war der Kommissar diesmal vor ihnen am Tatort, was mir die Arbeit zwar nicht leichter machen würde, aber eine gewisse Genugtuung bereitete. Diese schrägen Typen, die in schlechtem *Criminal-Minds*-Stil nach Hinweisen und Spuren suchten, waren mir immer zuwider, spätestens dann, wenn sie anfingen zu schlussfolgern und den Profis die Arbeit erschwerten. Warum zur Hölle konnten die sich nicht einfach auf ihre Aufgaben beschränken?

Mein Kollege Klein war da anders gepolt. Der hörte sich sehr gerne Tatortanalysen und Schlussfolgerungen an, so, wie es einem heutzutage auf der Polizeischule beigebracht wird. Auch über diesen Punkt eckten wir regelmäßig an.

Klein stand abseits mit dem Notarzt zusammen und redete mit ihm. Entweder hatte er mich nicht gesehen, oder er ignorierte mich einfach. Kein Wunder, heute waren wir beide ja auch ziemlich heftig aneinandergeraten.
Ich wollte gute Miene zum bösen Spiel machen und ging zu den beiden rüber.

„Na Harry, gibt's bereits Erkenntnisse?", fragte ich in der freundlichsten Tonart, die ich unter diesen Umständen hinbekam. Er blickte mich missmutig an. „Was machen Sie denn hier, Mahlow? Ich habe Bereitschaft. Nicht Sie!" Er wandte sich wieder dem Arzt zu. „Ein Schlag mit einem stumpfen Gegenstand gegen den Schädel war also ausschlaggebend für den Tod des Mannes, richtig?"

„Stimmt", pflichtete ihm der Mediziner bei.

„Tatzeit?", wollte Klein wissen.

„So zwischen Viertel nach acht und halb neun", mischte ich mich ein.

Klein blickte mich erstaunt an. „Woher ...?"

„Ich hab' ihn gefunden, kurz nachdem ich knapp vor der Eingangstür mit dem mutmaßlichen Täter zusammengestoßen bin!"

„Sie haben den Täter gesehen?"

„Zusammengestoßen", sagte ich. „Sehen oder gar erkennen kann man ja bei dieser Funzelbeleuchtung da draußen so gut wie gar nichts!"

„Und? Haben Sie wenigstens gleich eine Ringfahndung ausgelöst?"

„Nach wem denn?", fragte ich jetzt süffisant. „Nach einem Phantom, von dem es keine Beschreibung gibt? Jetzt machen Sie mal halblang, Klein! Das wäre reine Zeitverschwendung!"

„Ach ja?"

Da war er wieder, dieser Ton, der mich regelmäßig auf die Palme brachte. Warum nur in aller Welt musste Klein immer den Kriminalen aus dem Lehrbuch geben?

„Hören Sie, Klein. Es ging rasend schnell. Ein Zusammenstoß im Dunkeln, und weg war der Kerl …"

„Aha, aber dass es ein Mann war, das haben Sie schon gesehen, was?"

„Nun hören Sie doch auf, Mann, 'ne Frau rennt mich nicht einfach über den Haufen, es sei denn, sie wär' 'ne Schwergewichtsboxerin!"

Die Lust, Klein über die letzten Worte Kowalskis zu informieren, war mir jetzt zunächst vergangen. Kowalski hatte von einem Bekannten von früher gesprochen … und von einem Club. Ich beschloss deshalb, dieser Spur zunächst einfach allein zu folgen. Das lag mir sowieso mehr.

22:27 Uhr

In den Clubs und Nachtbars der Umgebung kannte ich mich aus. Es waren ohnehin nur eine Handvoll in dieser Kleinstadt, ganz anders als in Hamburg, wo ich vor hundert Jahren mal hergekommen war. Den meisten davon traute ich irgendwelche kriminellen Hintergründe oder Verbindungen einfach nicht zu, und so machte ich mich auf in die Nacht, den wenigen noch verbliebenen Spelunken, die infrage kamen, einen Besuch abzustatten.

Der erste Club, den ich ansteuerte, war die *Pink Pussy Bar*, die von Heinz Pedersen, einem ehemaligen Türsteher von St. Pauli, geführt wurde.

Der Kerl hatte mehr auf dem Kerbholz als alle Kleinganoven aus Ahrensburg zusammengenommen, und deshalb beschloss ich, hier mit meinen Ermittlungen zu beginnen.

Ich parkte meinen Wagen im Halteverbot einer kleinen Seitenstraße in der Nähe des Clubs und spurtete durch den immer noch starken Regen bis hin zur schweren Eingangstür des Etablissements und klopfte an. Ein kleiner Schlitz wurde aufgezogen, ich wurde kurz gemustert, und gleich darauf ging die Tür auf.

Ein fetter, glatzköpfiger Hüne mit einem Tattoo auf dem Schädel stand vor mir.

„Du bist 'n Bulle, das riech' ich gegen Wind! Was willst du hier?"

Das Schoßhündchen musste neu sein, er kannte mich nicht.

Ich blieb ganz cool, tastete aber vorsorglich nach meiner Dienstwaffe im Schulterholster.

„Ist Pedersen da?"

Heinz Pedersen, genannt „Pitbull" Pedersen, kannte ich bereits aus meiner Hamburger Zeit, als er noch als zweitklassiger Boxer und Türsteher sein Geld im Rotlichtmilieu von St. Pauli verdiente.

Der Hüne nickte in Richtung des Tresens. „Dahinten *inner* Ecke."

Ich schlenderte betont langsam durch den Club und scannte dabei die Gäste in den schweren Clubsesseln. Alles Kerle, insgesamt nicht mehr als eine Handvoll, und alle sahen sie aus wie Staubsaugervertreter auf der Durchreise. An der Stange bewegte sich eine gelangweilte Stripperin zu einem geleierten „Black Velvet" vom Band, die anderen Girls saßen am Tresen und warteten auf den Feierabend.

Am Ende der Bar in einem VIP-Rondell aus rotem Lackleder saß Pedersen und amüsierte sich mit einer platinblonden, nur spärlich bekleideten Schönheit, die genau in Pedersens Beuteschema passte. Als er mich sah, stieß er das Mädchen von sich und winkte mich zu sich. Die Kleine schob schmollend ab.

„Mahlow", begrüßte er mich mit breitem Hamburger Slang. „Was treibt dich denn hierher in mein *Etablissemeng*? *Bissu* dienstlich hier, oder willst' dich *amüsier'n*?" Er schnippte mit dem Finger in Richtung des Tresens. „Antonio, bring dem Hauptkommissar 'n Herrengedeck hier rüber."

Und mich grinste er an: „Bist eingeladen, Herr Kommissar …"

Antonio kam mit Bier und Korn und stellte das Tablett vor mir ab. Ich kippte den Kurzen und nahm einen langen Zug aus dem Glas.

„Es gab einen Mord heute Abend", antwortete ich schließlich. „Das Opfer ist Klaus Kowalski."

„Der Typ *vonne* Sauna?" Pedersen blickte erstaunt. „Und wie kann ich dir dabei helfen?"

„Kowalski flüsterte, kurz bevor er starb, noch das Wort ‚Club'. Ich dachte, du wüsstest vielleicht, ob hier irgendwer Streit mit Kowalski hatte, bist doch sonst immer so gut informiert."

Pedersen kniff die Augen zusammen. „Mach mal halblang, Mahlow! Seit ich von 'n Kiez *wech* bin, hab ich mir nix mehr zuschulden kommen lassen. Das kann ich mir als Geschäftsmann gar nicht mehr leisten. Ich kenn' kein', der mit dem Typ Streit *hadde*. So, und nu muss ich arbeiten. Den Weg raus kennst' ja, ist der gleiche wie rein!"

Das war ein Rauswurf!

Ich glaubte Pedersen. Der war zwar 'n harter Hund, aber er log nicht. Wenn der etwas gewusst hätte, dann hätte er es mir erzählt.

Ich verließ die *Pink Pussy Bar,* lief durch den strömenden Regen zurück zu meinem Wagen und setzte mich auf die Rückbank. Das machte ich immer so, wenn ich überlegen musste.

So viele Nachtclubs gab's nicht in Ahrensburg, was aber, wenn es gar kein Nachtclub war, oder einer von außerhalb? Ich grübelte. Kowalski war irgendwie nicht der Typ gewesen, der in die Szene passte. Was für einen Club und welchen Bekannten von früher könnte er gemeint haben? Okay, die Nacht war noch jung, und so entschied ich mich, auch den anderen einschlägigen Bars einen Besuch abzustatten.

22:43 Uhr

Ich quälte mich ungelenk über die Rückenlehne auf den Fahrersitz und startete den Wagen.

Mein nächstes Ziel war das *Stormarner Eck*, eine harmlos klingende, aber ziemlich heruntergekommene Kneipe mit üblem Publikum am Rande des Bahnhofsviertels.

Okay, hier sollte man sich um diese Uhrzeit besser nicht allein herumtreiben, aber ich war ja in Begleitung meiner SIG Sauer P6. Das gute Stück begleitete mich bereits seit Jahren, und bislang hatte ich mich erfolgreich gegen den Tausch mit der modernen Walther P99 Q gewehrt.

Die P6 war seit Jahren auch das einzig Weibliche, das mit mir in einem Bett schlafen durfte.

Ich parkte auf dem jetzt leeren Park-&-Ride-Parkplatz am Bahnhof, obwohl ich auf die andere Seite des Bahnhofs musste. Das war, sozusagen, meine Lebensversicherung, denn sollte ich im *Stormarner Eck* irgendwie Probleme bekommen, hätte ich entweder durch die Unterführung oder – wenn nötig – sogar direkt über die Gleise verschwinden können.

Die Kneipe hatte nicht umsonst einen miesen Ruf.
Wer hier das Sagen hatte, war unklar, man munkelte über Verbindung zur Russenmafia, über Geldwäsche, illegales Glücksspiel, Prostitution, das ganze Programm also, und Bullen waren hier nicht gern gesehen. Mit einem flauen Gefühl in der Magengrube öffnete ich die Tür. Vielleicht lag es daran, dass ich seit heute Mittag nur einen Börek aus dem *Emir Palace* von Serhat Yilmaz gegessen hatte und Lütt und Lütt von ‚Pitbull' Pedersen jetzt seine Wirkung zeigten, vielleicht war es aber auch mein Instinkt, der mir dieses Gefühl verpasste.

Egal, was es auch war, ich musste vorsichtig sein.

Der Raum war völlig verqualmt und dunkel. Ich musste unweigerlich an russischen *Machorka*-Tabak denken, von dem mein Opa, als er aus russischer Gefangenschaft zurückgekehrt war, immer erzählt hatte. Es dauerte einen Moment, bis sich meine Augen an das Zwielicht gewöhnt hatten. Ich blieb am Eingang stehen und verschaffte mir einen Überblick.

Der Laden war noch leerer als der *Pink Pussy Club*, und als man mich sah, verstummte die Unterhaltung der Männer abrupt.

„Geschlossene Veranstaltung", zischte einer der Kerle mit auffällig russischem Dialekt. „Verpiss dich, Kumpel, bevor es hier ungemütlich für dich wird!"

„Sorry Leute, ich will euch nur ein paar Fragen stellen, keine Sorge, mehr nicht."

Das ungute Gefühl in meiner Magengrube verstärkte sich.

„Bist 'n Schnüffler, was? Okay, was willst du?"

„Kennt ihr den Betreiber der *Cottage Sauna*? Kowalski? Klaus Kowalski?"

„Wieso?", kam die Stimme aus dem Halbdunkel. „Ist was mit ihm?"

„Ja,", erwiderte ich nun mutiger. „Er ist tot!"

„Und wer hat ihn tot gemacht?"

Unwillkürlich musste ich grinsen.

„Tot gemacht" klang in diesem Zusammenhang irgendwie eigenartig.

„Das versuche ich ja herauszufinden. Könnt ihr mir irgendwas sagen, was mir weiterhelfen könnte?"

„*Tovarishch*, ich kenn' den Typen, der hat hier früher am Bahnhof angeschafft. Ist aber schon 'ne Ewigkeit her. Irgendwann war er plötzlich verschwunden, und dann tauchte er eines Tages in der Sauna wieder auf. Das ist alles, was ich weiß, Schnüffler, okay? Und nu' sieh zu, dass du Land gewinnst!"

Okay, das sollte mir reichen, bloß die Geduld der Typen nicht überstrapazieren.

Bis jetzt war schließlich alles gut gegangen, und das sollte möglichst auch so bleiben.

Ich ging langsam rückwärts zur Tür und behielt dabei den Raum im Auge.

„*Spasibo*, mein Freund, bin schon weg!"

23:19 Uhr

Draußen vor der Tür holte ich tief Luft.

Kowalski ein Stricher? Und wer konnte ein Motiv haben, ihn umzubringen? Stand der Mord überhaupt mit seiner Vergangenheit in Verbindung? Fragen über Fragen, ich musste irgendwie meinen Kopf klarkriegen, um in diesem Fall weiterzukommen.

Ich steckte mir eine Zigarette an und ging zurück zu meinem Wagen. Die beiden Läden waren sauber, da war ich mir sicher, aber gleichzeitig gingen mir die Ideen aus, wo ich noch weitersuchen sollte.

Ahrensburg war eine nette Stadt, kriminaltechnisch aber ein eher unbeschriebenes Blatt.

Klar, es gab die übliche Kleinkriminalität, wie Autodiebstahl, Einbruch, und andere kleinere Delikte wie Ladendiebstahl oder Handtaschenraub, aber Kapitalverbrechen wie Mord oder Totschlag existierten quasi nicht. Das letzte Tötungsdelikt lag Jahre zurück, das war ja auch der Grund gewesen, weshalb ich mich vor Jahren von Hamburg hierher hatte versetzen lassen.

Ich liebte diese verstaubte, leicht spießige Stadt, deren Bewohner sich mit Hingabe und über Jahre hinweg mit den Kommunalpolitikern wegen einer bunten Fiberglasplastik mit dem eigenartigen Titel *Der Muschelläufer* streiten konnten.

Ich setzte mich wieder hinter das Lenkrad meines Wagens, startete den Motor und fuhr einfach los. Beim Fahren kamen mir oftmals die besten Ideen, und ich konnte in Ruhe meine Gedanken sortieren. Das Nachtprogramm im Autoradio spielte Swingmusik der 40er-Jahre, meine Lieblingsmusik mit *Frankieboy* Sinatra, Cab Calloway und Fred Astaire, und ich kam langsam wieder runter.

Über drei Stunden fuhr ich kreuz und quer durch die leer gefegte nächtliche Innenstadt. Der Regen prasselte auf meine Windschutzscheibe, und die Wischerblätter hinterließen Schlieren, in denen sich die Lichter der Leuchtreklamen und Ampeln brachen. Okay, es war zwar nicht die große Stadt, die ich aus früheren Zeiten kannte, und die Straßen waren auch nicht so groß und lang, aber die bunten Lichter brachten Erinnerungen an den Kiez zurück.

Schließlich hatte ich auch meine letzte Zigarette aufgeraucht und warf die zerknüllte Packung in den Fußraum der Beifahrerseite. Da lagen schon mehrere davon herum, zusammen mit Kaffeebechern aus Pappe, und der Aschenbecher quoll auch über.

Ich müsste mal wieder sauber machen, dachte ich.

Und neue Zigaretten und ein heißer Kaffee würden mir jetzt auch guttun.

Beides bekam ich um diese Uhrzeit nur noch an der Tanke.

Meine Lieblingstankstelle hatte rund um die Uhr geöffnet und war nicht weit entfernt.

Außerdem hatte ich von den nächtlichen Straßen Ahrensburgs jetzt auch genug gesehen, und viel weiter war ich mit meinen Gedankenspielen bislang auch nicht gekommen.

02:23 Uhr

Die Großtankstelle mit dem bunten Stern im Emblem war auch zu dieser Nachtzeit hell erleuchtet. Außer mir gab es keinen anderen Kunden auf dem gesamten Gelände, und zusammen mit dem Regen, der Dunkelheit herum und dem ungemütlichen Wind wirkte die Szenerie irgendwie trostlos. Ich parkte dicht an der Automatiktür zum Verkaufsraum, stieg aus und winkte dem Nachtkassierer durch die Scheibe zu.

Er erkannte mich und öffnete, entgegen den Vorschriften, die Tür. Obwohl ich nun schon so lange hierherkam, kannte ich seinen Namen nur von dem Plastikschild, das an seinem Diensthemd befestigt war.

„Wie immer?", fragte er schläfrig.

„Wie immer, Kurt!", antwortete ich.

„Geht los, gib' mir 'ne Minute."

Er warf mir meine Schachtel Zigaretten zu, nahm die gläserne Kanne von der Warmhalteplatte der Kaffeemaschine und stellte sie zusammen mit einem Pappbecher vor mir auf dem Stehtisch ab.

„Bedien' dich, Mahlow."

Ich steckte mir erst eine Zigarette an und nahm dann einen großen Schluck von dem schwarzen Gebräu. So bitter, wie der Kaffee schmeckte, musste er schon seit Stunden auf der Platte gestanden haben.

„Scheiße Kurt, der ist ja scheußlich!", beschwerte ich mich.

„Was erwartest du denn um diese Uhrzeit?", antwortete Kurt und zuckte nur mit den Schultern. „Brauchst ihn ja nicht zu trinken! Sei froh, dass ich dich überhaupt reingelassen hab."

Egal wie der Kaffee auch schmeckte, er zeigte Wirkung. Mein Hirn kam langsam wieder in Gang, auch wenn ich keinen blassen Schimmer hatte, wie ich weitermachen sollte.

Ich rauchte noch eine zweite Zigarette und verließ dann schweigend den Shop.

„Kannst ruhig auch mal danke sagen, Mahlow", rief Kurt mir hinterher.

03:05 Uhr

Irgendwie sagte mir mein Instinkt, dass ich noch mal zurück in die Sauna musste. Die Kollegen waren garantiert schon lange verschwunden, und ich konnte mich dort jetzt ungestört umsehen.

Von der Tankstelle bis zum Tatort waren es nur wenige Hundert Meter die Straße hinunter, und diesmal parkte ich auf dem leeren Parkplatz direkt am Mühlenredder.

Es hatte endlich aufgehört zu regnen, und als ich aus dem Auto ausstieg, war es unwirklich still. Beim Gehen hörte ich nichts außer den Sohlen meiner Schuhe, die leise auf dem Sandweg knirschten.

Die Sauna lag im Dunkeln.

Die Eingangstür war mit einem Polizeisiegel verschlossen, aber bei genauerem Hinsehen konnte ich erkennen, dass es mit einem scharfen Gegenstand gebrochen worden war. Ich schloss auf eine Rasierklinge oder ein Messer mit schlanker Klinge, so wie diese verbotenen Einhandmesser, mit denen sich halbstarke Möchtegernganoven gern als Gangsterrapper in den sozialen Netzwerken darstellen.

Meine innere Alarmsirene sprang augenblicklich an, und meine Hand griff in den Schulterholster. Die P6 in der Hand gab mir Sicherheit.

Vorsichtig öffnete ich die Tür.

Der Eingangsbereich war dunkel.

Ich lauschte hinein.

Es war nichts zu hören.

Mit gezogener Waffe schlüpfte ich durch die Tür und schloss sie so leise, wie ich konnte.

Meine Augen gewöhnten sich langsam an die Dunkelheit, und ich bewegte mich vorsichtig weiter.

Plötzlich hörte ich ein Geräusch, das aus dem Büro hinter dem Tresen zu kommen schien.

Ich blieb stehen.

War da was gewesen?

Ja, ich hörte das Geräusch noch mal.

Es klang, als ob Schubladen aufgezogen und wieder zugeschoben wurden.

Da suchte doch jemand nach was.

Meine Nerven waren bis zum Zerreißen gespannt, als ich mich um den Tresen herum anschlich.

Da war ein Lichtstrahl.

Schlank, scharf abgegrenzt, ein Lichtschwert, geworfen von einer kleinen Taschenlampe.

Von der Statur her könnte das der Kerl von vorhin sein.

Aber was suchte der jetzt hier?

Die alte Polizeiweisheit, dass der Täter immer zum Tatort zurückkehrt, schien sich auch hier zu bewahrheiten. Ich ging zum Angriff über.

„Hände hoch, Polizei", rief ich den Typen an. Der zuckte nur kurz zusammen und erstarrte dann.

„Ganz langsam, mein Freund. Ich will deine Hände sehen, mach keinen Scheiß, ich hab' die Waffe auf dich gerichtet!"

Dem Typ ging die Flatter. „Nicht schießen bitte, ich geb' auf!"

Das schien ja 'ne einfache Sache zu werden, denn Schneid hatte der Typ keinen.

Ich schaltete das Licht ein.

Vor mir stand ein Kerl, der jetzt auch noch anfing zu heulen.

„Ich wollte das nicht!", schluchzte er. „Ich wollte doch nur mit ihm reden, aber dann ist irgendwie alles schiefgegangen."

Noch so jemand also, bei dem alles schiefgegangen war, willkommen im Club.

Aber was für ein Weichei! Erst jemanden umbringen und dann das große Flennen kriegen.

Was war bloß aus den Kriminellen von heute geworden? Die konnten doch nicht alle nur 'ne schlechte Kindheit gehabt haben.

„Wie heißt du?", fragte ich das heulende Elend, nachdem ich es mit Handschellen an der Heizung angekettet hatte. Mit meiner Vermutung wegen des Polizeisiegels an der Eingangstür hatte ich übrigens recht, in seiner Hosentasche steckte ein *Balisong*, ein in Deutschland verbotenes Butterflymesser.

„Markmann, Siegfried Markmann", schaffte er noch zu sagen, bevor er wieder losheulte.

Oh Mann, der Typ ging mir jetzt schon auf die Nerven.

„Und was suchst du hier um diese Zeit?"

Ich brauchte nicht mehr weiter zu fragen, denn jetzt sprudelte es aus dem Mann nur so heraus.

„Ich kenne Kowalski von früher. Ich wusste nicht, dass er diese Sauna betreibt. Ich bin nach einigen Jahren im

Ausland wieder hierhergezogen und habe mich vor ein paar Monaten einer Saunagruppe angeschlossen. *Die Schwitzbuben* treffen sich hier einmal die Woche zum Saunieren. Kowalski hat mich gleich bei meinem ersten Besuch wiedererkannt. Scheiße Mann, ich bin schwul und war vor ewigen Jahren einer seiner Freier. Aber das ist doch schon so lange her. Heute lebe ich ein ganz normales Leben als Single, hab' 'n guten Job, 'ne schöne Wohnung, Freunde …"

Markmann stockte kurz.

„Kowalski fing an, mich zu erpressen. Er drohte damit, meine Vergangenheit öffentlich zu machen, wenn ich nicht zahle. Stellen Sie sich das doch nur mal vor: *Kleiner Schwuli in 'ner Männersauna.* Das wär' doch mein gesellschaftliches Ende gewesen. Erst waren es nur kleine Beträge, die er von mir forderte, aber dann wurde Kowalski immer gieriger. Meine Ersparnisse waren schnell abgeräumt, und deswegen wollte ich ihn gestern Abend zur Rede stellen. Ich habe ihm mit der Polizei gedroht, aber Kowalski hat nur gelacht. *Dann geh' doch, wenn du dich traust,* hat er gesagt. *Dann kannste aber auch gleich von hier verschwinden, dann bist du nämlich erledigt!* Und dann lachte er nur noch. Da sind mir die Sicherungen durchgebrannt. Ich riss den Eiskübel von der Halterung und schlug zu. Ich wollte nur, dass er aufhört, verstehen Sie? Er sollte nur aufhören …"

„Und warum sind Sie noch mal zurückgekommen?"

„Kowalski hatte mir gesagt, er hätte Fotos von mir, von früher – in eindeutigen Situationen. Die wollte er den Männern vom Saunaclub zeigen, wenn ich zur Polizei gehe. Scheiße, ich brauchte doch diese Fotos …"

05:38 Uhr

Nachdem ich mir die Geschichte von Markmann zu Ende angehört hatte, wählte ich die Mobilnummer von Klein, der völlig verschlafen das Gespräch annahm. Ich erklärte ihm kurz die Situation und grinste dabei bis über beide Ohren, weil ich mir sein dämliches Gesicht so richtig vorstellen konnte.

Ich ließ Markmann, der überhaupt keine Anstalten machte zu fliehen, allein zurück und verließ die Sauna. Ich war einfach zu alt für nächtelange Ermittlungen geworden, und diese Nacht war schon viel zu lang gewesen.

Der Fall war gelöst, um den Rest konnte sich Klein jetzt gerne kümmern.

Ich wollte nur noch nach Hause, nach Hause ins Bett und mich ausschlafen.

Jörg Dierkes
DIE KETCHUP-BRÜDER

Prolog
Ahrensburg, 11. Januar 2018, 03:20 Uhr im Schlosspark

Es war bitterkalt in dieser Nacht, und Schnee begann auf
den Boden zu fallen. Innerhalb weniger Minuten war der
Ahrensburger Schlosspark mit Schnee bedeckt. Er kniff
die Augen gegen den Schnee zusammen. Seine Hände zit-
terten trotz der Handschuhe, doch das lag nicht an der
Eiseskälte, denn er hielt eine Pistole in der Hand. Tränen
kullerten seine Wangen herunter. Er flüsterte: „Ich liebe
dich!" Im selben Moment richtete er die Pistole auf den
Mann, der mit dem Rücken zu ihm in zehn Meter Entfernung stand, und drückte ab. Einmal, zweimal, dreimal.
Alle drei Schüsse trafen den Mann in den Rücken. Der
kippte nach vorne in den Schnee und war auf der Stelle
tot. Schnell war der Schnee rot getränkt. Er war entsetzt

über seine Tat und glaubte, sich übergeben zu müssen. Dann rannte er davon.

Kapitel 1
Ahrensburg, 08. April 2019

Ich saß in meinem Büro und schaute nachdenklich auf meine Visitenkarte. *Fabian Ahrens, Ihr Privatdetektiv in Ahrensburg – professionell und diskret* las ich dort. Vor nunmehr drei Monaten hatte ich den Schritt in die Selbstständigkeit gewagt, trotz meiner erst dreißig Jahre. Doch meine Auftragslage war miserabel, dafür passierte schlicht zu wenig in dieser verdammten Kleinstadt.

Mir gegenüber saß Jacky. Meine Sekretärin war gerade dabei, einen Briefumschlag zu öffnen. Hervor holte sie einen handgeschriebenen Brief und ein Bündel Fünfhunderteuroscheine. Als sie die Geldscheine gezählt hatte, sagte sie lapidar: „Fünftausend Euro!"

Ich bekam große Augen. „Gib mal her!", bat ich Jacky, worauf sie mir Brief und Geld zuwarf.

Hastig überflog ich das Schreiben. Dann blickte ich Jacky an. „Hör mal, was hier steht!" Ich fing an, den Brief vorzulesen. „*Lieber Herr Ahrens, ich wende mich an Sie mit der Bitte, Ermittlungen anzustellen, die die Unschuld von Sören Bloch belegen. Er sitzt im Gefängnis ein, weil er seinen Bruder Hagen ermordet haben soll. Doch er ist nicht der Täter! Ihre Ergebnisse übergeben Sie bitte der Polizei. Betrachten Sie das beigelegte Geld als Anzahlung. Im Erfolgsfall erhalten Sie weitere 20.000 €. Mit herzlichen Grüßen Anonym.*"

„Fabi, dein erster richtiger Fall!", jubelte Jacky.

Mit der Aussicht auf so viel Geld nahm ich sogleich die Ermittlungen auf. Sorgsam betrachtete ich den Brief. Die Handschrift war schön und elegant, hier war zweifellos eine Frau am Werk gewesen.

„Kannst du dich an den Mordfall erinnern?", fragte ich Jacky, die ihr ganzes Leben in Ahrensburg verbracht hatte, während ich erst seit kurzer Zeit hier wohnte.

„Na klar! War eine Riesensache. Du kennst doch PABLO Ketchup, oder?"

Ich nickte. „Der leckere Gewürzketchup aus Ahrensburg."

„Der kürzlich verstorbene Paul Bloch war der Gründer des Ketchup-Unternehmens", fuhr Jacky fort. „Er hat drei Söhne gehabt. Anfang letzten Jahres hat der jüngste Sohn den ältesten nachts im Schlosspark erschossen. Für diese Tat ist er zu lebenslanger Haft verurteilt worden."

Weitergehende Informationen fand ich im Internet, das voll von Artikeln über Familie Bloch und den Brudermord war. Demnach war Hagen Bloch fünfzig Jahre alt gewesen, als er durch drei Schüsse in den Rücken getötet wurde. Am Tatort fand man ein Stofftaschentuch mit den Initialen SB. Es gehörte dem siebenunddreißigjährigen Sören

Bloch, genauso wie die Tatwaffe, die in seiner Wohnung sichergestellt wurde. Als Verursacher der Schuhabdrücke am Tatort identifizierte die Polizei obendrein Schuhe, die sich in Sörens Besitz befanden. Und zu guter Letzt hatte der alleinstehende Halbbruder von Hagen und Frank kein Alibi für die Tatnacht.

Frank, der mittlere Sohn, war zwei Jahre jünger als der Ermordete. 2010 hatte Paul Bloch die Geschäftsführung der PABLO Ketchup GmbH an seine drei Söhne übergeben. In den Jahren danach stritten Hagen und Sören vehement um Macht und Einfluss im Unternehmen. Laut Staatsanwaltschaft eskalierte der Streit zwischen den beiden und führte schlussendlich zum Mord.

Mit Norman Potthoff gab es eine weitere Person, die in den Fokus der Polizei geraten war, wenn auch nur kurzzeitig. Hagen und Norman waren vier Jahre lang ein Paar gewesen, bevor Hagen die Beziehung wenige Monate vor seinem Tod beendete. Doch angesichts seines wasserdichten Alibis wurden die Ermittlungen gegen Norman wieder eingestellt.

Über den mittleren Sohn konnte ich nicht viel in Erfahrung bringen. Frank war mehr als zwanzig Jahre verheiratet. Er und seine Frau Anna hatten einen Sohn. Seit Hagens Tod und Sörens Verurteilung war Frank der alleinige Geschäftsführer der PABLO Ketchup GmbH.

Kapitel 2
Lübeck/Ahrensburg, 10. April 2019

Zwei Tage später saß ich im Besucherraum der Justiz-
vollzugsanstalt Lübeck, als Sören Bloch und sein Anwalt
Dr. Günes den Raum betraten. Jacky hatte diesen Termin
kurzfristig vereinbart. Kurz musterte ich den Häftling. Mit
seinen leuchtenden Augen und der drahtigen, hageren
Figur wirkte er wie ein Naturbursche aus dem Outdoor-
Katalog.

Ich erzählte Sören und Dr. Günes von dem anonymen Brief. Die beiden horchten auf, offenbar schöpften
sie Hoffnung. Gleich darauf stellte ich meine erste Frage:
„Was für ein Typ war Hagen?"

„Hagen war rastlos und ehrgeizig", erwiderte Sören. „Er
hat viel gearbeitet, oft bis in die Nacht hinein. Zugleich
war er ein sportlich aktiver und geselliger Mensch."

„Klingt, als sei er beliebt gewesen", hakte ich nach.

Sören schüttelte den Kopf. „Das war er sicherlich nicht.
Hagen wurde schnell aufbrausend, wenn jemand eine andere Meinung hatte. Er musste ständig das letzte Wort haben."

„Sie und Hagen hatten oft Auseinandersetzungen", fügte ich hinzu.

Sören lachte verbittert auf. „Ja, wir waren wegen der
Firma im Dauerclinch. Privat war unser Verhältnis etwas
besser. Unsere Freundeskreise haben sich zum Teil über-
schnitten."

„Und wie ist Ihr anderer Halbbruder?", wollte ich wissen.

„Frank ist genau das Gegenteil von Hagen: Zurückhaltend, fast schüchtern. Er versucht, jedem Streit aus dem Weg zu gehen, und lebt dazu sehr zurückgezogen."
Ich machte mir ein paar Notizen, bevor ich weiter fragte: „Was macht Ihre Schwägerin beruflich?"

„Anna ist Hausfrau und Mutter", gab Sören zurück.

Danach kam ich noch einmal auf das Familienunternehmen zu sprechen. „Bitte schildern Sie mir kurz, wie innerhalb der Geschäftsführung Beschlüsse getroffen wurden, als Frank, Hagen und Sie sich noch die Leitung teilten."

„Entscheidungen und Beschlüsse haben wir nach dem Mehrheitsprinzip getroffen", erklärte Sören. „Das heißt, wenn mindestens zwei von uns derselben Auffassung waren, wurde es auch so gemacht."

„Und wenn Sie und Hagen unterschiedlicher Ansicht waren, auf welche Seite schlug Frank sich dann meistens?", bohrte ich nach.

Sören machte ein finsteres Gesicht. „In der Regel auf Hagens Seite. Somit war ich überstimmt. Ich hatte manchmal das Gefühl, Frank hat Angst vor Hagen."

„Was wissen Sie über Norman Potthoff?"

„Norman ist ein lustiger Vogel." Sören lachte das erste Mal. „Ich mag ihn. Er gehört zu meinem erweiterten Bekanntenkreis. Hagen hat ihn auf einer meiner Partys kennengelernt."

„Mal angenommen, Sie waren nicht der Täter. Dann muss Ihnen irgendjemand die Tat in die Schuhe geschoben haben. Die erdrückenden Beweise gegen Sie, sprich die Tatwaffe, das Stofftaschentuch und die Schuhe, lassen in dem Fall nur eine Schlussfolgerung zu: Diese Person hat sich in Ihrer Wohnung ausgekannt, und dafür kommen nur Angehörige sowie Freunde und Bekannte infrage."

Sören schaute leicht resigniert. „Darüber zerbreche ich mir schon länger den Kopf. Die Anzahl der infrage kommenden Personen ist leider relativ hoch, ich habe häufig große Partys in meiner Wohnung veranstaltet."

Am Ende versprach ich Sören und Dr. Günes, alles dafür zu tun, um die Wahrheit ans Licht zu bringen.

Am späten Nachmittag kam ich zurück nach Ahrensburg und suchte Norman Potthoff auf. Seine Wohnung lag im Zentrum, in der Großen Straße. Als er nach meinem Klingeln die Wohnungstür öffnete, stockte ich für einen kurzen Moment. Norman war knallbunt angezogen. Ich kam mir plötzlich ziemlich spießig vor in meiner Bluejeans.

Ich erklärte den Grund meines Besuchs, woraufhin Norman mich in seine elegante, mit viel Plüsch eingerichtete Penthouse-Wohnung bat. Im Wohnzimmer ließ ich mich in ein Sofa mit gefühlt tausend Kissen fallen.

Da Norman mich von Anfang an duzte, tat ich es ihm gleich, als ich mit der Befragung begann. „Wann genau hat Hagen eure Beziehung beendet?"

„Du bist aber direkt, mein Hase" lachte Norman, nur um im gleichen Moment traurig mit dem Kopf zu schütteln. „Auf den Tag genau drei Monate vor seiner Ermordung. Beides war für mich ein Schock. Hagen war meine große Liebe, musst du wissen."

„Hat Hagen sich in den Monaten vor der Trennung anders verhalten als sonst?"

Norman überlegte einen Augenblick. „Ja, ein bisschen merkwürdig war Hagen zu der Zeit schon. Er wirkte abwesend und wollte ständig seine Ruhe haben. Und das Handballspielen hat er aufgegeben, ohne einen Grund zu nennen. Handball war immer seine große Leidenschaft, er hat bei den Alten Herren vom ATSV gespielt."

Ich wechselte das Thema. „Wovon lebst du?", fragte ich ungeniert.

„Herrje, von Luft und Liebe", antworte Norman und legte eine theatralische Pause ein. „Ich habe vor einem Jahr geerbt. Von Hagen, wenn du es genau wissen willst. Ich war selbst ziemlich überrascht von der Erbschaft."

Ich war erstaunt, dass Norman so offen zu mir war. Entweder hatte er nichts zu verbergen, oder aber er wiegte sich angesichts seines Alibis in Sicherheit.

Bald darauf machte ich mich auf den Weg zu Frank Bloch, ich wollte seine Sicht der Dinge erfahren. Gegen acht Uhr abends stand ich vor seinem Anwesen im Villen-Viertel von Ahrensburg. Nach mehrmaligem Klingeln meldete Frank sich über die Außensprechanlage. Als ich ihm erklärte, dass ich den Mord an seinem Bruder untersuche, unterbrach er mich schroff: „Der Fall ist abgeschlossen. Ich sehe daher keine Notwendigkeit, mit Ihnen zu reden. Auf Wiedersehen."

Ich hatte nicht erwartet, so brüsk abgewiesen zu werden. Enttäuscht setzte ich mich ins Auto, schnappte mir das Smartphone und fand im Internet heraus, dass Hagens ehemalige Handball-Mannschaft gerade Training hatte. Spontan beschloss ich vorbeizufahren.

Dort verwickelte ich den Trainer in ein Gespräch und fragte ihn ganz beiläufig, warum Hagen so plötzlich mit dem Handballspielen aufgehört hatte.

Seine Antwort ließ mich aufhorchen, denn er sagte: „Die gesamte Mannschaft war total überrascht darüber. Hagen meinte lediglich, sein Körper halte die Strapazen nicht mehr aus. Zuvor hatte er hin und wieder über Schmerzen geklagt, daran kann ich mich noch erinnern."

Die weiteren Informationen des Trainers waren weniger interessant, sodass ich mich kurz danach verabschiedete.

Kapitel 3
Ahrensburg, 11./12. April 2019

Am nächsten Morgen rief ich im Lübecker Gefängnis an. Ich hatte Glück und durfte mit Sören sprechen. So erfuhr ich, dass die gesamte Familie Bloch über Jahrzehnte vom gleichen Hausarzt, dem Internisten Dr. Klein, betreut wurde.

Anschließend fuhr ich ins Büro, wo Jacky Neuigkeiten für mich hatte. „Ich habe gestern zufällig einen Bekannten getroffen, der bei PABLO arbeitet", erklärte sie. „Er glaubt, Frank ist mit der Leitung des Unternehmens überfordert. In der Belegschaft munkelt man, dass er ein Alkoholproblem hat. Und seine Frau soll sogar in der Klapse gewesen sein."

Ich nickte zufrieden angesichts dieser Informationen. Dann wechselte ich das Thema. „Ich habe eine heikle Aufgabe für dich, liebe Jacky. Deine Freundin Conny arbeitet doch als Arzthelferin bei Dr. Klein. Frag sie bitte mal, ob Hagen Bloch schwerer erkrankt war, speziell in dem Jahr vor seinem Tod."

Kurzerhand verabredete Jacky sich mit Conny zum Mittagstisch. Gegen dreizehn Uhr kam Jacky ganz aufgeregt zurück. „Stell dir vor", platzte es aus ihr heraus. „Hagen Bloch war unheilbar krank, zum Zeitpunkt seiner Ermordung hätte er nur noch ein paar Monate zu leben gehabt. Conny hat sich erst geziert, doch dann hat sie es mir verraten."

Ich war sprachlos, aber nur kurz. „Was hat er denn gehabt?"

„Prostatakrebs", antwortete Jacky. „Er muss unter Bewegungsstörungen und ziemlichen Schmerzen gelitten haben."

„Aha, das erklärt womöglich das Ende seiner aktiven Handball-Zeit sowie die Trennung von Norman", folgerte ich.

Ich rief Norman an, fragte ihn, ob er von der Krankheit seines Ex-Freundes gewusst hatte. Doch Norman war sehr überrascht und verneinte die Frage. Sören und sein Rechtsanwalt antworteten in der gleichen Weise. Dr. Günes ergänzte, dass damals bei der Obduktion der Leiche nichts dergleichen festgestellt worden sei. Wer wusste von der Krankheit, fragte ich mich. Und überhaupt, was hatte diese Krankheit mit dem Mord zu tun?

Am Abend legte ich mich früh ins Bett. Doch meine Gedanken kreisten unentwegt um den Mordfall. Ich spürte, dass ich mich intensiver mit Frank Bloch beschäftigen musste. Da mir nichts Besseres einfiel, beschloss ich, ihn und seine Frau ab morgen zu beschatten.

In aller Frühe brachten Jacky und ich uns in der Nähe der Bloch-Villa in Stellung. Wir hatten uns die Observation aufgeteilt. Jacky war für Frank zuständig, ich für Anna.

Die verließ gegen elf Uhr vormittags das Haus und ging zu Fuß in Richtung Zentrum. Ich folgte ihr unauffällig. In der Hagener Allee betrat sie erst einen Feinkostladen, dann eine Buchhandlung. Anschließend suchte sie einen Supermarkt im City Center auf, den sie eine halbe Stunde später mit einer vollen Einkaufstasche unter dem Arm verließ. Im Vorbeigehen ließ sie – wohl absichtlich – ihren Einkaufszettel auf den Boden fallen. Ich hob ihn instinktiv auf und warf einen Blick darauf. Sogleich zuckte ich zusammen. Es gab keinen Zweifel, der Einkaufszettel und der anonyme Brief waren in derselben Handschrift geschrieben. Danach fuhr Anna mit dem Taxi zurück zur Villa, die sie an diesem Tag auch nicht mehr verließ.

Gegen einundzwanzig Uhr trafen Jacky und ich uns im Büro und tauschten unsere Beobachtungen aus. Jackys Bericht fiel recht knapp aus. Frank war am Morgen direkt zur Arbeit gefahren und hatte die Firma erst gegen neunzehn Uhr wieder verlassen, um nach Hause zu fahren. Dort blieb er für den Rest des Abends.

„Wenn Anna die Verfasserin des anonymen Briefes ist, dann weiß sie auch, wer der Mörder ist", sagte ich.

„Am besten, wir befragen Anna selbst", schlug Jacky darauf vor.

Ich wiegte den Kopf hin und her. „Anna möchte aus irgendeinem Grund anonym bleiben. Also besser, wir finden den Mörder ohne ihre Hilfe."

„Wer kommt denn als Mörder in Betracht?" Jacky blickte mich an und gab die Antwort gleich mit. „Anna lebt sehr zurückgezogen und kennt zugleich den Mörder. Es erscheint nicht ganz abwegig, dass sie selbst den Mord begangen hat, oder ihr Mann, oder beide zusammen."

„Denkbar, immerhin kannten sich die beiden aus in Sörens Wohnung", ergänzte ich. „Dessen Waffe, Schuhe und Taschentuch hätten sie also durchaus entwenden können." Angestrengt grübelte ich nach, schließlich fügte ich hinzu: „Möglicherweise wussten Frank und Anna von der unheilbaren Krankheit."

„Jemand, der davon Kenntnis hatte, hätte Hagen niemals erschossen", bemerkte Jacky zu Recht.

Dann plötzlich erinnerte ich mich an das Gespräch im Gefängnis. „Moment mal!", sagte ich lauter als beabsichtigt. „Laut Sören hatte Frank sichtlich Angst vor Hagen. Er war immer nur darauf bedacht, es seinem Bruder recht zu machen."

Jacky klatschte aufgeregt in die Hände. „Ja, das könnte es sein, Fabi! Frank hat seinen Bruder auf dessen eigenen Wunsch hin erschossen."

„Bliebe die Frage, warum Hagen erschossen werden wollte."

„Wahrscheinlich ertrug er die Schmerzen nicht länger", meinte Jacky. „Oder dahinter steckt ein Versicherungsbetrug."

Ich schüttelte den Kopf. „Ich glaube vielmehr, Hagen hat seine eigene Ermordung geplant, um auf diese Weise Sören aus dem Weg zu räumen. Bestimmt hat er befürchtet, sein Halbbruder könnte der neue mächtige Mann bei PABLO werden."

Dies war reine Spekulation, mir fehlten schlicht die Beweise. Doch ich hatte einen Plan, auch wenn er gefährlich war.

Kapitel 4
Ahrensburg, 15. April 2019

Am Morgen schrieb ich einen Brief an Frank Bloch und gab ihn bei PABLO Ketchup am Werkstor ab. Darin stand, dass ich ihn heute Abend um dreiundzwanzig Uhr im Schlosspark erwarten würde. Als Treffpunkt gab ich den steinernen Löwen an der Zugangsbrücke zum Schloss vor. Zugleich prahlte ich damit, dass ich die *wahren* Umstände des Mordes an seinem Bruder kennen würde – ich wollte nur sichergehen, dass er auch wirklich kam.

Kurz nachdem ich pünktlich am steinernen Löwen eingetroffen war, tauchte Frank aus dem Dunkeln auf. Er blieb zwei Meter vor mir stehen. Ängstlich blickte er sich um, dann fragte er mich leise: „Was wollen Sie von mir?"

„Ihr Halbbruder sitzt unschuldig im Gefängnis", erklärte ich mit fester Stimme.

„Er wurde rechtskräftig verurteilt", erwiderte Frank, ohne mich anzuschauen.

„*Sie* haben Ihren Bruder umgebracht", sagte ich frei heraus. Ich wollte ihn provozieren, nervös machen.

Frank blieb jedoch gelassener, als ich erwartet hatte. „Das glauben Sie doch selbst nicht", entgegnete er schlicht.

„*Sie* wussten von seiner tödlichen Krankheit", setzte ich nach.

Im selben Moment sah man Frank seine Überraschung an. „Na und, das bedeutet gar nichts", erklärte er nach einer kurzen Pause. Es sollte gleichgültig klingen. Doch seine Stimme verriet mehr, als er offenbaren wollte.

Ich grinste überheblich, ehe ich alles auf eine Karte setzte. „Ihr Bruder wollte, dass Sie ihn erschießen, um Sören hinter Gittern zu bringen", schmetterte ich ihm entgegen.

Frank wirkte jetzt nervös und unsicher. „Hagen hatte nur noch kurz zu leben", flüsterte er ein paar Augenblicke später. „Er machte sich deswegen große Sorgen um die Zukunft der Firma, vor allem wegen Sören." Er schluckte kurz. „Eines Tages kam Hagen mit der Idee um die Ecke, dass ich ihn erschießen soll – und zwar so, dass Sören hinterher für den Täter gehalten wird. Ich fand die Idee völlig abstrus, doch Hagen redete wochenlang auf mich ein. Irgendwann habe ich schließlich nachgegeben." Er blickte gedankenverloren in die Ferne. Dann plötzlich zog er eine Pistole, richtete sie auf mich und sagte nun mit lauter Stimme: „Was ich gerade erzählt habe, hilft Ihnen gar nichts."

Jetzt war Jackys großer Moment gekommen. Sie verließ ihr Versteck mit gezogener Waffe und näherte sich Frank unauffällig von hinten. Als sie dicht genug an ihm dran war, forderte sie ihn auf, sofort die Waffe fallen zu lassen. Dann ging alles ganz schnell: Frank riss seine Pistole herum, drückte blitzschnell die Mündung an seine Schläfe und jagte sich eine Kugel in den Kopf. Jede Hilfe kam für ihn zu spät.

Kapitel 5
Ahrensburg, 16. Mai 2019

Ich saß allein in meinem Büro, als plötzlich Sören Bloch eintrat. Er war vor ein paar Tagen aus der Haft entlassen worden. Grinsend legte er mir einen dicken Stapel Geldscheine auf den Schreibtisch. „Von Anna Bloch", sagte er und fügte ernst hinzu. „Sie wäre gerne selbst vorbeigekommen. Aber sie sitzt ja wegen ihrer Falschaussage in U-Haft."

Ich blickte ihn fragend an. „Mir ist immer noch nicht klar, warum Anna den anonymen Brief geschrieben hat."

„Anna hat mir letzte Woche die ganze Geschichte erzählt." Sören holte tief Luft. „Hagen erklärte damals gegenüber Anna, dass er angesichts der starken Schmerzen nicht weiterleben wolle, dass die Lebensversicherung jedoch bei Selbstmord keinen Cent auszahlte und dass sich Frank deswegen bereit erklärt habe, ihn zu erschießen. Anna versprach ihm darauf, Frank für die Tatnacht ein Alibi zu geben. Das perfide Spiel hat sie offenbar erst durchschaut, als ich unschuldig verurteilt wurde."

„Anna hätte ihre Falschaussage nachträglich berichtigen können", merkte ich an.

„Schon, aber Anna hat es nicht über das Herz gebracht, ihren Mann zu verraten. Stattdessen hat sie sich in ihrer Verzweiflung mit einem anonymen Brief an Sie gewandt. Sie hat gehofft, dass Sie Beweise für meine Unschuld finden, ohne dass der Verdacht auf Frank gelenkt wird."

Ich war betroffen und erschüttert von dieser Familientragödie. „Und was werden *Sie* jetzt machen?", fragte ich. „Zurück zu PABLO Ketchup?"

Sören schüttelte den Kopf. „Nein, die Firma wird verkauft, zu viele negative Erinnerungen sind damit verbunden." Einen Augenblick später setzte er lächelnd hinzu: „Bei den Mithäftlingen war Mayonnaise sehr beliebt, mehr als Ketchup. Aus diesem Grund habe ich mich entschieden, eine Firma zu gründen, die Mayonnaise herstellt."

Ich lachte voller Anerkennung. Dass Ahrensburg nun nicht mehr nur für seinen Ketchup weltweit bekannt sein würde, sondern in Zukunft auch für seine Mayonnaise, davon war ich überzeugt.

Fritz Eickenscheidt
DER BÜCHERFREUND

Freitag

„Shit", sagte Piet und zog sich seinen cute Bear-Hoodie über den Kopf. „Shit, Shit, Shit." Seine beiden Kumpel nickten zustimmend, und Ali, den alle immer nur „Lulle" nannten, ließ ein „Genau, ey!" folgen. „Voll die tote Hose hier", ließ sich der andere vernehmen, ein zarter blonder Typ, der sich Benni nennen ließ und dafür bekannt war, dass er in vollständigen Sätzen redete. Nun gut, eben hatte er halt mal eine Ausnahme gemacht.

War ja auch wirklich nichts los an diesem Freitagabend: keine Musik, keine Mädchen, nur auf der angrenzenden Skatebahn ein paar Kinder, die ihre letzten Sprünge ausprobierten. Was für ein trüber Abend an diesem trüben Herbsttag in dieser verdammten Coronazeit. Und dann noch Ahrensburg.

Dabei war das Jugendzentrum 42 schon der Hotspot für die Jugendlichen der Stadt. Aber heute war der Wurm drin, und so hockten die drei missmutig und gelangweilt vor dem „42", wie sie es kurz nannten, und wussten nichts mit sich und der Welt anzufangen.

Lulle stieß einen übertriebenen Seufzer aus. Dann schnappte er sich seine Zigarettenpackung, schnippte eine Zigarette raus und zündete sie mit seinem BIC an. „Deine verdammte Quarzerei geht mir echt auf den Senkel", maulte Piet. Als Sportler achtete er streng auf seine Gesundheit, und als künftiger Gerüstbauer musste er ja auch topfit sein. Dann fuhr er sich mit beiden Händen über die raspelkurzen Haare und rückte danach ein wenig seine Titan-Flesh-Tunnel zurecht. Auf dieses Tunnel-Piercing war er besonders stolz, weil es ihm so etwas Draufgängerisches gab.

„Wir könnten ja mal wieder auf'n Kiez nach Hamburg fahren", schlug Benni vor, aber er erntete nur ablehnende Blicke. „Keine Kohle, kein Bock und viel zu früh", waren die Totschlagargumente. Aber Benni gab noch nicht auf und präsentierte die nächste Idee. „Ich habe gestern in YouTube gesehen, dass es Leute gibt, die alte leer stehende Gebäude, Villen oder Herrenhäuser oder Fabrikanlagen besichtigen, auch wenn es verboten ist. Gehen da rein, gucken sich alles an, fotografieren es und stellen dann alles ins Netz." „Krass", meinte Piet, und Lulle ließ sein „Genau" vom Stapel.

„Und das willste in Ahrensburg machen? Wo denn? Etwa im CCA, in unserem tollen Einkaufszentrum?" Piet schüttelte den Kopf, aber jetzt kam Lulle groß raus. „Ich kenne so einen lost place. So einen vergammelten alten Speicher hinter dem Marstall. Beim Schloss. Los, wir gehen da mal hin."

Also rafften sie sich auf und gingen durch die Innenstadt in Richtung Schloss. Bei Aldi im CCA machten sie einen kleinen Abstecher. „Erst mal nachtanken", meinte Lulle lässig. Ihr Geld reichte gerade für ein Sixpack „Holsten Bernstein Lager". Die Halbliterdosen natürlich. Sie packten alles in einen großen Aldibeutel und zogen weiter über die Große Straße. Redeten laut miteinander, lachten demonstrativ und waren ganz aufgekratzt vor lauter Erwartung.

Als sie am Blockhaus-Restaurant vorbeikamen, wo ein paar Gäste auf der Terrasse saßen, tönte Lulle laut: „Ey, guck mal, die Spießer", aber Benni, dem die Bemerkung peinlich war, zog ihn weg, strubbelte seine Haare und rannte los. Bis zur Schlosskirche tobten sie lachend und fielen dann in eine freundschaftliche Rangelei.

Dann sahen sie auch schon das Schloss, überquerten die Schlosswiese und stoppten auf dem Parkplatz vor dem Alten Speicher. Weit und breit war kein Mensch zu sehen, nirgendwo waren Autos geparkt. Totale Leere. „Sag' ich doch, lost place", sagte Benni und zeigte auf das alte Gemäuer. Viele Fenster waren mit Brettern verschlagen, die sich vor dem dunklen Mauerwerk hell abhoben. Einige Fensterhöhlen gähnten ganz offen und ließen Wind und Regen rein. Ringsum Schutthügel aus zerbrochenen Ziegeln und Granitsteinen, daneben wucherndes Gebüsch. An der Längsseite des Gebäudes fanden sie ein großes, rostiges Eisentor, vollgesprüht mit Graffiti und übersät mit Tags. Sie blieben stehen. „Geil", meinte Piet und begann, in seinen Taschen zu kramen. „Genau", kam es sofort von Lulle zurück. „Aber wie kommen wir da rein?" Jetzt kam Piet groß raus. Zückte triumphierend einen Dietrich aus seiner Tasche, einen gebogenen und flach geklopften fingerlangen Nagel, mit dem man einfache Schlösser ohne Gewalt öffnen kann. „Hab' ich von meinem Bruder. Hab' ich immer bei mir."

Sie mussten noch ziemlich lange mit dem Dietrich in dem Schloss rumprokeln, aber dann schnappte es endlich auf. Es öffnete sich knirschend ein schmaler Spalt, durch den sie in den Speicher huschten. Mit einem dumpfen Knall fiel das Tor hinter ihnen zu.

Dunkelheit empfing sie. Es war kalt und feucht und roch nach abgestandener Luft. Sie knipsten das Licht ihrer Handys an und betraten einen mit alten rostigen Maschinen und Gerümpel vollgestellten Lagerraum, was für ein kalter und verlorener Ort. An den ehemals weiß gekalkten Wänden gab es riesige bräunliche Wasserflecken, eine Ziegelwand war übersät mit eigenartigen Kalkausblühungen. Spannend, das Ganze. Cool.

60

So stromerten sie durch die Räume, stolperten über den löchrigen Fußboden und drückten sich an altem Krempel vorbei. Piet immer vorneweg. Schließlich kamen sie in den hohen Speicher, in dem früher Getreide gelagert worden war. Plötzlich ein Krachen und Splittern. Dann ein lang gezogener Schmerzensschrei. Piet war mit seinem rechten Bein in den Holzfußboden eingebrochen. Mit schmerzverzerrtem Gesicht hockte er da und fluchte vor sich hin.

Als sie ihm halfen aufzustehen, rief Benni: „Ey, guckt mal. Was ist das denn?" Aus einem Hohlraum unter dem Boden ragte der Griff eines Koffers hervor. Mühsam buddelten sie ihn frei und hatten schließlich einen kleinen braunen Lederkoffer vor sich, auf dem noch die Reste von bunten Aufklebern früherer Reisen klebten. Natürlich konnten sie sich nicht zurückhalten, und natürlich mussten sie den Koffer sofort öffnen. Doch dann die Enttäuschung. Ein dicker Stapel alter handbeschriebener Blätter mit vielen unterschiedlichen Schriften, zwischen den einzelnen Blättern Seidenpapier, das ganze Paket liebevoll verschnürt mit einer Kordel. Dann noch ein Stapel Papier. Eine bunt bedruckte Pappschachtel in DIN-A4-Größe lag ganz unten, aber da waren auch nur Papiere drin, ein dicker Stapel, alles in der gleichen Handschrift und mit Tinte geschrieben.

„So ein Mist", meckerte Piet, „Bloß altes Zeug. Kann sowieso kein Schwein lesen." Dann schob er verächtlich den Koffer wieder in das Versteck. Aber jetzt griff Benni ein.

„Nee, warte mal. Vielleicht können wir ein paar Euro mit dem Zeug machen." „Und wie soll das bitte gehen?", fragte Piet. „Wir können ja mal zur AWO gehen", meinte Benni. „Die haben in der Manhagener Allee einen Buchladen. Da stehen immer so viele Leute vor den Bücherkisten und buddeln darin rum. Mensch, kennt ihr doch."

„Okay", stimmte ihm Piet zu. „Aber glaubt ja nicht, dass ich den Koffer jetzt durch die Stadt schleppe." Also beschlossen sie, nur die Pappschachtel mitzunehmen und am nächsten Tag in dem Buchladen anzubieten. Der nächste Tag war Samstag, und samstags hat die AWO ja geöffnet.

Samstag

Der Besuch in dem Laden war der totale Flop. Die nette ältere Dame an der Kasse erklärte ihnen, dass sie nur gespendete Bücher annähmen, die dann für einen guten Zweck verkauft würden. Sie warf nur einen flüchtigen Blick auf die Pappschachtel und wandte sich der nächsten Kundin zu.

So standen die drei enttäuscht und unschlüssig vor den vielen Büchern und wussten nicht, wie es weitergehen sollte, als sie ein alter Herr ansprach, der in einem dicken Roman geblättert hatte. „Entschuldigen Sie, meine jungen Herren, dass ich Sie einfach so anspreche."

Dabei blickte er sie mit hellen Augen fest an. Was für ein Typ. Zartgliedrig und altersdünn stand er vor ihnen. Er trug einen hellen Anzug, weißes Hemd mit korrekt gebundenem Schlips. Auf dem Kopf ein schräg aufgesetzter, eleganter Strohhut, der eigentlich schon nicht mehr zur Jahreszeit passte. Auf den ersten Blick wirkte er sehr nett und ungeheuer sympathisch, aber irgendwie auch aus der Zeit gefallen.

So kam man ins Gespräch, und Benni erzählte ihm, dass sie die Papiere verkaufen wollten. Er hätte die Schachtel von seinem Opa bekommen und wisse gar nicht, was er damit anfangen solle. „Liegt sowieso nur rum."

„Nun", hob der Alte an", dann lasst mal sehen, meine Lieben." Umständlich holte er eine Brille aus seiner Brusttasche, öffnete die Pappschachtel, blätterte flüchtig in den Seiten. „Ein Manuskript", murmelte er „Fünfzigerjahre, glaube ich. Den Autor kann ich nicht entziffern." Dann blickte er auf. „Das muss ich mir etwas genauer anschauen. Könnte vielleicht interessant sein. Darf ich die jungen Herren auf einen Kaffee am Rondeel einladen? Dann kann ich das Skript in Ruhe prüfen."

Natürlich sagten Benni und Lulle nicht Nein, und so saßen sie kurz darauf bei Cappuccino und Muffins an einem kleinen Cafétisch auf dem Rondeel. Der Alte ließ sich Zeit mit seiner Untersuchung, aber endlich blickte er auf. „Na ja, das ist wie gesagt ein Manuskript aus den Fünfzigerjahren. Ist ein Roman über einen jungen Mann namens Felix. Der muss ja ein rechter Hallodri gewesen sein, wie man so liest. Literarisch nicht gerade herausragend, möchte ich meinen. Den Autor oder die Autorin müsste man noch herauskriegen können, ist aber eine aufwendige Suche. Nicht gerade ungeheuer spannend, die Geschichte, aber vielleicht doch recht lesenswert. Ich könnte mir vorstellen, es zu kaufen. Was halten Sie von 40 Euro?"

Das hörte sich doch gut an, aber ein bisschen Feilschen musste auch sein, und so gelang es Lulle, noch einen Zehner für die schöne bunte Schachtel rauszuhandeln. Das machte dann 50 Euro. Nicht schlecht für einen alten Papierstapel. Der alte Herr zückte gelassen eine elegante lederne Brieftasche aus seinem Jackett und legte das Geld auf den Cafétisch. Obenauf legte er eine Visitenkarte, auf der in verschnörkelten Buchstaben „Prof. em. Dr. Alexander Neumann" stand und darunter das Wort „Anthropologe". „Damit Sie wissen, mit wem Sie es zu tun haben. Falls Sie noch mehr dergleichen haben, ich bin durchaus interessiert." Was da alles auf der Visitenkarte stand, kannte Benni nicht. War ja auch egal, Hauptsache, die Kohle stimmte.

Benni nahm das Geld und die Karte an sich. „Klar doch, wir melden uns", sagte er und nach einem schnellen Blick auf die Karte, „Professor Neumann."

Sonntag

Am Vorabend war es noch sehr spät geworden, und die 50 Euro von Prof. Neumann hatten den Abend nicht überlebt, aber es gab ja noch ein paar von den alten Papieren, die man zu Geld machen konnte. Und so drängten Piet und Lulle ihren Freund Benni, den Alten anzurufen und ihm von den restlichen Papieren in dem Koffer zu erzählen.

Nun musste Benni gestehen, dass das Manuskript nicht von seinem Opa stammte, sondern aus einem alten Koffer, den sie gefunden hatten. Der Professor nahm alles ganz locker. „Aber", sagte er, „ich muss wissen, wo der Koffer ist, damit ich ihn an Ort und Stelle untersuchen kann. Das ist wie bei einer archäologischen Ausgrabung. Man muss den Gesamtzusammenhang kennen, wenn man die Funde richtig einordnen will."

Benni hatte nichts dagegen, wenn der Professor mit in den Alten Speicher kam. Der wollte bestimmt noch mal auf seine alten Tage was Aufregendes erleben. Außerdem winkte das Geld. Also verabredete man sich für den kommenden Montag um 16 Uhr. Treffpunkt: der große Holztisch vor dem Foyer des Marstalls.

Und während Benni mit dem Professor telefonierte, tobte in der Reithalle des Kulturzentrums das pralle Kulturleben. Das Junge Theater probte Shakespeares „Romeo und Julia" in einer modernen Inszenierung, von Jugendlichen gespielt für Jugendliche. Alles in einer zeitgemäßen jugendnahen Sprache. Faszinierend, mit welcher Konzentration und Hingabe die Darstellerinnen und Darsteller ihre Rollen probten. Und lustig war es auch noch. Was für eine dichte Atmosphäre.

Dabei war natürlich auch wieder Willy, der nimmermüde Helfer bei allen Theaterproben. Er war zwar schon ein wenig angejahrt, aber in seinem Herzen ganz jung und begeisterungsfähig. Ein bisschen seiner bunten Lebenseinstellung zeigte er mit seinen großen Hawaiihemden, die er so gerne trug, mit seinen Ohrsteckern und einem großen farbigen Tattoo, das seinen rechten Arm bedeckte. Willy stand heute ziemlich unter Strom, denn gleich sollte Julia den Gifttrank probieren, der sie in einen totenähnlichen Schlaf versetzen sollte. Da durfte natürlich nichts schiefgehen.

Mit von der Partie war auch Freddy, der Facility Manager des Marstalls, ein schmaler, sportlicher Typ, tough auf eine zurückhaltende Art und energiegeladen, so Ende vierzig. Als Hausmeister hatte er alles im Blick. Bei den Theaterproben war er immer gerne dabei. Er liebte das Licht, die Farben, die Spielfreude der Künstler, deren Kreativität.

Heute war Freddy allerdings nicht so gut drauf, denn er hatte eben erst erfahren, dass er den Alten Speicher für eine Besichtigung und Begehung durch Vertreter der Stadt vorbereiten sollte. Die Stadt hatte das heruntergekommene Gebäude aus früheren Gutshofzeiten gekauft, um es für die Öffentlichkeit zu nutzen. Und jetzt wollte man Ideen entwickeln, wie man es nutzen könnte.

Freddy wollte sich allerdings den schönen Sonntag nicht dadurch verderben, dass er sich durch altes Gerümpel und Spinnweben quetschte, und beschloss erst einmal, die ganze Aktion auf den Montagnachmittag zu verschieben. Das sagte er auch Willy, als sie sich zufällig im Foyer trafen. Ohne diese kleine Bemerkung hätte alles wirklich tragisch geendet. Aber wer konnte das auch ahnen.

Jetzt ging er wieder in die Reithalle und lauschte dem Dialog von Romeo und Julia in der berühmten Balkonszene.

„Willst du echt schon gehen? Es ist doch noch tierisch früh. Es war doch nur die Nachtigall und nicht diese bescheuerte Lerche …"

Montag

Herrlich, dieser sonnige Herbstnachmittag in Ahrensburg. Ganz langsam senkte sich die Sonne hinter dem Schloss, sendete ihre Strahlen durch das kahle Geäst der barocken Bäume und gab dem Schloss einen weichen Glanz. Ein paar Kinder tobten auf der Schlosswiese. Ihre bunten Jacken bildeten schöne Farbtupfer, die das Bild abrundeten. Ahrensburg im Herbst: ein Bild der Besinnlichkeit und Harmonie, der Gelassenheit und des Friedens.

Selbst auf dem langen Tisch vor dem Foyer des Marstalls hörte man noch das Rufen und Lachen der Kinder.
So auch Professor Neumann, der ganz entspannt auf einer
Holzbank an dem Tisch saß und interessiert die Gebäude
um ihn herum betrachtete: das Gutshaus mit der harmo-
nischen Architektur, einen Speicher mit Antiquitätenge-
schäft und Café und den alten Speicher.

Jäh wurde die Idylle gestört durch drei junge Männer,
die rauchend und laut miteinander redend an seinen
Tisch traten. „Supi, dass Sie da sind, Professor. Wollen wir
los?", sagte Benni, und seine Stimme vibrierte ein wenig
vor unterdrückter Nervosität. Der Angesprochene zeigte
auf die zahlreichen Besucher des gegenüberliegenden Cafés. „Gemach, gemach", meinte er gelassen, „mir scheint,
wir müssen uns noch ein wenig gedulden."

Was jetzt folgte, war für die Jungs „voll der Horror", wie
sie am liebsten gesagt hätten, denn der Professor fing an,
von Büchern zu reden. Nicht von Thrillern oder Liebes-
romanen oder Mangas, sondern von alten Büchern – die
sowieso niemand las –, von berühmten Autoren – die kein
Mensch mehr kannte – und von alten Dichtern, die doch
schon lange tot waren. Je länger er redete, desto mehr erei-
ferte er sich. Er bekam ganz rote Wangen und merkte gar
nicht, dass die Jungs weder verstanden, wovon er redete,
noch seine Leidenschaft auch nur ansatzweise teilten. „Ja,
ja", beendete er seine Ausführungen, „ich bin wirklich bi-
bliophil." „Ist das was Schlimmes?", meinte Lulle schein-

heilig und erntete einen schmerzhaften Rippenstoß von Piet, der befürchtete, dass der Alte wieder von vorne anfangen würde. Der aber strahlte ihn an und sagte: „Das heißt nur, dass ich schöne und kostbare Bücher liebe und sammle. Und das tue ich."

Inzwischen war der Platz menschenleer geworden. Benni stand auf. „Los jetzt." Wenig später standen sie in dem alten Speicher, ohne dass sie bemerkt worden waren. Der Handel lief verblüffend schnell und einfach ab. Sie führten den Professor zu dem Versteck des Koffers, er zog ihn heraus und öffnete ihn. Der blätterte die Papiere kurz durch und meinte dann: „Hm, nicht schlecht. Ich glaube, das könnte was für mich sein." Dann fingerte er 200 Euro aus einem Geldstapel aus seiner Brieftasche. fächerte die knisternden Geldscheine auf und hielt sie in das Licht ihrer Handys.

Eine gute Stunde später ging Willy durch die Reithalle, um die letzten Requisiten wegzuräumen. Er wunderte sich, dass er Freddy nirgendwo fand, obwohl sein Motorrad, eine Harley Davidson XL1200 C, noch auf dem Parkplatz stand. Also musste er noch auf dem Gelände sein. Aber wo? Da fiel ihm ein, dass Freddy ihm von einem Auftrag im alten Speicher erzählt hatte, und er beschloss, dort nachzusehen.

Das Tor zum Speicher war nur angelehnt, Willy öffnete es, ging hinein, rief nach Freddy, bekam aber keine Antwort. Nichts. Totenstille. Suchend blickte er sich um, ging weiter, die Treppe zum Getreidespeicher hinauf.

Und dort lag Freddy auf dem Holzfußboden. Mit verdrehtem Körper lag er dort, das Gesicht leichenblass, von frischem Blut überströmt, die Augen geschlossen. Um seinen Kopf hatte sich eine große Blutlache gebildet, in der sich jetzt das kalte Licht aus Willys Handy spiegelte.

Willy stürzte zu Freddy, ertastete mit zwei Fingern dessen Puls am Hals. Ein ganz flacher, schneller Puls, der sich kaum wahrnehmen ließ. Wenigstens lebte er noch.

Mit zittrigen Fingern wählte Willy den Notruf, dann die Polizei. Und jetzt lief das Rettungsprogramm ab, für das die Stadt Ahrensburg bekannt ist: professionell, routiniert, effektiv. Der Notarzt diagnostizierte eine schwere Schädelverletzung durch stumpfe Gewalt und überwies Freddy unverzüglich ins Krankenhaus nach Bad Oldesloe. Die Polizei sicherte den Tatort und stellte ein blutverschmiertes Bleirohr sicher, die Spurensicherung nahm den Tatort auf. Ein Team der Kripo begann mit ersten Ermittlungen. Viel konnte man an diesem Abend nicht erledigen. Das Opfer war bekannt, die Angehörigen informiert, der Tathergang erkennbar. Täter und Motiv? Alles völlig unklar.

Während Freddy im Krankenhaus mit heftigen Schmerzen und furchtbarer Übelkeit kämpfte, brannte in der Bibliothek der gepflegten Jugendstilvilla im Ahrensburger Generalviertel gedämpftes Licht. Eine feine Bibliothek war das mit eleganten wandhohen Regalen voller lederner

Prachtbände, großartiger Inkunabeln, herrlicher mittel-
alterlicher Stundenbücher. Sogar die Schublade mit den
wertvollen Autografen stand offen, auf die Professor Neumann besonders stolz war. Diese Sammlung hatte durch
die heutige Neuerwerbung neue, ungeahnte Konturen
gewonnen. Vor ihm auf dem Schreibtisch lag jetzt ein un-
vollendetes Manuskript von Franz Kafka, ein Buchprojekt,
das er im Jahre 1903 begonnen hatte, das aber dann ver-
schollen war. Unglaublich. Das Wichtigste aber war das
vollständige Manuskript eines zweiten Bandes von Thomas Manns „Felix Krull". Ein Werk, von dem die literari-
sche Welt behauptete, dass Thomas Mann es nie geschrieben habe. Die Feuilletons würden Kopf stehen.

So saß der Professor da, versunken in seiner eigenen
Welt, der Welt des Buches, der Welt des Geistes und des
Wortes. Nur gelegentlich und gedankenverloren fuhr er
mit seinen Händen über die Ärmel seines Anzugs und
die Manschetten seines Hemds. Aber die eingetrockneten
dunkelroten Blutflecken ließen sich nicht wegwischen.

24 Stunden später saß Willy an Freddys Bett, und der
Kranke berichtete mit schwacher Stimme, was sich im
Speicher ereignet hatte. Wie er dort auf ein paar Jugendli-
che gestoßen sei, die um einen kleinen Koffer voller alter
Papiere gestanden hätten, wie sie weggerannt seien, als er
sie ansprach, wie er den Koffer an sich nehmen wollte und
wie er dann von hinten einen sehr heftigen Schlag auf den
Kopf bekommen habe. Mehr wusste er nicht, und mehr

wollte er auch nicht wissen. Dann drehte er sich ächzend zur Seite, um seiner Gesundung entgegenzudämmern.

Petra Emmrich
TOD EINER BUCHHÄNDLERIN

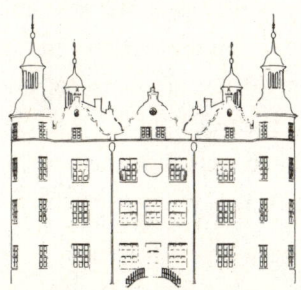

Sie rannte, hetzte, stolperte …, fast wäre sie gestürzt. Ihr Herz hämmerte. Weiter … immer weiter, gleich hatte sie es geschafft. Schweiß, Zittern. Plötzlich – ein Knacken. Sie erschrak, riss den Kopf rum. Nichts. Ihr war schlecht. Nur noch wenige Meter …, die letzten Bäume des Waldes, nebelverschwommen. Jetzt der kleine Parkplatz. Rauschen vom Ostring, rechts die Unterführung. Ein paar Schritte noch, fast konnte sie ihr Zuhause an der Eilshorst erkennen, schneller …, sie keuchte, keine Luft. Sie versuchte zu atmen. Es ging nicht … Direkt vor ihr, der Ostring, doppelt, zweimal schräg übereinander. Was war bloß los mit ihr? Mit ihren Augen? Mit ihrer Lunge? Rüber, nur noch rüber, über die Straße, dann … Schmerz, überall, wie Feuer, jemand hatte sie angesteckt – innerlich – es brannte. Todespanik. Sie wollte schreien, riss den Mund auf – kein Ton. Plötzlich ein Dröhnen, das kreischende Horn eines Lkws, ganz nah, nun leiser, immer

leiser. Dann … erlöst, alles schwarz, der Schmerz vorbei …
nichts mehr – nur noch vollkommene Stille.

Das Quietschen der Bremsen wie auch das Brechen
der Knochen unter den tonnenschweren Rädern, die ihre
Beine und ihren Körper zerquetschten, all das hörte sie
nicht mehr. Und zum Glück sah sie auch nicht mehr das
Blut, das schrecklich viele Blut, das ihre helle Jogginghose
tränkte und die Straße in einen leuchtend roten See verwandelte.

Katja Eckhof saß im leeren Klassenraum der 9a. Sie hatte
die Tafel noch einmal gewischt, gelüftet und einen Tisch
in der Mitte des Raumes vorbereitet. Denn heute war Elternsprechtag an ihrem Gymnasium. Dem Gymnasium
mit der weißen, herrenhausähnlichen Fassade, an dem sie
seit sechs Jahren Deutsch und Englisch unterrichtete. Katja liebte ihren Beruf. Sie liebte die frische Art der Jugendlichen, auch wenn ihr das „Elitegetue" und die Marken-
klamotten manchmal ganz schön auf die Nerven gingen.
Sie selbst trug am liebsten Jeans, mit T-Shirt oder Pulli.
Nichts Teures. Heute hatte sie ihren einzigen Blazer aus
dem Schrank gezogen. Er war zwar nicht so bequem, aber
immerhin fühlte sie sich in ihm nicht verkleidet. Denn er
war nicht nur schlicht, sondern auch schmal geschnitten,
was gut zu ihr passte. Denn alles an ihr war schmal: der
schmale Hals, das schmale Gesicht. Sogar die Nase war
schmal, wenn auch ein bisschen zu kurz, was wiederum

gut zu ihrer Körpergröße passte. Im Pass stand 1,56 m, obwohl sie doch selbst fast 1,60 m gemessen hatte. Wegen ihres frechen Kurzhaarschnittes, ihrer dunklen Haaren und der runden Brille nannten die Schüler sie „Potter". „Die Potter kommt …", hörte Katja sie oft rufen, wenn sie den Gang entlanglief. Eigentlich gefiel ihr der Spitzname, denn Harry Potter war pfiffig und intelligent. Und konnte zudem noch zaubern.

Es klopfte. Eine blonde Frau betrat das Klassenzimmer: „Guten Tag, Frau Pott …, äh …, Frau Eckhof." Katja musste schmunzeln. Sie hatte bis jetzt nicht gewusst, dass selbst die Eltern sie „Potter" nannten. „Ich bin Susanne Körner, die Mutter von Leonie Körner."

„Schön, dass Sie gekommen sind, Frau Körner." Sie deutete auf den gegenüberliegenden Stuhl. Dann schaute Katja ihr direkt ins Gesicht und erschrak. Sie sah grauenvoll aus. Die roten, verquollenen Augen stachen brutal hervor.

„Geht es Ihnen nicht gut, Frau Körner?"

„Sieht man mir das so an?", fragte sie, während Tränen über ihre farblosen Wangen liefen. „Tschuldigung." Sie betupfte ihre Augen mit einem Taschentuch. „Ich wollte mich doch unbedingt zusammenreißen. Ist mir wohl nicht so gut gelungen, was?" Sie versuchte zu lächeln. „Aber meine beste Freundin Melanie ist vorgestern Morgen beim Joggen von einem Lkw …", sie stockte, „getötet worden, und ich bin immer noch total fertig."

„Sie Arme." Am liebsten hätte Katja sie in den Arm genommen. Doch dafür war ein Elternabend wohl kaum der richtige Ort. „Ich hab davon in der Zeitung gelesen. Grauenvoll. Ich kannte Ihre Freundin. Sie hat mir oft Krimis empfohlen. Irgendwie hatte sie immer das richtige Gespür dafür, was ich gerne lese."

„Ja, sie war wirklich eine gute Buchhändlerin." Jetzt gelang Frau Körner sogar ein kleines Lächeln.

„Aus der Zeitung hab ich erfahren, dass sie Selbstmord begangen haben soll?"

Sofort war das Lächeln wieder verschwunden. „Melanie hätte niemals Selbstmord begangen. Dafür liebte sie ihre Kinder zu sehr."

„Haben Sie das der Polizei gesagt?"

„Ja natürlich. Aber ich hab keine Beweise. Melanie hat mir den Drohbrief nur einmal gezeigt."

„Drohbrief?" Katja holte tief Luft. „Und was stand drin?"

Frau Körner schloss kurz die Augen. „Blöde Kuh …, pass auf oder ich bring dich um oder so ähnlich …" Sie machte eine kurze Pause. „Und außerdem wurde Melanie verfolgt. Von jemandem mit Maske."

„Das ist ja grauenvoll." Katja zog die Stirn kraus. „Wollen Sie nicht …, vielleicht …, es ist nur so eine Idee …", Katja räusperte sich, „ ich meine nur, weil Sie ja glauben, dass es kein Selbstmord war … und die Polizei nicht helfen will, vielleicht … einen Privatdetektiv …?"

„Das hab ich mir auch schon überlegt, aber mir fehlt das Geld. Ich bin alleinerziehend und …"

„Verstehe. Vielleicht …" Katja biss sich auf die Lippen. „Vielleicht kann ich mich ja mal umhören. Sollte sie wirklich in den Tod getrieben worden sein, dann …"

„Das würden Sie tun?", fiel ihr Frau Körner ins Wort. „Das wäre ja großartig. Wirklich." Voller Dankbarkeit ergriff sie spontan die Hand der Lehrerin, ließ sie aber sofort wieder los. „Verzeihung. Aber wissen Sie, es ist so schrecklich, dass Melanie tot ist, und der Gedanke, dass ihr Mörder noch frei herumläuft, den ertrag ich einfach nicht."

Um halb acht war der Elternsprechtag endlich zu Ende. Katja wollte nur noch nach Hause. Sie radelte die Waldstraße entlang, ohne zu registrieren, wie ungewöhnlich warm es für einen Maiabend noch war. Auch hatte sie sich, seit der Unterhaltung mit Frau Körner, kaum noch auf die Elterngespräche konzentrieren können. Sie betrat ihre Zweizimmerwohnung in der Christel-Schmidt-Allee, froh, nun endlich allein sein zu können. Denn in ihrem Kopf wimmelte es nur so von Fragen. Sollte sie wirklich wie eine Detektivin überall herumschnüffeln und ihre Nase in fremder Leute Angelegenheiten stecken? Oder … sollte sie einfach alles auf sich beruhen lassen? Nach langem Hin und Her und einer riesigen Portion Schokoeis stand ihr Entschluss fest. Sie wollte unbedingt herausfinden, wieso Melanie Neumann sterben musste. Danach ging sie ins Bett. Neben ihr eine sorgsam geschriebene Liste mit Personen und dazugehörigen Fragen, die gestellt werden mussten.

Am nächsten Tag radelte sie direkt nach der Schule zur Kirschplantage. Gestern Abend hatte sie noch herausgefunden, dass dort Jochen Gruber, der Lkw-Fahrer, wohnte.

Sie klingelte an einer braun gestrichenen Haustür, die zu einem Reihenmittelhaus gehörte. Eine füllige Frau mittleren Alters öffnete und guckte sie fragend an.

„Guten Tag. Sind Sie Frau Gruber?"

Die Frau nickte.

„Mein Name ist Katja Eckhof, und ich würde Ihrem Mann gerne einige Fragen stellen."

In diesem Augenblick kam jemand mit Arzttasche die Treppe hinuntergelaufen und stellte sich neben die Frau des Lkw-Fahrers. „Frau Doktor Weidenfeld, wie geht es meinem Mann?"

Die Ärztin legte beruhigend die Hand auf den Arm von Frau Gruber. „Machen Sie sich keine Sorgen. Ich hab ihm eine Beruhigungsspritze gegeben. Jetzt wird er erst mal schlafen."

Dann eilte sie zu ihrem weißen BMW-Cabriolet, bevor sie mit quietschenden Reifen davonraste.

„Na …", begann Katja wieder das Gespräch, „Frau Doktor hat es aber ganz schön eilig!"

„Sie ist eben sehr gefragt. Eine tolle Ärztin und eine der wenigen, die noch Hausbesuche machen." Dann guckte sie Katja ungeduldig an. „Was wollen Sie eigentlich von uns?"

„Kurz mit Ihrem Mann sprechen."

Frau Gruber kniff ihre Augen zusammen. „Sind Sie wieder eine von der Presse? Sie haben doch gerade gehört, dass er jetzt schläft. Unverschämtheit." Dann knallte sie die Tür mit einem lauten Rums zu.

Mist. Das war ja super gelaufen! Mit gesenktem Kopf ging Katja zu ihrem Fahrrad zurück, als ein Nachbarsjunge an ihr vorbeirannte. „Hallo Luca", rief sie ihm nach.

„Hallo Frau Eckhof. Was machen Sie denn hier?", fragte er überrascht und blieb abrupt stehen. Katja schaute zu ihm auf. Obwohl Luca erst in die 5. Klasse ging, überragte er sie bereits um einen Kopf.

„Ich wollte gerade mit deinen Nachbarn sprechen, wie es zu dem … Unfall vorgestern gekommen ist."

„Ach der … Das war echt krass", sprudelte es aus Luca nur so heraus. „Frau Gruber hat meiner Mutter erzählt, dass ihr Mann die Frau nicht wirklich getötet hat. Sie ist ihm nämlich nicht vor den Lkw gerannt, sondern schon vorher umgekippt. Einfach so. Sie lag dann auf der Straße. Und er konnte nicht mehr bremsen. Ist dann über sie rübergebrettert. Und die Augen von ihr, als sie tot war. Das war echt verrückt. Die waren so weit aufgerissen und verdreht, als ob der Teufel hinter ihr her gewesen war. Das hat jedenfalls Herr Gruber so gesagt."

Nachdem Katja sich von Luca verabschiedet hatte, zog sie ihr Handy heraus und tippte auf die Nummer von Susanne Körner. Lucas Worte hatten sie irritiert.

„Frau Eckhof hier", meldete sich Katja. „Nur kurz eine Frage. War Ihre Freundin Melanie eigentlich krank? Vielleicht Herzprobleme?" Melanie Neumann wäre bis auf eine Pollenallergie kerngesund gewesen, meinte Frau Körner. Nie im Leben wäre sie einfach so auf der Straße umgefallen.

Als Nächstes wollte Katja mit dem Ehemann von Melanie Neumann sprechen. Aus Krimis wusste sie, dass Mörder oft aus dem familiären Umfeld kamen und nicht selten Eifersucht das Motiv war.

Katja stand jetzt in der Eilshorst, vor einem Bungalow mit gepflegtem Vorgarten. Sie klingelte. Ein kleines Mädchen mit unordentlichem Pferdeschwanz öffnete die Tür und guckte sie aus großen Augen stumm an.

„Wer ist es denn?", hörte Katja eine gereizte Männerstimme.

„Kenn ich nicht", antwortete das kleine Mädchen und zog die Tür wieder zu.

„Nicht schon wieder!", grummelte Katja in sich hinein. Sie klingelte noch einmal. Diesmal öffnete ein Mann. Groß, schlank. Ein Brad-Pitt-Typ, nur dunkelhaarig.

„Mein Name ist Katja Eckhof. Ich war eine Freundin Ihrer Frau." Katja lief rot an, aber dies schien Brad Pitt nicht zu bemerken.

„Ach ja, nie von Ihnen gehört." Er strich sich über seine vollen Haare. „Was wollen Sie von mir?"

„Ich wollte Ihnen nur mein Beileid aussprechen und fragen, ob ich Ihnen irgendwie behilflich sein kann."

„Hilfe könnt ich wirklich gut brauchen. Sie können sich vorstellen, dass hier alles drunter und drüber geht, seitdem meine Frau …", er schluckte. „Gleich hab ich noch einen geschäftlichen Termin und so schnell keinen Babysitter auftreiben können. Vielleicht könnten Sie ja …"

Er machte die Tür weit auf und ließ sie ins Haus treten.

Der Flur war klein. Es roch nach Mikrowellenessen. In der Küche stapelte sich dreckiges Geschirr.

„Ich bin denn mal weg. Um …", er blickte auf seine Uhr, „20.00 Uhr müsste ich wieder zu Hause sein." Einen Augenblick später hörte sie die Haustür ins Schloss fallen.

Stille. Sie ging ins Wohnzimmer, wo zwei kleine Mädchen sie vom Sofa verschreckt ansahen. Katja schätzte die Zwillingsmädchen auf 3 Jahre.

„Wer bist du?", fragte das Mädchen, das ihr eben die Tür aufgemacht hatte.

„Ich kann …, kenn eure Mama." Das Wort „kannte" kam ihr nicht über die Lippen.

Katja setzte sich zu ihnen und nahm beide behutsam in die Arme. So saßen sie eine ganze Weile da, bis das Mädchen, das nicht die Tür aufgemacht hatte, leise fragte: „Kannst du uns etwas vorlesen?" Als Katja nickte, lief das Mädchen los und kam mit einem Arm voller Bücher zurück.

Nachdem sie die Mädchen ins Bett gebracht hatte, schlich Katja durchs Haus. Zu gerne würde sie irgendwelche Drohbriefe oder Tagebücher finden. Im Wohnzimmer öffnete sie das Fach eines Sekretärs. Ein Stapel Unterlagen. Sie nahm alles heraus. Vorwiegend Rechnungen: eine neue Waschmaschine, Versicherungen. Aber …, sie stutzte. Was war denn das? Eine Lebensversicherungspolice. Sollte Frau Neumann sterben, so würden ihrem Mann sofort 300.000 Euro ausgezahlt.

Sie legte die Unterlagen zurück und lief leise ins Elternschlafzimmer. Alles modern, weißes Holz, graue Bettwäsche. Sie zog eine Nachttischschublade auf: Handcreme, Tempos, Block mit Notizen. Sie riss die beschriebenen Blätter heraus und steckte sie in die Hosentasche. Dann der zweite Nachttisch. Taschenlampe, Lesebrille, abgegriffenes kleines Notizbuch. Sie blätterte. Lauter Initialen. Auch dies steckte sie ein. Dann guckte sie auf ihr Handy. Fünf vor acht. Verfluchte Sch… Sie lief in die Küche und machte sich an den Abwasch. Gerade als sie die Spüle trockenwischte, hörte sie die Haustür.

„Alles geklappt?" Ohne ihre Antwort abzuwarten, ging er an den Kühlschrank und nahm eine Flasche Weißwein heraus. Dann stellte er zwei Weingläser auf den Tisch und goss großzügig ein.

Ohne den Wein eines Blickes zu würdigen, stellte Katja sich direkt vor Herrn Neumann auf. Er überragte sie um mehr als zwei Köpfe, doch daran war Katja gewöhnt.

„Herr Neumann, was meinen Sie, wie ist es zum Tod Ihrer Frau gekommen?"

„Ich weiß es nicht." Er stellte das Glas ab. „Sie ist gejoggt. Wollte schnell nach Hause. Dann kam der Lkw …"

„Und was ist mit den Drohbriefen?"

Nun sah er Katja mit verächtlichem Blick an. „Was soll das hier werden?"

„Ich möchte nur die Wahrheit herausfinden? Sie nicht?"

„Wenn Sie die Wahrheit herausfinden wollen, dann fragen Sie doch mal den Typen aus der Buchhandlung." Seine Stimme überschlug sich fast. „Diesen Meier oder Müller, mit dem sie in letzter Zeit so oft rumhing." Sein Gesicht glühte vor Wut. „Wahrscheinlich hat dieses Arschloch sie auf dem Gewissen …"

„Und was ist mit Ihnen? Vielleicht haben Sie ja auch etwas mit dem Tod von Melanie zu tun?"

Er riss die Augen weit auf. „Sind Sie noch ganz dicht?"

Plötzlich holte er aus und schlug ihr mit der Faust direkt ins Gesicht. Katja hatte das Gefühl, dass ihr Kopf wegflog. Sie taumelte. Dann umklammerte er ihren Arm und zog sie gewaltsam in den Flur. „Raus hier!", brüllte er, während er die Haustür aufstieß und sie hinauswarf. „Und lassen

Sie sich hier nie wieder blicken, Sie … Sie Giftzwerg. Ich habe meine Frau geliebt!" Dann knallte er die Tür vor ihrer Nase zu.

Katja war schwindlig. Sie wankte zum Rad, während Tränen aus ihren Augen schossen und sich mit dem Blut auf ihrer Wange vermischten.

Zu Hause versorgte sie die Wunde. Ihre rechte Gesichtshälfte sah übel aus. Die Haut war teilweise aufgesprungen und brannte wie Feuer. Den ganzen Abend kühlte sie mit Eis, um die Schwellung zu lindern. Am nächsten Morgen wachte sie schweißgebadet auf, duschte und fuhr zur Schule.

Nach Unterrichtsschluss machte sie sich auf den Weg in die Buchhandlung. Auch wenn sie am gestrigen Abend kurz überlegt hatte, das Handtuch zu werfen, war sie heute nur umso entschlossener weiterzumachen. Katja war eine Kämpfernatur. Und was sie angefangen hatte, das führte sie auch zu Ende. Im Buchgeschäft schaute sie sich um. Ein schlaksiger Mann mit rötlichen Haaren, den sie hier schon häufiger gesehen hatte, stand am Computer. Als er sie bemerkte, unterbrach er seine Tätigkeit. „Kann ich Ihnen behilflich sein?"

„Ich suche einen Herrn Meier … oder Müller."

„Hanno Meier." Er lächelte Katja freundlich an. „Was kann ich für Sie tun?"

„Es geht um den Tod von Melanie Neumann."

Sofort wurde sein Gesichtsausdruck ernst. „Wirklich schrecklich. Sie war so ... belesen."

„Ich würde gerne einiges über sie erfahren."

Er rieb sich am Ohr. „Wissen Sie was? Ich hab gleich Pause. Vielleicht können wir im Caligo einen Kaffee trinken?"

Nachdem sich beide einen Cappuccino geholt hatten, setzten sie sich draußen an einen Tisch. Katja liebte diesen Ort, auch wenn er etwas von seinem Charme verloren hatte, seitdem der Muschelläufer nicht mehr existierte.

„Hatte Melanie einen Grund, sich umzubringen?"

„Eigentlich nicht. Obwohl ihr Mann ..."

„Was ist mit ihrem Mann?"

„Der lässt echt nichts anbrennen. Vor einigen Tagen hat er sogar mit ihrer besten Freundin geschlafen." Herr Meier erzählte, dass Melanie total am Boden zerstört gewesen wäre.

„Hieß die Freundin vielleicht Susanne Körner?"

Hanno nickte.

Wow, damit hatte Katja nicht gerechnet.

„Hatte Melanie irgendwelche Feinde?"

„Sind Sie von der Polizei, oder wieso stellen Sie mir all diese Fragen?"

„Neee ...," Katja lachte leise auf. „Die Polizei stellt gerade keine Fragen." Sie setzte erneut an. „Gab es Menschen, die Melanie nicht leiden konnten?"

Hanno Meier zog seine sommersprossige Nase kraus. Dann berichtete er, dass Melanie zur Filialleiterin aufsteigen sollte. Was einige Mitarbeiter sehr aufgebracht hätte.

„Und wie fanden Sie es, dass Melanie Ihre Chefin werden sollte?"

„Okay, aber natürlich wäre auch ich gerne Filialleiter geworden."

Katja radelte nach Hause. Dort durchforstete sie erneut Melanies Notizen: Friseurtermin, Einkaufslisten, Arzttermin wegen Pollenallergie … – nichts Ungewöhnliches. Aber das alte Notizbüchlein war weiterhin ein Rätsel. Mindestens 300 Initialen, geschrieben mit den unterschiedlichsten Stiften – mal krakelig, mal ordentlich. T.G., dann S.V., mehrfach H.S. Sie blätterte bis ans Ende und starrte auf die allerletzte Initiale: S.K. Und auf einmal hatte Katja eine ekelerregende Idee …

Aufgewühlt riss sie das Tiefkühlfach auf. Gähnende Leere. Spontan beschloss sie, zu Edeka nach Großhansdorf zu radeln. Denn nichts konnte ihre Nerven besser beruhigen als Häagen-Dazs Choc Choc Chip.

Heiße Luft streifte ihr Gesicht, während die Häuser des Sommerparks an ihr vorbeizogen. Sie überquerte die Aue. Als sie an der Eilshorst vorbeifuhr, guckte sie automatisch nach rechts. Vor dem Haus der Neumanns stand ein weißes BMW-Cabriolet. Sie stoppte. Sie kannte diesen Wagen. Ob wohl ein Kind krank war? Oder Herr Neumann? Am liebsten hätte sie nachgefragt. Doch eine Kämpfernatur zu sein ist nicht gleichbedeutend mit lebensmüde!

Nachts wälzte sie sich lange im Bett herum, bis sie in einen unruhigen Schlaf fiel. Plötzlich war sie hellwach. Es dämmerte bereits. Ihr Bauch tat weh – zu viel Eiscreme gestern Abend. Dann – ein Geräusch … Sie horchte. Ein Schleichen, Schritte im Treppenhaus. Was wäre, wenn man sie auch beseitigen wollte? Wegen ihrer Schnüffeleien. Sie stürzte in die Küche, ergriff das größte Messer, das sie fand, und schlich zur Tür. Ihr Puls raste. Schlotternd spähte sie durch den Spion. Nichts. Jetzt … ein Schatten. Eine Gestalt. Doch was war das? Wo sie ein Gesicht erwartet hätte, sah sie nun eine bunte Micky-Maus-Maske. Seltsamerweise nahm ihr die Maske die Angst. Jetzt oder nie.

Sie stieß die Tür auf. Die Gestalt wich zurück, ließ einen Zettel fallen und rannte die Treppe hinunter. Katja hinterher, das Messer in der Hand. Nur noch drei Treppenstufen trennten sie. Katja nahm zwei Stufen auf einmal. Griff nach der Jacke. Krallte sich fest. Doch dann …, sie stolperte … ließ los. Nicht nur die Jacke, sondern auch das Messer, das klirrend zu Boden fiel. Katja landete auf dem Hintern und rutschte die restlichen Stufen hinunter, während die Gestalt aus dem Hausflur ins Freie entkam.

Katja blieb wie angewurzelt am Boden sitzen und starrte auf ihre Schlafanzughose. Es hatte keinen Zweck mehr. Sie würde Micky Maus nicht mehr einholen. Langsam rappelte sie sich hoch. Autsch. Ihr Po tat höllisch weh.

Vor ihrer Wohnungstür hob sie den Zettel auf. HÖREN SIE AUF RUMZUSCHNÜFFELN ODER SIE WERDEN ES BEREUEN! Wer wollte diesen Drohbrief bloß unter ihrer Tür hindurchschieben? Katja hatte keine Ahnung. Nicht mal, ob es sich um eine Frau oder einen Mann handelte. Aber Herrn Neumann konnte sie ausschließen. Er war definitiv zu groß. Wäre sie doch bloß nicht gestolpert!

Sie machte sich einen Kaffee. Auch wenn ein Drohbrief kein Liebesbrief war, konnte Katja ihm doch etwas Positives abgewinnen. Er bestätigte zu hundert Prozent, dass Melanie keinen Selbstmord begangen hatte. Und dies änderte alles. Nun würde die Polizei den Fall noch einmal aufnehmen müssen. Sie atmete durch. Doch wollte sie das wirklich? Inzwischen war es doch irgendwie … – *ihr* Fall. Und schon bevor sich Katja Milch in den Kaffee goss, hatte sie einen Schwur vor sich selbst abgelegt: „Ich werde den Mord an Melanie Neumann aufklären!"

Was hatte sie bis jetzt?
- Einen sexsüchtigen Ehemann, dem der Tod seiner Frau 300.000 Euro einbrachte.

- Kollegen, die Melanie Neumann den Posten als Filialleiterin neideten.
- Ein Micky-Maus-Phantom
- Einen Lkw-Fahrer, der Melanie gar nicht getötet hatte,
  weil sie vorher bereits umgekippt war.

Die beiden letzten Tatsachen verwirrten Katja am meisten. Doch an jeder Haustür zu klingeln und nach einer
Micky-Maus-Maske zu fragen? Lächerlich! Hingegen das
Umkippen. Das musste doch einen erklärbaren Grund
haben. Und wer kannte sich damit besser aus als eine Me-
dizinerin?

Zehn vor vier stieg Katja vom Rad. Die weiße Villa mit
den grünen Fensterläden strahlte in der Sonne. Durch die
mächtigen Bäume der Parkallee wirkte die Villa noch herr-
schaftlicher. Katja betrat die Praxis. Eine hübsche Sprechstundenhilfe mit längeren blonden Haaren begrüßte sie.
  „Mein Name ist Katja Eckhof. Ich habe um 16 Uhr einen Termin."
  „Wegen akuter Bauchkrämpfe?"
  Katja nickte. Auch wenn es ihrem Bauch gerade blendend ging, heute Nacht hatte er ganz schön gezwickt.
  Im Wartezimmer setzte sich Katja auf den einzigen noch
freien Platz, während die Dame neben ihr sich angeregt
mit dem Gegenüber unterhielt: „… schrecklich, was mit
der Frau Neumann passiert ist, nicht wahr? Dabei habe ich

sie noch einen Tag vor ihrem Tod gesehen, hier in diesem Wartezimmer, quicklebendig …" Katja fixierte die Frau, die gänzlich ungeschminkt war, was zu ihrem sonstigen Outfit – perfekt geschnittener Bob, Louis-Vuitton-Handtasche, goldene Rolex – überhaupt nicht zu passen schien. Einige Minuten später wurde die Dame aufgerufen. Als sie zurückkehrte und ihren Trenchcoat überzog, fiel Katja auf, dass ihr Gesicht an einigen Stellen unnatürlich gespannt und aufgedunsen wirkte. Katja schüttelte leicht den Kopf. Wieso sich Frauen Botox spritzen ließen, nur um etwas jünger zu wirken, war Katja schon immer ein Rätsel gewesen.

Eine Stunde später tastete Frau Doktor Weidenfeld endlich Katjas Bauch ab. Von Nahem sah die Ärztin besser aus, als Katja sie in Erinnerung hatte: strahlend blaue Augen, makellose Haut.

„Nichts Auffälliges. Ihr Bauch fühlt sich weich und nicht verhärtet an", stellte die Ärztin fest. „Aber was haben Sie mit Ihrer Wange gemacht? Soll ich mir das mal anschauen?"

„Danke, halb so schlimm."

Die Ärztin schaute ihr jetzt aufmerksam ins Gesicht.

„Sie sehen blass aus, vielleicht sollten wir mal eine Eigenblutbehandlung machen. Danach fühlen Sie sich wie neugeboren."

„Hilft das auch bei Pollenallergie?", fragte Katja.

„Nicht wirklich." Die Ärztin hielt Katja nun einen Vortrag. Bei Pollenallergie habe sich die Hypersensibilisierung bewährt. Die Therapie würde drei Jahre dauern. Erst bekäme man wöchentlich eine Spritze mit dem entsprechenden Allergen, später dann alle zwei bzw. vier Wochen.

„War Melanie Neumann einen Tag vor ihrem Tod wegen ihrer Sensibilisierungsbehandlung hier?"

Die Ärztin guckte Katja ungläubig an und schüttelte den Kopf. „Meinen Sie wirklich, ich plaudere mit Ihnen über die Krankengeschichte von verstorbenen Patienten? Guten Tag, Frau Eckhof."

Zu Hause tippte Katja „Risiken bei Hypersensibilisierung" in ihr Notebook ein. Hatte Melanies Umfallen vielleicht mit dieser Behandlung zu tun? Interessiert las sie, dass es in Ausnahmefällen zu allergischen Reaktionen käme. Von Atem- und Kreislaufbeschwerden bis hin zum anaphylaktischen Schock mit Todesfolge. Das passte! Aber dass die Symptome meist innerhalb weniger Minuten auftreten würden. Das passte nicht! Doch … was wäre, wenn man ihr etwas anderes gespritzt hätte? Vielleicht etwas, das erst Stunden später Wirkung zeigte. Katja fiel das Gesicht der Dame ein. Sie fing an zu googeln:

„… erste Anzeichen treten bei einer Überdosis oft erst 15 Stunden später auf. Es kommt zu Lähmungserscheinungen, insbesondere in der Augenmuskulatur." Die verdrehten Augen, von denen Luca gesprochen hatte. „Wenn kein Gegenmittel gespritzt wird, kommt es letztendlich zu einer Atemlähmung."

Wow! Doch warum sollte Frau Doktor Weidenfeld das getan haben? Katja schlug das Notizbuch auf. Und dort stand es, auf der letzten Seite – bestimmt 15 Mal. A. W., für Alexandra Weidenfeld. Die Ärztin wollte Brad Pitt ganz für sich allein. Katja wurde heiß. Sie hatte den Fall gelöst!

Frau Dr. Weidenfeld hatte nicht nur ihre Praxisräume, sondern auch ihre Wohnräume in der Parkallee. Es war bereits dunkel, als Katja vor der Villa stand. Licht schien durch die Fenster. Katja schlich ums Haus. Die Terrassen-tür stand einen Spalt breit offen. Die Ärztin saß auf dem Sofa und las. Katja zog ihr Handy heraus und drückte die Notruftaste. Sofort meldetet sich die Polizei. „Bitte kom-men Sie sofort in die Parkallee Nr. 70." Sie beendete das Gespräch und schaltete auf Aufnahmefunktion.

Nun hatte sie etwa zehn Minuten Zeit, bis die Polizei eintraf. Katja schlüpfte durch die Terrassentür ins Haus.

„Was …, was wollen Sie hier?" Abrupt stand die Ärztin auf.

„Frau Doktor Weidenfeld. Ich bin mir sicher, dass Sie Melanie Neumann einen Tag vor ihrem Tod eine tödliche Dosis Botox gespritzt haben."

„Was? Spinnen Sie völlig?" Dann rief sie in Richtung Flur: „Marc …, kommst du bitte mal."

Sekunden später erschien ein grau melierter Mann mit angenehmem Lächeln. „Du hast noch Besuch. Liebling?"

„Eher ein ungebetener Gast, der zu viele Krimis gelesen hat." Jetzt wandte sie sich an Katja. „Und nur zu Ihrer Information. Nicht ich gebe die Spritzen, sondern meine Sprechstundenhilfe Frau Wegener."

Katja lief rot an, während ihre Lippen leise den Namen Wegener formten. Jetzt holte sie tief Luft, bevor die nächste Frage aus ihr herausbrach. „Und wie heißt Frau Wegener mit Vornamen?"

„Anna …, Anna Wegener, wieso?" Es klingelte. Die Polizei. Doch hier musste niemand mehr verhaftet werden.

Mit Blaulicht fuhren sie zum Haus der Sprechstundenhilfe, die noch bei ihren Eltern lebte. Die besorgte Mutter führte Katja und die Polizisten zum Zimmer ihrer Tochter. Anna Wegener kauerte auf ihrem Bett. Sie schien völlig verändert, seit Katja sie in der Praxis gesehen hatte. Ihre blonden Haare hingen strähnig vor ihrem Gesicht. Katja ließ den Blick durchs Zimmer schweifen. Geblümte Tapete, geblümte Bettdecke. Im Regal lag eine Micky-Maus-Maske. Die Sprechstundenhilfe brabbelte leise vor sich hin. „Er …er liebt mich nicht … liebt mich nicht …" Von einer Sekunde zur nächsten fing sie an zu schreien. „NEIN. NEIN. ICH HAB ES DOCH NUR FÜR UNS GETAN, FÜR UNS." Sie lachte hysterisch. Dann war nur noch ein Wimmern zu hören.

Als die Beamten Anna Wegener zum Polizeiwagen begleiteten, musste sie gestützt werden. Katja sah ihnen traurig nach, während der tränenverschwommene Blick der Mutter sich in der Dunkelheit verlor.

Katja hatte sich am nächsten Morgen krankgemeldet. Stundenlang starrte sie gegen die Wand. Nicht einmal Schokoeis half. Auch wenn sie abends die Nachricht erreichte, dass Melanie wirklich an den Folgen der Botox-Vergiftung gestorben war, brachte ihr dies keinerlei Befriedigung. Was für ein sinnloser Tod. Tränen liefen ihr übers Gesicht. Sie heulte, wie sie noch nie geheult hatte. Doch am nächsten Morgen ging sie wieder zur Schule. Sie würde um jeden Schüler kämpfen. Ihm nicht nur Deutsch und Englisch beibringen, sondern auch alles dafür geben, dass aus ihm ein Mensch mit stabilem, gesundem Selbstwertgefühl würde. Damit könnte sie diesen Mord zwar nicht mehr rückgängig machen, aber vielleicht künftige Verbrechen verhindern. Und Krimis …, das hatte sie sich geschworen, würde sie die nächsten zehn Jahren nicht mehr anrühren.

Heidrun Florczik
DÉJÀ-VU

Irgendwie war heute nicht ihr Tag. Warum, wusste sie nicht, aber sie hoffte, dass es ihr nach dem täglichen Rundgang – ihrer Lieblingsstrecke – besser ging. Von der Hagener Allee durch den Fasanenweg, zurück den Vossberg entlang und dann wieder in ihre Wohnung. Was war der Himmel heute so diffus? Graue und lila Schleierwolken zogen vorbei, und die Luft war schwer und irgendwie unerträglich.

Als sie am Vosswinkel vorbeikam, sah sie drei Polizeiwagen mit Blaulicht und einen großen Kastenwagen – offenbar ein Einsatz. Aber wieso war der Kastenwagen schwarz und die Polizeiwagen grün und beige? Waren die Wagen sonst nicht blau und silber? Sie ging etwas näher heran – komisch, keine Beamten, keine Leute im weißen Overall! Was war da los? Ein Junge kam auf einem Fahrrad aus dem Vosswinkel. Sie rief ihm zu: „Ist da was passiert, warum sind da die Polizeiwagen?" Der Junge drehte sich um, zuckte mit den Schultern, schüttelte den Kopf, rief: „Hier ist doch nichts", und fuhr weiter.

In diesem Moment erkannte sie, dass die Straße vollkommen leer war. Es war wieder passiert: Sie hatte etwas gesehen, was es nicht gab. Das war schon das zweite Mal, aber diesmal nahm sie sich vor, im Archiv der Zeitung nachzuforschen, ob es einen Grund dafür gab, ob hier vielleicht tatsächlich mal ein Verbrechen geschehen war.

Zwei Wochen später, nach mühevollem Suchen bei der Stormarner Zeitung und dem Abendblatt, fand sie zwei Begebenheiten, die passen konnten. Die Besitzerin einer alten Villa wurde tot von ihrer Putzfrau aufgefunden. Die Ursache des Todes war nicht konkret zu benennen. Die alte Dame war zuckerkrank, und der Notarzt bescheinigte ein diabetisches Koma und dadurch Herzstillstand. Nun erinnerte sie sich daran, dass ihre Tante damals vor knapp 50 Jahren im Familienkreis die Ansicht vertreten hatte, dass die Schwiegertochter wohl nachgeholfen hätte. Gerüchte, Gerüchte. Heute war diese Schwiegertochter selbst über 80, lebte ebenfalls alleine im Haus, war aber sportlich, machte noch jedes Jahr ihr Sportabzeichen, Gymnastik für Ältere und einen äußerst fitten Eindruck.

Der andere Fall war der Diebstahl von neuen Gartengeräten. Das schien ihr nicht Grund genug für einen solchen Einsatz.

Aber warum sah sie diese Begebenheit so deutlich vor sich? Sie wusste aus Familienerzählungen, dass ihre Ur-großmutter immer wieder Vorahnungen gehabt hatte, die sich auch bestätigten. Hatte sie auch irgendwelche Gaben? Sie fürchtete sich ein wenig bei diesen Gedanken.

Nachdem sie eine Woche bei ihrer Nichte an der See gewesen war, freute sie sich wieder auf ihr Zuhause. Es war schön, aber auch anstrengend gewesen. Die große Familie der Nichte brachte viel Freude, Lachen, Scherzen, aber auch Lärm mit sich. Ein Spaziergang in aller Ruhe auf ihrer Lieblingsstrecke würde ihr jetzt guttun.

Als sie in Höhe des Vosswinkels ankam, war die Straße zugeparkt mit Polizeiwagen, einem Rettungswagen, dem Bestattungswagen und dem Bus der Spurensicherung. Ihr Herz machte einen Hopser – ein Déjà-vu? Sie ging zu den Leuten, die um das Geschehen herum standen. Nachbarn erzählten ihr, dass die ältere Dame tot im Garten aufgefunden worden war. Das konnte sie nicht verstehen, wo diese doch so fit gewesen war.

Nach zwei Tagen Grübeln und wenig Schlaf ging sie zur Polizei. Auch wenn man sie dort belächeln sollte, sie wollte von ihren Wahrnehmungen erzählen. Ängstlich war sie, aber auch irgendwie mutig. Der Polizist hörte sich ihre Geschichte an, ließ sie ausreden und fragte, ob sie irgendwas vermutete. Sie erzählte ihm von dem Gerede ihrer Tante und dass damals von dem ehemals großen Garten gleich nach dem Tode der alten Dame ein Stück verkauft wurde. Der Sohn und die Familie ließen die Villa renovieren und herrichten.

Der Verkauf lief damals schon über dieselbe Maklerfirma, heute war die Tochter der früheren Inhaber die Geschäftsführerin. Man erzählte sich, dass die alte Villa abgerissen und neue Eigentumswohnungen gebaut werden sollten. Das angrenzende Grundstück hatte die Maklerfirma bereits erwerben können. Bekannt war auch, dass die Bewohnerin – die jetzt tot war – nicht verkaufen wollte. Es ging ihr nicht um das Geld, sondern dass so schöne alte Villen erhalten werden sollen. Doch war sie nicht gesundheitlich so fit gewesen, dass ein plötzlicher Todesfall ungewöhnlich erscheinen musste??

Der Polizist lächelte, als sie ihn eindringlich darauf hinwies, dass es bei der heutigen Forensik doch wohl möglich sei, auch versteckte Todesursachen oder Ähnliches festzustellen. Er war erstaunt, solche kriminalistischen Gedankengänge von der älteren Dame zu hören, und bedankte sich herzlich. Warum sie diese Situation schon einmal erlebt hatte, wunderte ihn nicht, denn es gab viele Dinge, die man rational nicht erklären konnte. Er wollte mit dem Polizeipsychologen darüber reden.

Zufrieden und auch sehr erleichtert verließ sie die Polizeidienststelle. Man hatte ihre Eindrücke nicht als Spinnerei abgetan. Im Laufe der nächsten Wochen war sie sehr unruhig, der gute Schlaf, den sie immer hatte, war manche Nacht durch Träume und Unwohlsein sehr gestört. Auch mied sie bei ihren Spaziergängen die Gegend um den Vosswinkel herum. Hinzu kam, dass sie oft am liebsten den Polizisten angerufen hätte.

An einem Morgen war das Wetter so wie damals, als sie das Déjà-vu hatte. An diesem Morgen klingelte es an ihrer Tür. Vorsichtig öffnete sie diese nur einen Spalt und sah, dass der nette Polizist vor ihrer Wohnung stand. Er berichtete ihr, dass bei der Überprüfung des Vorfalles dank ihrer Aussage die Umstände des Todes besonders beachtet worden waren. Die Forensik konnte nachweisen, dass die Fitnessgeräte manipuliert worden waren, und es gab fremde Fingerabdrücke. Daraufhin wurden die Maklerin und ihre Firma genauer unter die Lupe genommen und die Geschäftsräume durchsucht. Man stellte fest, dass der Firma die Insolvenz drohte und nur der Kauf der Villa samt Grundstück die Maklerin gerettet hätte …

Des Weiteren kam heraus, dass der persönliche Fitness-trainer der alten Dame der Cousin der Maklerin war. Dieser war permanent pleite und bereit, ihr für eine anständige Summe einen Gefallen zu tun. Natürlich behauptete er bei der Polizei, dass er keine Ahnung gehabt habe, was für eine Substanz er auf die Fitnessgeräte aufgebracht hatte. Seine Cousine machte die Aussage, dass sie damit nur erreichen wollte, dass die Dame etwas schwächer wurde, damit sie dann dem Verkauf zustimmte. Ernsthaft Schaden zufügen wollte sie ihr keineswegs. Es sei ihr nicht bewusst gewesen, dass es sich um ein langsam wirkendes Kontaktgift gehandelt hätte.

„Aber für eine Anzeige wegen Körperverletzung mit Todesfolge reicht der Tatbestand für beide aus", resümierte der Polizist.

Nun hatte die Staatsanwaltschaft das Wort.

Gerald Gräf
TOD AUS DEM UNTERGRUND

Mit der Bahn zum Tatort? Für René Niemeyer kein Problem. Auch heute klemmte sich der Kriminalbeamte das Faltrad unter den Arm, doch diesmal hatte ihn Kastorf gleich nach Dienstbeginn an den Ort zurückgeschickt, an dem er seit Jahren mit seiner Familie lebte – nach Ahrensburg.

Im Rahmen der Amtshilfe, hatte der beleibte Kriminalrat genervt gesagt. Als Leiter der Hamburger Mordkommission war Kastorf immer brüskiert, wenn er Personal in das benachbarte Bundesland ausleihen sollte.

„Könnte ein Mordfall sein, und du wohnst ja sowieso in dem Kaff. Die Kollegen in Ahrensburg haben es nicht so mit vorsätzlichen Tötungsdelikten", rief er Niemeyer schnaubend hinterher. „Steht alles in der Mail, Niemeyer."

In der Bahn schaltete Niemeyer das Dienst-Tablet ein, um Kastorfs Mail zu lesen. Für einen kurzen Moment spiegelte sich das blasse Gesicht des jungen Brillenträgers im Display, und Niemeyer fiel auf, dass die Haare bereits an den Ohren kratzten. Er brauchte dringend einen Termin bei seinem Friseur im City Center Ahrensburg. Niemeyer erinnerte sich wehmütig. Als sie im Jahr 2008 nach Ahrensburg zogen, stand dort noch das einzige Kino der Stadt. Der Betonbau wurde abgerissen, um Platz für das CCA-Einkaufszentrum zu schaffen.

Doch zurück zum Fall, ermahnte er sich innerlich und las die Mail. Die Leiche, die der Grund für seine heutige Exkursion war, lag in einem Burggraben im Stellmoor-Ahrensburger Tunneltal – einem Naturschutzgebiet, in dem vor Jahrtausenden eiszeitliche Rentierjäger auf die Pirsch gegangen waren. Niemeyer kannte die interessanten Örtlichkeiten seiner Stadt. Er wusste auch, wo sich die Gräben und Wälle befanden, welche die einzigen Überreste der Burg Arnesvelde darstellten. Aus den Steinen der Grafenburg entstand im 16. Jahrhundert das Ahrensburger Schloss – das Wahrzeichen der Stadt.

Der Kommissar musste lächeln, als er den prachtvollen Renaissancebau vor seinem geistigen Auge sah. Was für ein Juwel, schwärmte der Fan alter Gemäuer, doch leider gab es einen Haken. Ein dunkler Schatten lastete auf dem Wasserschloss, denn der Schlossherr, der hier vor 250 Jahren residierte, war ein Sklavenhändler gewesen, dessen Reichtum auf dem Elend zahlloser Menschen fußte.

Ein Dilemma, das sich nicht mehr ändern lässt, dachte Niemeyer. Der Bahnhof Ahrensburg West zog gemächlich an ihm vorbei. Er hätte auch hier aussteigen können, entschied sich aber dafür, den Ost-Bahnhof anzusteuern, der vor 1952 noch *Hopfenbach* hieß, denn von hier aus waren die Überreste der Burg mit dem Fahrrad besser zu erreichen. Als er das Bahnhofsgebäude verließ, standen die Zeiger seiner Uhr auf halb zehn.

Die tote Person wurde gegen sieben Uhr entdeckt, du kommst also noch rechtzeitig, ging es Niemeyer durch den Kopf. Beherzt trat er in die Pedale, überquerte auf dem Ahrensfelder Weg den Hopfenbach und bog in den Starweg ein. Am Ende der Straße hielt er sich links und radelte die Hagener Allee entlang, bis er am Forsthof Hagen ankam. Hier gab es einen kleinen Waldweg, der ihn direkt zum Burggelände führte. Schon aus der Entfernung konnte er die rot-weißen Absperrbänder erkennen. Eine Traube von Menschen bevölkerte die gespenstische Szene. Kinder auf Fahrrädern und schaulustige Spaziergänger hielten sich tuschelnd abseits, Journalisten justierten die Objektive ihrer Kameras, und uniformierte Beamte bewachten das abgesperrte Areal. Neben mehreren Streifenwagen standen auch die zivilen Einsatzfahrzeuge des Spurensicherungs-Teams auf dem Waldweg. Die Kollegen in den weißen Zellstoffanzügen sahen wie Michelin-Männchen aus, die unbeholfen am Tatort herumtapsten. Der Eindruck täuschte, wusste Niemeyer und duckte sich unter dem

Absperrband hindurch, nachdem er das Rad abgestellt hatte.

„Auskunft für die Presse gibt es später auf der Wache", raunzte ihn ein Mann Ende fünfzig an, der plötzlich wie aus dem Nichts vor ihm aufgetaucht war.

Niemeyer hielt ihm lächelnd die Hand und seine Dienstmarke entgegen. „René Niemeyer vom LKA Hamburg", sagte er freundlich. „Die Verstärkung. Sie wissen doch …?"

„Ach so … ja … na dann willkommen bei der Ahrensburger Polizei", begrüßte ihn der Hüne mit festem Händedruck.

„Danke, Kollege …?"

„Reinbacher … Hartmut Reinbacher, Chef der Kripo hier im Ort", ergänzte der schlanke Ermittler mit dem zerfurchten Gesicht und den schütteren, grauen Haaren. „Und neben den uniformierten Kollegen momentan hier der einzige Kripomann. Alle anderen sind krank, im Urlaub oder auf Fortbildung."

„Ich denke, ich kann Sie unterstützen", versicherte Niemeyer. „Ich wohne schon seit Jahren in Ahrensburg."

„Ach, wie praktisch", jubilierte Reinbacher, ließ seine blauen Augen aufblitzen und fügte hinzu: „Dann sofort ein erster Test in Heimatkunde: Warum hat Axel Springer 1965 seine Druckerei ausgerechnet hier in Ahrensburg bauen lassen?"

„Äh … das war vor meiner Zeit …", stammelte Niemeyer unbeholfen und betrachtete den Hünen mit einem

Blick, als wollte er sagen, *Chef, ist das hier ein Tatort oder eine Quizshow?*

„Falsche Antwort", sagte Reinbacher mit einem hämischen Grinsen im Gesicht. „Bis zur Wiedervereinigung war Ahrensburg Zonenrandgebiet, da gab's Steuererleichterungen."

„Interessant …", log Niemeyer und blickte an seinem Gegenüber vorbei, „… und was genau liegt nun hier an?"

„Folgen Sie mir", entgegnete Reinbacher und setzte den Hamburger im Schnellverfahren ins Bild, während sie den Abhang des Burggrabens hinuntergingen. „Der Mann wurde erdrosselt. Vermutlich mit bloßen Händen. Die Leichenstarre ist noch nicht vollständig ausgebildet; der Rechtsmediziner hat den Todeszeitpunkt auf gestern Abend gegen 23:00 Uhr festgelegt."

„… da war es bereits dunkel", fiel ihm Niemeyer ins Wort.

„Hm … korrekt", antwortete Reinbacher einsilbig und fluchte lautstark. Unten angekommen wäre er auf den letzten Metern fast ausgerutscht. „So ein Scheiß! Also, wo war ich? Ach ja …, die Leiche, äh … der Täter hat die Leiche hier unten im Burggraben abgelegt und mit Ästen und Laub bedeckt."

„Also fand der Mord an einem anderen Ort statt?", spekulierte Niemeyer.

„Offenbar, aber warten wir mal die Berichte der Forensiker ab."

„Wer hat den Toten entdeckt?", wollte Niemeyer wissen.

Reinbacher deutete zum anderen Ende des Grabens hinauf. „Ein Spaziergänger mit Hund. Er steht da oben und wartet. Den können Sie gleich als Erstes befragen."

„Natürlich." Niemeyer nickte. „Kann ich mir vorher noch die Leiche anschauen?"

„Klar doch", antwortete der Kripochef. „Übrigens: Wenn Sie mir auf der Wache den Schreibkram vom Hals halten könnten?"

„Wird wohl ein langer Tag heute werden", sagte Niemeyer mehr zu sich selbst.

„Es gibt auch Kaffee und Kekse ... von Nessler", versprach Reinbacher mit leuchtenden Augen.

„... Nessler?"

„Na unser Ahrensburger Kaufhaus. Das kennen Sie doch, oder etwa nicht? Die haben auch eine tolle Abteilung mit Süßigkeiten und so", beteuerte Reinbacher begeistert.

„Ok, Sie wohnen bestimmt schon viel länger in Ahrensburg", unterbrach Niemeyer den launigen Kripochef, „aber lassen Sie uns doch erst mal ..."

„Wir sind jetzt hier durch", unterbrach ihn einer der Beamten aus dem Spurensicherungsteam.

„Identität?", fragte Reinbacher.

„Müssen wir noch klären", erwiderte der Mann in dem Zellstoffanzug, „hatte nichts dabei, der Tote."

Reinbacher nickte und folgte Niemeyer, der bereits mit gezücktem Smartphone vor der Leiche stand und jede

106

Menge Bilder vom Tatort machte. Während Reinbacher in seinem Notizbuch herumkritzelte, fand der junge Beamte die Gelegenheit, das Opfer näher zu betrachten, das zwischen umgestürzten Bäumen, Totholz und hüfthohen Farnen lag. Er schätzte den Mann auf Mitte sechzig, etwa einen Meter achtzig groß. Die langen blonden Haare sahen ungepflegt und fettig aus; ein stoppeliger Dreitagebart bedeckte die Wangen, und auf seiner Nase prangte ein roter Pickel. Am Hals bemerkte Niemeyer die Würgemale.

Den kenne ich doch, dachte er verunsichert und beugte sich ein Stück weit vor.

„Na klar … den Typen kenn ich … das ist …", sagte er lautstark, wandte sich zu Reinbacher um und deutete mit ausgestrecktem Arm auf den Toten. „Das ist, wenn mich nicht alles täuscht, der Muschelläufer-Mann!"

„Sie haben den Toten entdeckt, Herr …?", eröffnete Niemeyer das Gespräch, nachdem er den Hundehalter am Rande des Tatortes aufgesucht hatte.

„… Brecht, Hans-Jürgen Brecht", antwortete ein glatzköpfiger älterer Herr, der ganz in Grün gekleidet war. Der Mann war klein, leicht übergewichtig und offensichtlich jenseits der siebzig. „Na ja, eigentlich war es Wilma …" Er deutete auf den Hund.

„Wann genau war das?"

„Heute Morgen so gegen sieben Uhr", antwortete der Mann in Grün mit pflichtbewusster Miene. „Ich gehe jeden Tag meine morgendliche Runde mit Wilma."

„Haben Sie am Tatort was angefasst?"

„Nein, ich habe Wilma angeleint und das Handy hervorgeholt."

„Ist Ihnen währenddessen etwas aufgefallen?"

Brecht runzelte die Stirn. „Nein", beteuerte er nachdenklich.

„Haben Sie den Toten erkannt? Wissen Sie, wer das ist?"

„Nee, hab ich nicht", räumte Brecht ein. „So genau habe ich auch nicht hingesehen."

Auf der Polizeiwache, an der Alten Reitbahn gelegen, die heute als Parkplatz genutzt wird, gab es erst einmal Kaffee und Kekse. Niemeyer knabberte lustlos am Gebäck, während er die Fallakte am PC anlegte. Zwischenzeitlich ließ sich Reinbacher vom Leiter des Spurensicherungsteams auf den neuesten Stand bringen. Das Duo wurde von drei Kollegen der Schutzpolizei unterstützt, von denen zwei die Wohnung des Opfers aufgesucht hatten, die sich im Stadtteil Gartenholz befand.

Als Tim Ahlbek und Sören Feld – beides Polizeiobermeister um die dreißig – nach ihrer Rückkehr Bericht erstattet hatten, berief Reinbacher kurzfristig eine Besprechung ein, an der auch die junge Polizeimeisterin Katja Wernheim teilnahm.

Die fünf Polizisten setzten sich um den Tisch im Aufenthaltsraum, der mit Keksschalen und Kaffeebechern vollgestellt war.

„Alle mal herhören", sagte Reinbacher bedeutungsschwer, „die Identität des Opfers ist geklärt. Ihr alle kennt den Mann, den man in Ahrensburg den ..."

„... Muschelläufer-Mann nennt", vervollständigte Ahlbek den Satz und biss genussvoll in einen Keks. „... von Arko, stimmt's?"

Reinbacher ging nicht darauf ein. „Genau, unser Opfer ist Joachim Butzke, der Muschelläufer-Mann."

Wernheim, die erst seit Kurzem den Dienst an der Wache verrichtete, sah ihre Chance gekommen, sich zu profilieren.

„Der Muschelläufer: Ein Objekt der Kunst, schwärmen die einen, ein Schandfleck für die Innenstadt, schimpfen die anderen", dozierte die Zopfträgerin mit erhobenem Zeigefinger. „Die blaue, überdimensionale Plastikfigur thront mitten im Zentrum Ahrensburgs – dem überwiegend als Fußgängerzone angelegten *Rondeel*. Das eigenwillige Kunstwerk stellt einen Mann dar, der auf einem riesigen Schneckenhaus steht und aus dessen rechtem Arm anstatt einer Hand eine Muschel wächst. Und genau hier ..."

„Danke, Katja", schnitt ihr Reinbacher jäh das Wort ab. „Ist bekannt. Und genau hier neben dem Muschelläufer stand mehrmals die Woche Joachim Butzke mit seinem Pappschild."

„Deswegen Muschelläufer-Mann", schaltete sich Sören Feld dazwischen. „Ist der ideale Ort für eine Mahnwache."

„Den Geschäftsleuten war er ein Dorn im Auge", sagte Tim Ahlbek, „doch wir konnten nichts machen. Meinungsfreiheit."

„Was habt ihr herausgefunden?", wollte Reinbacher wissen.

„Butzke war Witwer; der Mann lebte allein", antwortete Ahlbek, „keine nähere Verwandtschaft und, nach Auskunft der Nachbarn, auch keine Freunde."

„Ein Einzelgänger", mutmaßte Niemeyer.

Ahlbek nickte: „Einzelgänger und politischer Aktivist."

„Butzke hat bis zum Renteneintritt im hiesigen Grundbuchamt gearbeitet", erklärte Feld. „In seiner Wohnung haben wir zahlreiche Lagepläne, Kartenmaterial, Zeitungsausschnitte und Unmengen von Notizen gefunden, mit denen die Wände tapeziert sind. Alles Material über Ahrensburg und Umgebung."

„Und das führt uns direkt zu Butzkes Pappschild, mit dem er immer auf dem Rondeel gestanden hat", sagte Reinbacher und deutete auf den Text, den die junge Polizeimeisterin auf das Whiteboard geschrieben hatte.

STOPPT den Ausverkauf der Stadt!
Mehr Sozialwohnungen bauen!
STOPPT den unbekannten Investor,
der alle Grundstücke aufkauft!

Niemeyer las den Text laut vor.

„Das wäre ein Motiv", mutmaßte er und tippte mit dem Kugelschreiber auf den Tisch. „Butzke hat offensichtlich in ein Wespennest gestochen. Er wurde unbequem und musste weg; vielleicht hat ihn dieser Investor umgebracht."

„… oder der Investor hat jemanden beauftragt?", warf Ahlbek ein. „Das ist wahrscheinlicher."

„Hier werden wir als Erstes ansetzen", wies Reinbacher die Kollegen an. „Wernheim: Sie beschaffen alles über das Opfer, diesen Butzke. Niemeyer: Wer ist dieser Investor? Wieso kauft er Grundstücke in Ahrensburg, und was passiert damit? Ahlbek und Feld: Versucht mal herauszufinden, wo Butzke in den letzten Tagen war und was er so gemacht hat?"

„Und Sie, Chef?", fragte Wernheim schnippisch.

„Ich hole mir einen Termin im Rathaus", belehrte Reinbacher die Anfängerin schroff. „Die Angelegenheit hat auch politische Dimensionen. Morgen früh setzen wir uns wieder zusammen, dann gibt's Butter bei die Fische … und frische Kekse."

Am nächsten Morgen zog der Duft von frisch gebrühtem Kaffee durch die Wache, während die kleine Gruppe im Aufenthaltsraum eintraf, um die Ergebnisse des Vortages zusammenzutragen.

Nach einer Stunde zog Reinbacher ein erstes Resümee. „Also, ich fasse das mal zusammen. Es ist offenbar kein

Geheimnis, dass dieser – momentan noch unbekannte – Investor seit Jahren alle möglichen Flächen in Ahrensburg aufkauft."

„Alles, was er kriegen kann", ergänzte Niemeyer. „Nicht jeder Zuschlag geht an ihn, aber mehr, als man so denken könnte. Offensichtlich zahlt er gut."

Reinbacher fuhr fort. „Die Ankäufe laufen über eine in Deutschland registrierte Gesellschaft, die aber einer Briefkastenfirma auf den Bahamas gehört. Somit bleibt seine Identität im Dunkeln."

Niemeyer nickte. „Es dürfte Monate dauern, bis wir da weiterkommen. Wenn überhaupt …"

„Er spekuliert also mit Bauland", wollte Feld wissen, „und wartet auf höhere Preise?"

„Eben nicht, das ist ja das Verblüffende, es ist überhaupt kein Nutzen erkennbar. Er kauft oder pachtet alles an und lässt es dann ungenutzt liegen. Bauland, Gewerbe, Mischfläche, Forst und Äcker. Ich habe hier eine Liste der letzten fünf Jahre. Hinter all dem steckt dieselbe Briefkastenfirma." Niemeyer zog ein Dokument hervor und hielt es vor sich hin.

„Hör ich zum ersten Mal", musste Reinbacher zugeben. „Butzke wusste offenbar allerdings genau, was da lief."

„Sind solche Ankäufe illegal?", wollte Wernheim wissen.

„Graubereich", antwortete Reinbacher grübelnd. „Wir müssten herausfinden, welchen Plan dieser Investor verfolgt, dann ergeben sich weitere Zusammenhänge."

„Vielleicht kauft er aus Umweltschutzgründen?", gab Niemeyer zu bedenken.

„Warum dann die Geheimniskrämerei über die Briefkastenfirma?", hielt ihm Ahlbek entgegen.

Reinbacher schüttelte den Kopf. „Was haben all diese Flächen gemeinsam, außer dass sie in Ahrensburg und Umgebung liegen?"

Die Tür ging auf, und eine Beamtin der Schutzpolizei steckte den Kopf herein. „Kollege Reinbacher, Sie haben heute noch den Termin beim Amtsgericht. Ich sollte Sie …"

„Oh ja … richtig … danke", sagte der Angesprochene und nickte. „Kollegen, ich bin für zwei Stunden weg. Macht mal so lange Brainstorming, vielleicht fällt euch ja was Brauchbares ein."

Kaum war Reinbacher verschwunden, redeten alle durcheinander, und Niemeyer sah sich genötigt, die Rolle des Chefs zu übernehmen.

„Einer nach dem anderen", verschaffte er sich Gehör. „Noch jemand 'ne Idee? Hat der Investor einen Plan? Gibt es Gemeinsamkeiten bei den erworbenen Flächen?"

Alle schwiegen.

Nach einer gefühlten Ewigkeit meldete sich Ahlbek zu Wort. „Eine Übereinstimmung gibt es tatsächlich. Alle Flächen in Ahrensburg haben etwas gemeinsam."

„Und das wäre?", fragte Niemeyer mit neugieriger Miene.

„Etwas, das sich unter Ahrensburg befindet. Im Untergrund. Hier wächst seit Jahrtausenden ein gigantisches, weit verzweigtes Pilz-Geflecht, auch Mykorrhiza-Netzwerk genannt. Solche unterirdischen Netzwerke durchziehen das gesamte Erdreich; sie gehören zu den größten Organismen der Welt. Das Einzige, was wir davon sehen, sind die Fruchtkörper, die man im Wald sammeln kann. Dieses Geflecht lebt in Symbiose mit allen Pflanzen in der Gegend, da die Fäden des Pilzes mit ihren Wurzeln verbunden sind – und zwar im Umkreis von Quadratkilometern. Alles ist mit allem verbunden, die Wissenschaftler nennen das ein Wood Wide Web."

Niemeyer schaute wie betäubt auf die Schale mit den Keksen.

„Sind das Haschkekse?", fragte er verdutzt.

„Und es ist ein dynamisches Netzwerk, das sich immer weiter ausdehnt, sich ständig umbaut und in dem nicht nur Nährstoffe, sondern auch elektrische Impulse ausgetauscht werden. Wie in Gehirnen. Ein Geflecht mit Knotenpunkten und intelligenten Eigenschaften, das dem neuronalen Netzwerk eines menschlichen Gehirns ähnelt."

„Woher wissen Sie das alles", platzte es aus Niemeyer heraus, „und was soll das mit unserem Fall zu tun haben?"

In dem Hamburger Beamten regte sich ein Verdacht. *Ist die Katze aus dem Haus, tanzen die Mäuse auf dem Tisch …* ging es ihm durch den Kopf. *Die wollen dich, den neunmalklugen Bullen aus der Großstadt, mal so richtig verarschen.*

„Seine Frau arbeitet im Thünen-Institut für Forstgene-
tik", meldete sich Feld zu Wort. „Die sind auf dem neuesten Stand der Forschung. Kaum zu glauben, die Story über
unterirdische Pilz-Netzwerke, aber es stimmt tatsächlich
alles."

Niemeyer nahm sich vor, das saublöde Spiel aus Kol-
legialität vorerst mitzuspielen, setzte sich aber einen
Zeitrahmen, denn immerhin ging es hier um die Aufklärung eines Mordfalls.

„Thünen-Institut …?", fragte er nachdenklich.

„Liegt gleich hinter der Stadtgrenze in der Nachbargemeinde", klärte ihn Ahlbek auf. „Wissenschaftliche For-
schungseinrichtung auf Weltniveau mit Versuchsflächen,
Laboren und jeder Menge Spezialisten. Genetik, Ökolo-
gie, Genomforschung und diverse Projekte: das volle Programm."

Niemeyer überlegte eine Weile, dann meinte er: „Ach
ja, das Gelände an der Sieker Landstraße. Aber mal im
Ernst: ein Pilz-Netzwerk unter Ahrensburg, das einem
Gehirn ähnelt? Das ist doch völliger Quatsch. Außerdem:
Wo ist der Bezug zum Fall?"

Alle Blicke richteten sich plötzlich auf Ahlbek.

„Ich gebe zu", rechtfertigte sich der Öko-Freak mit tod-
ernster Miene, „eine gewagte Theorie, doch durchaus ein
paar Überlegungen wert."

„Dann lassen Sie uns mal teilhaben an Ihren Überlegungen", hörte sich Niemeyer sagen. Wenn das Thü-

nen-Institut involviert war, gab es vielleicht doch einen seriösen Hintergrund?

Ahlbek holte tief Luft. „Setzen wir mal voraus, dass das geflechtartige Netzwerk unter unseren Füßen, der Mykorrhiza-Pilz, eine Art Intelligenz besitzt. Was will er also? Wie alle Organismen überleben, so wie die Pflanzen, mit denen er in Symbiose verbunden ist. Und weiter wachsen, schließlich könnte er noch Jahrtausende leben. Jetzt kommt der Mensch ins Spiel. Bäume und Pflanzen verschwinden, stattdessen werden Häuser, Gewerbegebiete, Fabriken und Straßen gebaut. Wir vernichten seinen Lebensraum, und der Pilz, durchaus in der Lage, Probleme zu lösen, sucht einen Weg, sich zur Wehr zu setzen."

„Und wie?", frotzelte Niemeyer. „Angriff der Killerpilze …?"

„Psilocybin", antwortete Ahlbek wie aus der Pistole geschossen. „Schon mal was von Zauberpilzen gehört?"

„Magic mushrooms, eine illegale Pilz-Droge, die einen psychedelischen Rausch verursacht, ähnlich einem LSD-Trip", antwortete Niemeyer und runzelte die Stirn. Die *Verarschung* nahm absurde Züge an, entbehrte aber nicht einer gewissen Originalität, das musste er zugeben.

„Korrekt", bestätigte Ahlbek nickend. „Mittels des Psilocybin, das sich in den Fruchtkörpern der Pilze befindet, kann das Netzwerk sogar die Gedanken der Menschen beeinflussen, die den Pilz sammeln und dann essen."

„Eine Art Fremdsteuerung?", mischte sich Feld ein.

116

„Chemische Botenstoffe können den menschlichen Geist manipulieren", bestätigte Ahlbek, „und neue Denkmuster eröffnen. Es könnte also auch so gewesen sein: Das Netzwerk reagiert auf die Bedrohung und setzt das Psilocybin in den Fruchtkörpern frei. Ein Pilzsammler nimmt es zu sich und wird zum Investor, um den verbliebenen Lebensraum des Pilzgeflechtes zu schützen, und …"

„… und ein anderer, der das Zeugs ebenfalls zu sich nimmt, bringt denjenigen um, der die Aktivitäten des Pilzfreund-Investors öffentlich anprangert, sodass der Schutz des Pilz-Netzwerkes auf der Kippe zu stehen droht", vervollständigte Niemeyer Ahlbeks Satz. „Das wollen Sie doch damit ausdrücken, Kollege Ahlbek, oder? Der Investor und der Mörder – vielleicht ist es ja auch ein und dieselbe Person – sind von dem Pilz manipuliert worden und handeln sozusagen in seinem Auftrag, richtig?"

Im Besprechungsraum herrschte eine gespenstische Stille. Ahlbek zuckte mit den Schultern. „Pilze gibt es schon seit zwei Milliarden Jahren", sagte der Polizeiobermeister trocken. „Sie sind überall, sie haben kognitive Fähigkeiten, sie können Probleme lösen und menschliche Gedanken steuern. Wir haben sie bisher immer unterschätzt."

Niemeyer hatte genug. Er wollte kein Spielverderber sein, doch nach dreißig Minuten Pilz-Gequatsche juckte es ihm in den Fingern, den Spieß umzudrehen.

„Sagen Sie mal", er beugte sich zu Ahlbek hinüber, „sind Sie hier so was wie der Clown auf der Wache?"

117

„Lasst uns doch lieber mal ein Pils trinken", schlug Feld vor. „Natürlich nach Dienstschluss."

Ahlbek kam ins Stocken. „Bierhefe ... sind auch Pilze ..."

Niemeyer grinste innerlich. Die Fassade des Kollegen Ahlbek schien zu bröckeln; in seinen Mundwinkeln konnte er ein leichtes Zucken beobachten.

„Wann haben Sie eigentlich das letzte Mal Pilze gegessen?", fragte er provokativ. „Vielleicht gestern Abend?"

Plötzlich gab es kein Halten mehr.

Ahlbek hielt die Hand vor den Mund, prustete einige Male und brach dann in schallendes Gelächter aus. Auch Sören Feld, der das arglistige Spiel von Anfang an durchschaut hatte, stieß seinen Stuhl um, weil er sich vor Lachen den Bauch halten musste.

Katja Wernheim schüttelte den Kopf. „Das sind Kinder und keine Polizisten."

Ahlbeks Lachattacke steigerte sich in einen Krampfanfall. Röchelnd japste er nach Luft. Feld war zwischenzeitlich lachend durch den Raum getaumelt und hämmerte mit der Faust gegen den Türrahmen. „Ha, ha, ... so eine irre Geschichte ... ha, ha, ha ..."

„Wie peinlich. Ich könnte im Boden versinken", sagte Wernheim sichtlich verärgert.

„Machen Sie sich nichts draus", sagte Niemeyer beschwichtigend, „ich habe ein dickes Fell, und eines muss man den beiden lassen: Mangelnde Fantasie kann man Ihren Kollegen nicht vorwerfen."

„Ha, ha, ha … ich bin auch nur Zuschauer", brüllte Feld nach Luft ringend, „und … Opfer … ha, ha."

Mit hochrotem Kopf und Schweißperlen auf der Stirn meldete sich Ahlbek zu Wort, dem es gelungen war, den Krampfanfall unter Kontrolle zu bringen. „Sorry, Leute …, ich wollte nur ein bisschen Abwechslung in die verstaubte Bude …"

„… und so nebenbei den Bullen aus Hamburg verarschen", flachste Niemeyer.

„Na kommen Sie, Niemeyer, geben Sie's zu", sagte Ahlbek lachend, „Sie sind doch auch darauf reingefallen, oder? Ein bisschen jedenfalls …"

„Ich muss Sie enttäuschen", konterte Niemeyer. „Abgefahrene Geschichte, ja, aber Sie waren leicht zu durchschauen …"

„Klar doch, kann hinterher jeder sagen", monierte Ahlbek, „aber vieles an der Geschichte stimmt tatsächlich, denn …"

„Verschonen Sie mich mit Einzelheiten", mahnte Niemeyer mit erhobenen Händen. „Wir haben einen Fall aufzuklären, und das Einzige, was der Täter mit einem Pilz gemein haben könnte, ist der Fußpilz, unter dem er eventuell leidet. Also, was haben wir …?"

Die Tür ging auf, und Reinbacher stand grinsend im Raum.

„Der Termin ist ausgefallen", rechtfertigte er sein vorzeitiges Erscheinen, „setzt mal Kaffee auf, ich hab Kuchen von der Konditorei *Gerads* mitgebracht.

Betretenes Schweigen.

„Watt'n los", fragte Reinbacher irritiert. „Habt ihr schon eine Idee, wer der Täter sein könnte?"

„Fast", antwortete Niemeyer trocken. „Wir bräuchten dann nur noch eine Hundertschaft zum Graben."

Niemeyer ließ die Welt an sich vorbeiziehen, während der Zug ruckelnd seinen Weg nahm. Noch zwei Stationen, dann würden sie in die Dunkelheit des U-Bahn-Tunnels eintauchen. Reinbacher und die Kollegen von der Ahrensburger Wache kamen ihm in den Sinn. Seit einer Woche fuhr er wieder zu seiner Stammdienststelle in Hamburg, doch die Zeit bei der Polizei Ahrensburg würde er so schnell nicht vergessen. Der Mord an Joachim Butzke konnte zwei Wochen nach der denkwürdigen Besprechung aufgeklärt werden. Tim Ahlbek, der Baron-Münchhausen-Verschnitt, hatte dem Team eine wahnwitzige Story aufgetischt, die jetzt noch ein Lächeln auf sein Gesicht zauberte, wenn er an den potenziellen Mörder im Gewand eines Pilz-Netzwerkes dachte.

Aber irgendwie auch verrückt bizarr, kam es Niemeyer in den Sinn. Wie so vieles in diesem Fall, der sich letztlich fast von alleine aufgeklärt hatte.

Der Täter – Rüdiger Sabottke –, ein psychisch kranker Mann aus der Nachbargemeinde Großhansdorf, war ihnen förmlich in die Arme gelaufen. Die Akte des einundfünfzigjährigen Frührentners war lang: Neben illegalem Drogenbesitz gab es zahlreiche andere Delikte, die dem gewalttätigen Alkoholiker angelastet wurden, der unter Zwängen und Verfolgungswahn litt.

Niemeyer ließ die Ereignisse der letzten Woche Revue passieren.

Die Suche nach dem Investor erwies sich erwartungsgemäß als schwierig. Obwohl die Ermittlungen in alle Richtungen ausgeweitet wurden, ergab sich keine heiße Spur auf andere mögliche Verdächtige. Den ausschlaggebenden Tipp erhielten sie schließlich aus dem *Bierstein*, einer Szene-Kneipe im Stadtteil Am Hagen. Sabottke trank hier gerne einen über den Durst und machte auch keinen Hehl aus seiner destruktiven Haltung. Hierbei kam ihm seine muskulöse Erscheinung zugute, sodass es niemand darauf anlegte, einen Konflikt mit dem Kraftprotz zu riskieren.

An jenem Abend im *Bierstein* prahlte er mit seinen Heldentaten. Bereitwillige Zechkumpane fanden sich immer, und zu fortgeschrittener Stunde offenbarte der Hüne den Männern am Tisch mit lallender Stimme, dass er dem Muschelläufer-Mann das Maul gestopft hatte. Weil er ihm mit dem Pappschild auf den Sack ging. Und weil das Arschloch nicht aufhören wollte, Gerüchte in die Welt zu setzen. Er hatte Butzke aufgelauert, den Unterlegenen nach kurzem Streit hinter ein Gebüsch gezerrt und erwürgt. In der Nacht brachte er die Leiche mit seinem alten Kombi ins Tunneltal.

Ein Geheimnis, das nicht lange geheim blieb.

Die Beamten des SEK aus Kiel hatten Glück, als sie Sabottke wenige Tage später in seiner Wohnung in der Nähe des Kleingartenvereins festnahmen. Der vermeintliche Täter leistete keinen Widerstand, im Gegenteil, er wirkte seltsam erheitert und irgendwie abwesend, sodass die Beamten davon ausgingen, dass Sabottke unter Drogen stand.

Auf der Wache wurden die Personalien aufgenommen, Sabottke landete im Zellentrakt, und Reinbacher ließ es sich nicht nehmen, am nächsten Tag eine erste Vernehmung des Beschuldigten durchzuführen, bei der auch Niemeyer zugegen war.

„Der landet ohnehin in der geschlossenen Psychiatrie", waren Reinbachers Worte, während sie das Vernehmungszimmer betraten. „Außerdem hat das Kriminallabor gestern noch eine Sonderschicht eingelegt. Die DNA-Spuren an Butzkes Hals sind von Sabottke. … Bingo."

Sabottke saß auf einem der Stühle und bewegte seinen Oberkörper vor und zurück. Hierbei wiederholte er gebetsmühlenartig mit monotoner Stimme immer wieder dieselben Worte: „Ich bin ein Glückspilz, … Glückspilz, ich bin ein Glückspilz, ein Glückspilz, … ich bin …"

„Guten Tag, Herr Sabottke", eröffnete Reinbacher das Gespräch. „Wir freuen uns, dass Sie so viel Glück haben. Verraten Sie uns den Grund für Ihren Frohsinn?"

Sabottke reagierte nicht. „Ich bin … ich bin ein Glückspilz, … Glückspilz, ich bin ein Glückspilz …"

„Er steht offenbar noch unter Drogen", wandte sich Niemeyer an Reinbacher, „sollten wir nicht lieber …"

„Herr Sabottke, Ihnen wird zur Last gelegt, Joachim Butzke getötet zu haben", ließ sich Reinbacher nicht beirren. „Den Mann, der hier in Ahrensburg als der Muschelläufer-Mann bekannt war. Was sagen Sie dazu?"

Die Augen des Beschuldigten blitzten kurz auf.

„Der Muschelläufer-Mann ist … er war … die Stimmen waren der Boss …", sagte er kopfschüttelnd und suchte nach Worten. „Der Wald, er hat ihn aufgenommen, ich habe ihn nur übergeben."

„Der Wald?", fragte Reinbacher verblüfft. „Der Wald mit den Bäumen oder ein Mann namens Wald?"

„Du kannst dir deinen Polizeischeiß in den Arsch schieben, du Wichser", pöbelte Sabottke plötzlich, und seine Spucke verteilte sich über den Tisch. „Wer sich ihm in den Weg stellt, kriegt die Quittung. Doch ich nicht, ich bin nämlich ein Glückspilz, ein …"

„Warum?", ließ Reinbacher nicht locker.

„Na, weil ich die Botschaft verstehe", brüllte der Beschuldigte, „und auch den Mumm habe, zu tun, was getan werden muss."

„Wessen Botschaft?"

„Der Wald … ich bin ein Glückspilz, ein …"

„Ist das der Grund dafür, dass Sie den Leichnam im Wald abgelegt haben?", fragte Reinbacher. „Weil der Wald wollte, dass Sie Butzke töten?"

123

Sabottke fing an zu lachen. „Mann, ihr habt keine Ahnung, was? Merkt ihr denn gar nichts? Die fangen an, sich zu wehren!"

„Wer?", wollte Reinbacher wissen.

„Na alle …", kicherte Sabottke. „Ihr müsst mal reinhören in die Erde. Da sind alle Antworten, die ihr braucht."

Alle Antworten, die ihr braucht, klang es in Niemeyers Kopf nach. Er öffnete die Augen und ließ den Blick durch den Fahrgastraum wandern. Die Menschen hier im Waggon erschienen ihm wie phlegmatische Ameisen.

Kurz nach dem Verhör hatte Niemeyer erfahren, dass in Sabottkes Blut Psilocybin nachgewiesen werden konnte – und das in schwindelerregender Konzentration. *Magic mushrooms,* die illegale Pilz-Droge, die einen psychedelischen Rausch verursachen und sogar die Persönlichkeit des Konsumenten verändern konnte.

Das erklärte vieles, dachte Niemeyer, und doch führte es ihn auch zu Ahlbeks wahnwitziger Theorie zurück – dem Netzwerk mit den besonderen Fähigkeiten.

Die fangen an, sich zu wehren …?

Die Waggons ruckelten leise vor sich hin; in der Fensterscheibe spiegelte sich verschwommen sein Gesicht, die Ameisen um ihn herum beteten ihre Smartphones an, und ja, tatsächlich, Niemeyer hatte auch den Eindruck, dass *sie* anfingen, sich zu wehren, ohne näher beschreiben zu können, um wen oder was es hier eigentlich ging. Und er begann sich mittlerweile ernsthaft zu fragen, was dort unten wirklich existiert: im Untergrund von Ahrensburg ...?

Dietrich von Horn
SCHIMMELMANN UND DAS GLASAUGE
VON SHAKESPEARE

When shall we three meet again?
In thunder, lightning, or in rain?
When the hurlyburly is done.
Macbeth, Act 1, Scene 1

Kapitel 1

Wie ein aus der Zeit gefallenes Raumschiff liegt das
Schloss hell erleuchtet da. Der Herbststurm zerrt derbe an
den Zweigen. Was soll er auch machen. Die Blätter hatte
er schon längst heruntergerissen. Und da ihm nichts Besseres einfällt, treibt er das Laub planlos vor sich her, bis es
in den Winkeln des Schlosses eine kurze Ruhe findet, so
lange, bis eine neue Böe es wieder hochwirbelt und erbar-

127

mungslos in den Burggraben schmettert. Der kalte Regen klatscht gegen die Wände des Schlosses, der in Sturzbächen dann in den Gullys seinen Weg in den Orkus der Stadt findet. Blitze zucken durch den nebligen, schwarzen Himmel, dicht gefolgt von ohrenbetäubenden Donnerschlägen. Selbst die steinernen Löwen an der Zugangsbrücke zum Schloss gucken missmutig nach oben. Bei so einem Wetter käme kein normaler Mensch auf die Idee, sich draußen aufzuhalten.

Trotzdem ist ein dunkel gekleideter Mann unterwegs.

Wenn man genau hinsähe, könnte man den Erzähler dieser Geschichte erkennen. Den Kragen seiner Jacke hat er hochgeschlagen. Es nutzt nichts, das Wasser läuft ihm in den Nacken, was nicht unbedingt seine Stimmung hebt. Die Hände hat er tief in die Jacke gesteckt. Er kommt vom Park her und geht zum Schloss, um sich am Eingang irgendwie unterzustellen. Ein Regenschirm wäre jetzt hilfreich.

Plötzlich zerknackt ein Ast. Der Erzähler erstarrt und hat das Gefühl, als wenn ihn vom Schlossgraben her irrlichternde hexenhafte Geister anstarren, die vor einem kochenden Kessel sitzen, in dem Gewürm, Kröten, Molchaugen, quiekende Igel und Schleim vor sich hin schmoren.

Hastig läuft er über die Brücke Richtung Marstall zum Parkplatz, springt in sein Auto und verriegelt es von innen. Wenn jetzt ein weißer Hai mit seinem Riesenmaul ihn samt Auto verschlänge, wäre das nicht verwunderlich, und wenn ein um die Sicherheit der Stadt besorgter Bürger das beobachtete, hätte er schon längst die Polizei gerufen: „Ich will ja nichts gesagt haben, aber da am Schloss passieren so merkwürdige Dinge. Sie sollten mal hinfahren. Man weiß ja nie, besonders in diesen Zeiten."

Er startet den Wagen, schaltet die Scheibenwischer ein, die nun den Wassermassen den Kampf ansagen. Erleichtert stellt er fest, nein, niemand ist ihm gefolgt. Er fährt über das nassgraue Kopfsteinpflaster zur Ausfahrt. Er schaltet das Radio an. Mick Jagger singt: *Living in a ghost town*. Die Straße vor ihm liegt unbenutzt. Er biegt nach links ab. Jetzt kann er wieder tief durchatmen und nun endlich seinen Gedanken freien Lauf lassen. Und so spricht er mit seiner inneren Stimme.

„Lass uns irgendwohin, wo es trocken ist. Keine Kneipe hat auf. Also, was machen wir? Lass uns zu mir fahren. Zumindest ist es da wärmer und trockener. Und für die innere Erwärmung hab ich noch 'n guten Whisky im Haus."

Die innere Stimme ist begeistert.

„Is' doch mal 'ne Idee. Manchmal fällt dir was ein. Wie schön."

In der Wohnung angekommen, wird gleich das Destillat auf den Tisch gestellt.

„Trink das mit Verstand. Das ist kein Billigkram von Aldi."
„Prost!"

„So, jetzt komm ich zur Sache. Sag mal, du bist doch halbwegs in der Lage, deine Worte mehr oder weniger geschickt zu vernünftigen Sätzen zusammenzufügen. Will sagen, wir sollten doch mal nicht unsere literarischen Fähigkeiten vergessen. Hab was vor, dafür kommst nur du infrage und mir bitte zur Hilfe, Beistand sollst du sein. Mittäter sozusagen."

„Erzähl, was bewegt dich?"

„Will einen Regionalkrimi schreiben, sollst dabei helfen. Soll in Ahrensburg und Umgebung spielen. Nach dem Erlebnis eben bin ich richtig motiviert. Kann so was sein, wo sich bürgerliche Bigotterie mit unausgegorener Wahrheitsliebe eines Halbgaren trifft, muss aber nicht. Dabei darf durchaus ein Mord passieren, und wenn es sein muss, auch noch ein zweiter, die sich zum Schluss als logisch erweisen, die aber der Leser erst am Ende versteht und sich dann ärgert, weil alles so naheliegend war."

„Der Wunschtraum eines jeden Krimiautors. Aber da kann ich ja nur lachen."

„Ja, nun lach nicht, das wird was. Sei doch nicht so pessimistisch. So wird das doch nie was. Wenn du nur blockieren willst, dann bist du hier fehl am Platze."

„Wie wäre es denn, wenn man Kritik äußern kann, ohne dass man gleich dafür abgestraft wird? Kann doch nur der ganzen Sache dienen."

„Wenn Kritik, dann auch bitte so, dass du Verbesserungsvorschläge anzubieten hast."

„Na hör mal. Du erzählst hier irgendwas Unausgegorenes, noch nicht mal im Ansatz überlegt, und ich soll schreien: ‚Klasse, großer Meister!'"

„Muss so was Sozialkritisches werden, wie die Schweden das so gut können. Vielleicht 'ne Umweltsauerei oder eine illegale Abholzung der Doppeleiche von 1871."

„Hat es die in Ahrensburg gegeben?"

„Was?"

„Na, 'ne Doppeleiche, die erinnern soll an die glorreiche Staatsgründung von 1871. Immerhin gibt es hier eine Straße, die ‚Bei der Doppeleiche' heißt."

„Weiß ich nicht. Egal, oder Kahlschlag von irgendwas, was nicht sein darf. Illegale Entsorgung von Umweltgiften, Rassismus, ‚cannot breathe', ‚black lives matter' und so weiter, und so weiter …"

„Wie willst du denn den Leser bei der Stange halten oder besser, wie willst du ihn überhaupt erst einmal dazu kriegen, dass er sich das Buch kauft? Nur weil dein Name darauf steht, wird es, außer der Verwandtschaft, niemanden geben, der einen inneren Drang verspüren wird, sich auf das Buch einzulassen."

„Indem wir eine schöne Sprache wählen und die Worte klingen lassen wie bei Shakespeare."

„Wie bei Shakespeare? Da hast du dich wohl um einige Etagen vergriffen. Wie sollen denn bitte die Worte klingen? Ist doch keine Musikveranstaltung."

„Wie unsensibel bist du denn. Wer das nicht versteht, was ich damit meine, wird es nie erfühlen. Na, is' ja auch egal. Also, ich trau mir das zu, du dir nicht?"

„Was?"

„Oh Mann, sei doch nicht so schwerfällig. Den Krimi schreiben, der in Ahrensburg spielt, natürlich! Ich schenk dir noch mal einen ein. Sonst wird das ja nie was. Aber nicht, dass am Ende die Flasche leer und nichts dabei rausgekommen ist. Schade um den teuren Whisky, Perlen vor die Säue."

„Na hör ma', so geht das doch nicht, Perlen vor die Säue. Da musst du mich schon anders öffnen für die Geschichte, mir mehr Mitspracherecht geben. Schließlich willst du ja was von mir. Sollten als Team arbeiten, brauch keinen Guru."

„Ich bestimme. Ich bin hier der Boss."

Und so lassen sie erst einmal den Ahrensburg-Krimi ruhen und achten darauf, dass auch der letzte Tropfen des Whiskys getrunken ist. Mit der Absicht, sich am nächsten Tag wiederzutreffen, gehen die beiden auseinander.

Kapitel 2

„Was haben wir denn bis jetzt außer dem Ort? Wie geht's weiter?"

„Also, als Erstes muss unbedingt ein Kommissar her. So einer mit vielen Ecken und Kanten. Privat hat er Probleme. Da ist zuerst einmal sein Prostataproblem. Muss ständig nachts hoch. Und dann dauert es ewig, bis er wieder einschlafen kann. Arzttermine schiebt er vor sich

her. Vor Kurzem hat er sich doch durchgerungen. Der
Arzt hat gemeint, dass er einen zu hohen Blutdruck hat.
Nun nimmt er blutdrucksenkende Pillen. Die Wirkung
ist sofort eingetreten, aber auch nach einiger Zeit die Nebenwirkungen. Jetzt hängt er den ganzen Tag in den Seilen, muss ständig gähnen, kommt nicht mehr vom Sofa
runter, und jetzt sind seine Knöchel stark angeschwol-
len. Nun ist der Blutdruck zwar in Ordnung, dafür hat
er jetzt Ödeme, Flüssigkeitsablagerungen. Setzt er nun
die Pillen ab, hat er wieder Bluthochdruck. Leider werden durch die Pillen nur die Symptome behandelt, nicht
die Ursachen. Den Arzt zu wechseln macht für ihn wenig Sinn. Er weiß ja, was die Ursachen sind: zu wenig
Bewegung, zu viel Alkohol, Zigaretten, Stress, zu dick,
falsche Ernährung. Seine Ehe ist schon lange keine mehr.
Er muss zugeben, dass er mal besser in Form war. Damals, längst vorbei. Wen interessiert das heute noch. So
ist er der typische einsame Wolf, der mehr oder weniger
tapfer seinen Weg durchs Leben geht. In seinem Beruf
ist er zwar erfolgreich, hat aber alle Illusionen über die
Menschheit verloren. Er weiß, dass die Leute sich nicht
nur für 50 Euro totschlagen. Das machen sie auch für
5 Euro, oder weil jemand auf der anderen Straßenseite
so merkwürdig geguckt hat. Er weiß aber auch, dass es
keinen Grund geben darf, etwas zu hassen, seinen Beruf
schon gar nicht. Er muss ja gemacht werden. Wo kommt
man denn da hin, wenn jeder machen könnte, was er

wollte. Entsetzt ist er aber dennoch jedes Mal wieder, wenn er sieht, wie sich manchmal ungesteuerte Aggressionen gegen alles und jeden entwickeln. Das deprimiert ihn zutiefst.

Unser Kommissar könnte Schimmelmann heißen, Karl Schimmelmann. So ähnlich wie der Graf Heinrich Carl von Schimmelmann vom Ahrensburger Schloss, der sein Vermögen mit Sklavenhandel und Rum gemacht hat und damit die Umgestaltung eines Renaissancebaus zu seinem Landschloss finanzieren konnte. Von ihm ist der Satz überliefert: *Ich hab so viel Liebe für Ahrensburg, es ist mein einziges Vergnügen.* Bei dem Prunkbau und 28 Bediensteten kann man das auch verstehen. Im kapitalistischen Sinne hatte er den Idealzustand gelebt. Mit leeren Booten nach Afrika, dort Sklaven an Bord nehmen, sie nach Amerika verschiffen, verkaufen und von den eigenen Plantagen Zuckerrohr ernten lassen, Zuckerrohr verladen, wieder zurück nach Schleswig-Holstein in die damals noch dänische Stadt Flensburg bringen, dort in den Fabriken Rum herstellen und weltweit verkaufen. Und dann wieder neu. Mit leeren Schiffen nach … Da blieb schon mal 'n Taler oder 'ne Krone übrig. Allein aus dieser Geschichte ließe sich ein Krimi basteln. Irgendein ehrgeizig eifriger Student der Geschichte an der Kieler Uni sucht für seine Examensarbeit nach Belegen in schleswig-holsteinischen Museen für die Unterdrückung von Menschen im 18. Jahrhundert. Dabei stößt er auf Schimmelmann und das Ahrensburger Schloss. Und um das Bewusstsein für den Menschenhändler und seine Schandtaten zu wecken, will er nun Säureattentate auf alle Schimmelmannbildnisse begehen."

„Und wer soll nun ermordet werden?"

„Was ist das denn für eine bescheuerte Frage. Nun warte doch ab. Meine Güte. Wir müssen doch erst mal den Plot entwickeln. Gemordet werden kann dann immer noch, wenn's der Spannung dient und die Geschichte voranbringt. Kommissar Schimmelmann wird schon noch zu seiner Arbeit kommen."

„Wo könnte er denn ermordet werden?"

„Wer? Schimmelmann? Oh, du machst mich kirre. Der wird doch gebraucht. Das kann doch gar nicht Thema sein. Der Kommissar stirbt nie."

„Auf dem Wochenmarkt am Sonnabend am Rathaus zum Beispiel."

„Ich geb's auf."

„Erschossen, vergiftet, erstochen, geviertteilt? Wie hättest du es denn gern?"

„Mann, hör auf. Zunächst müssen noch weitere Personen aufgebaut werden, aus denen sich Untat und Opfer entwickeln können. Wir brauchen jetzt eine weitere Figur. Der Leser muss sich mit ihr identifizieren, zumindest sie verstehen können. Darf aber nicht so ein Überheld, aber auch kein Gutmensch sein. Das findet der Leser langweilig. Muss Schwächen und Stärken haben, aber auch irgendwie undurchschaubar, geheimnisvoll sein. Man könnte ihn so anlegen, dass er ein musischer Mensch ist, Klavier und Gitarre spielen kann. Damit hat er schon mal die Herzen der Frauen für sich gewonnen. Und er spielt so gut, dass er auch vor Publikum auftreten kann. Er ist nicht sonderlich liebenswert, sogar manchmal schroff, abweisend, eigenartig distanziert. Man weiß kaum was von ihm. Nur, dass er vor vielen Jahren hierhergekommen ist, aus England, sagt man. Sein Akzent verrät das noch heute und auch sein Name – William Shakespeare.“

„Kann man nicht einen weniger großen Namen nehmen? William Shakespeare, der wird von der Leserschaft ja wohl anders verortet. Wie wäre es denn mit einem Allerweltsnamen wie Peter Williams oder Tim Moores?“

„Lass doch mal zu, ist doch witzig. William Shakespeare, was für eine Lichtgestalt. Seine Fähigkeiten als Musiker haben sich schnell in der Stadt herumgesprochen. Der künstlerische Leiter des Fördervereins Marstall hat ihn natürlich sofort für sich entdeckt. So ist er des Öfteren dort unter dem Programmtitel: *Shakespeare meets Lennon* aufgetreten. *Imagine all the people livin' life in peace yoo, hoo, oo-o.* Der Vereinschef meinte damals irritiert, er sei mindestens so gut wie John Lennon. Na gut, übertrieben, William Shakespeare hat dann gelächelt, ganz verschmitzt in sich hinein und nichts gesagt. Aber dann war er plötzlich nicht mehr zu weiteren Vorstellungen zu überreden und auch nicht mehr auffindbar.“

„Mein Gott, bescheuerter geht's wohl nicht. Wieso soll er auf einmal die Lust am Musikspielen verloren haben."

„Wieso? Warum nicht. Vielleicht wurde ihm das alles zu viel?! Ob er verheiratet ist oder in einer Beziehung lebt, ist nicht bekannt, jedenfalls taucht keine Frau an seiner Seite auf. Soweit man sich erinnern kann. Man will es auch nicht wirklich wissen. Manchmal ist er monatelang weg, dann taucht er wieder beim Griechen am Bahnhof auf, setzt sich in eine Ecke und guckt wie abwesend vor sich hin. Vom Alter her müsste er längst in Rente sein, trägt eine Brille mit runden Gläsern, die ihn in eine verblüffende Ähnlichkeit zu John Lennon bringt. Auffällig ist sein linkes starres Auge, wirkt wie ein künstliches. Wo er das her hat, hat bis jetzt keiner gewagt zu fragen."

„Und dann fällt er so, platsch, um, genau vor der italienischen Eisdiele in den Staub."

„Du meinst, man könnte eine Mafia-Geschichte erzählen, die von Sizilien in den hohen Norden nach Ahrensburg getragen wird?"

„Wäre eine Möglichkeit. Ich hab darüber noch nicht nachgedacht. Aber eigentlich hab ich überhaupt keine Lust auf solche Geschichten. Aber wenn du eine Idee hast."

„Und denk dran, verlier mal nicht die Logik aus den Augen."

„Na, vielleicht stellt sie sich ja noch ein. Man muss nur daran glauben und arbeiten. Vor 60 Jahren sind doch mal hier Edgar-Wallace-Filme entstanden, zum Beispiel: *Der grüne Bogenschütze*. Absurder geht's wohl nicht. In dem ist die Logik bereits am Anfang des Filmes mehrfach ermordet worden, noch bevor der erste Mord passiert. Wenn man sich den zum Vorbild nähme, braucht man sich in Bezug auf unlogische Ideen nicht zurückzuhalten."

„Lass ihn doch direkt vor einem Obst- und Gemüsestand umfallen."

„Wen?"

„William Shakespeare. Er ist gerade auf dem Wochenmarkt auf dem Rathausplatz. Will was fürs Wochenende einkaufen. Plötzlich klatscht er, ohne dass er sich mit den Händen abgefangen hätte, auf den Boden. Der Aufprall ist so hart, dass sein Glasauge aus der Höhle der Verankerung springt und unter die Abfallblätter eines Gemüsehändlers rutscht. Nichts rührt sich mehr. Die getönten kreisrunden Gläser seiner Brille sind beim Aufschlag zersplittert. Das Gestell sitzt ihm noch halb auf der Nase. Ganz so wie bei John Lennon vor vierzig Jahren in New York. Aus der Nase läuft Blut. Da fragen sich die in der Reihe stehenden Kunden, was mit dem wohl ist. ‚Geht es Ihnen nicht gut?' ‚Kann ich Ihnen helfen?' Und dann stellen die Leute fest, dass ihm wohl nicht mehr zu helfen ist. Es entsteht Ratlosigkeit darüber, ob man nun den Notarzt, den Leichenwagen oder vielleicht doch erst einmal die Polizei rufen soll oder alle gleichzeitig.

Der Krankenwagen kommt. Der Arzt kann nur noch den Tod feststellen, ist somit nicht mehr zuständig. Als Kommissar Schimmelmann kommt, ist die Leiche schon abgedeckt. Er fragt den Arzt, ob man von einer absichtlichen Gewalteinwirkung ausgehen kann. Der Arzt zuckt mit den Schultern. ‚Keine Ahnung. Das müssen die Kollegen von der Pathologie feststellen.' Er fährt mit seiner Mannschaft wieder davon, diesmal ohne Martinshorn. Der Leichenwagen kommt. Die Polizei sperrt inzwischen den Bereich um den Toten ab und versucht, die Gaffer mit ihren Handys zu vertreiben.

Schimmelmann sucht die weitere Umgebung routinemäßig nach eventuellen Spuren ab. Sein Blick ist gesenkt. Die Gemüsereste von den Ständen bilden eine nasse schmierige Paste auf dem Boden des betonierten Untergrundes. Er schiebt mit dem linken Fuß ein paar welke Kohlblätter beiseite. Darunter entdeckt er ein kleines, weißes, gläsernes Teil. Er hebt es auf und steckt es in seine Jackentasche. Der Leichenwagen bringt den Toten in die Pathologie nach Hamburg. Schimmelmann befragt umstehende Leute, ob ihnen die verunglückte Person bekannt sei. Alle schütteln den Kopf. Einer meint, er hätte einen Schuss gehört."

Die innere Stimme meldet sich wieder zu Wort:

„In dem Plot sind mir einfach zu viele alte Menschen. Hier muss mehr Jugend her."

„Und wie?"

„Weiß ich auch nicht. Wenn dir die Ideen ausgehen, dann musst du einen Typen auftreten lassen, der dann wild um sich ballert."

„In Ahrensburg? Das geht doch gar nicht. Wir sind hier nicht in Chicago. Das kannst du also vergessen."

„Na, ich will mal meinen Shakespeare weiterspinnen. Am nächsten Tag wird Schimmelmann von der Pathologie angerufen. Er kann sich den Befund, den Totenschein und die Kleidung von der Leiche abholen. Der zuständige Arzt erklärt ihm, dass der Tote einen Herzinfarkt hatte. „Daran ist er gestorben. Die anderen Verletzungen sind durch den Sturz verursacht. Was auffällig ist, ist, dass er einäugig war. Das linke ist nicht mehr vorhanden. Die Entnahme muss schon viele Jahre her sein, denn die Augenhöhle ist längst vernarbt. Merkwürdig aber ist, dass er kein Glasauge trug oder zumindest eine Augenklappe. Die Identität ist noch nicht geklärt. Er hat keinen Führerschein oder Personalausweis in seinen Taschen, nur einen Leseausweis, ausgestellt von der Stadtbibliothek Ahrensburg, dann noch ein Portemonnaie mit ein wenig Bargeld, nicht mal eine Kreditkarte, außerdem einen Schlüssel, wahrscheinlich der Haustürschlüssel. Ach, und merkwürdig, auf dem Leseausweis ist in Druckbuchstaben der Name William Shakespeare eingetragen. Komisch, oder? Das wird ja wohl nicht sein richtiger Name sein.' ‚Ich nehm mal alles mit und mach noch ein Foto von ihm.' ‚Tun Sie das. Brauchen Sie die Leiche für eventuelle Untersuchungen noch? Ich würde sie sonst zum Begräbnis freigeben.' ‚Wenn Sie noch Platz im Kühlraum haben, dann lassen Sie sie noch ein bisschen liegen. Die eventuellen Verwandten, sofern es sie gibt, müssen ja noch gefunden werden.' ‚Zügiges Ermitteln wäre hilfreich.' ‚Man tut, was man kann. Ich melde mich.'

Er greift nach seinem iPhone. Dabei stößt er mit seinen Fingerkuppen gegen den eben im Gemüseabfall gefundenen Gegenstand. Er guckt ihn sich genauer an. Nun erkennt er, das weiße Etwas ist ein Glasauge, denn es hat auf der einen Seite eine kunstvoll gefertigte Pupille. Schimmelmann hat das Gefühl, vorwurfsvoll angestarrt zu werden. Er fühlt sich ertappt. Schnell steckt er es zurück in seine Tasche.

Er ruft sein Büro an. Kollege Bonsels nimmt ab. ‚Hier Schimmelmann, lieber Waldemar, tu mir doch mal einen Gefallen. Ruf mal beim Einwohnermeldeamt an. Ich brauch die Adresse von William Shakespeare.' ‚William Shakespeare? Das kann ich dir so sagen. Wohnte in Stratford-upon-Avon.' ‚So, nun mach keine Witze. Den muss es hier wirklich geben.' ‚Werde mal sehen, was sich machen lässt.‘“

„Also, ich weiß nicht, sollten wir nicht noch mal ganz neu anfangen und dem Plot eine völlig neue Richtung geben?“

„Nein, wir sind auf dem richtigen Weg. Nur so kann es gehen. So, liebe innere Stimme, wir machen jetzt Schluss

für heute, aus die Maus. Das muss jetzt in aller Ruhe verarbeitet, überdacht und aufgeschrieben werden."

„Okay, wann treffen wir wieder zusammen?"

„Morgen, um die siebente Stund am Brückendamm."

Kapitel 3

„Bei den Regionalkrimis ist es doch so: Die Leute wollen
gerne etwas lesen über ihren Wohnort oder über einen
Ort, in dem sie mal gelebt haben. Den Ort zu einer Haupt-
person des Buches zu machen ist wichtig. Es bringt ihnen Spaß, die Wege nachzuvollziehen, die sie kennen, auf
denen der Protagonist entlanggeht oder -fährt. So könnte
doch Schimmelmann auf dem Weg zur Arbeit von Bargteheide den Weg von der Lübecker Straße kommend über
die Aue, an den Gottesbuden und an der Schlosskirche
vorbei Richtung Stadtmitte nehmen. Dann auf dem Rathausplatz versuchen, einen Parkplatz zu erwischen, was
durchaus ein Problem sein kann, weil alles voll ist. Aussteigen, Parkschein ziehen, feststellen, dass mal wieder der
Automat nicht funktioniert, also Parkscheibe rauslegen,
in Richtung Obst-Pavillon gehen, an der Eisdiele vorbei
zu Nessler rein. Und da er heute Spätdienst und deshalb
ein bisschen Zeit hat, schnell gleich links abbiegen zu
Heymann, sich ein Buch nehmen, einen bequemen Stuhl
suchen, lesen, blättern, riechen, Geräusche wahrnehmen,

den Gesprächen lauschen, die Atmosphäre mit allen Sinnen aufsaugen. Was gibt es Schöneres? So kann er gestärkt
seine Arbeit wieder aufnehmen."

„Und was macht er danach?"

„Er geht natürlich in sein Büro und fragt Bonsels, ob er
schon im Ordnungsamt angerufen hat."

„Wen fragt er?"

„Mann, pass auf. Das hatten wir doch gestern schon,
Biene Maja, seinen Kollegen."

„Ich versteh nur Bahnhof."

„Dann ist dir nicht zu helfen. Bonsels war in der Zwischenzeit aktiv und erfolgreich. Das Einwohnermeldeamt
hat ihn wirklich in der Registratur: William Shakespeare, Rudolf-Kinau-Straße 42 c. Schimmelmann macht sich
sofort auf den Weg. In einer schmalen Einfahrt findet er
am Ende des Weges das Haus. Es liegt leichenstill da. Vom
Nachbarhaus wabert der Geruch von Rotkohl herüber.
Das erinnert ihn an früher. Schimmelmann ist wieder
Kind, fühlt sich geborgen, aber auch eingeengt durch die
Spießigkeit der Zeit. An der Tür steht kein Name, auch
am Briefkasten nicht. Er probiert den Schlüssel. Er passt,
öffnet die Tür vorsichtig. ‚Hallo! Ist da jemand?'

Beim Eintreten stellt er innerhalb von Sekunden fest,
dass hier keine Frau zu Hause ist. Nirgendwo Pflanzen
oder heimelige Atmosphäre. Das Haus riecht nach nichts,
völlig steril. Jetzt braucht er erst einmal einen Schluck aus
seinem Flachmann. Er weiß zwar, dass das nicht gut für

ihn ist, aber er kann nicht anders, muss sich betäuben, denn er hasst es, in anderer Leute Sachen herumzuschnüffeln. Um aber weiterzukommen, muss es wohl sein.

Die Küche ist unaufgeräumt. Die Reste des Frühstücks sind noch da. Vergossener, eingetrockneter Kaffee auf dem Tisch, Brotreste. Im Wohnzimmer nimmt ein weißer Flügel fast den ganzen Raum ein. An den Wänden hängen ein paar gerahmte Schwarz-Weiß-Bilder von Yoko Ono und den Beatles. Im Büro beschlagnahmt er den Computer. Mal sehen, was sich da entdecken lässt.

Schnell verlässt er das Haus und verschließt die Tür. Beim nächsten Nachbarn klingelt er, will wissen, was sie über ihren Nachbarn wissen. ‚Ja, eigentlich gar nichts. Der lebte sehr zurückgezogen. Ab und zu konnte man ihn Klavier spielen hören. Nur selten, ganz selten, tauchte mal eine Frau mit einer riesigen Sonnenbrille hier auf, die aber meistens nicht lange blieb. Und dann war er auch wieder monatelang weg. Wenn man sich begegnete, reichte es mal gerade für ein knappes Kopfnicken.‘

In seinem Büro schließt er den Computer an, kommt aber nicht weit. Auf dem Monitor im freien Feld, in dem man die PIN eingeben soll, fordert der Curser die Eingabe. So als wenn er sagen wollte: ‚Nun schreib endlich los!‘

‚Ich habe meine PIN vergessen‘, steht darunter, unterlegt mit einem Bild vom Ayers Rock oder, wie man jetzt sagt, vom Uluru im australischen Niemandsland. Ja, schönes Bild, aber er wüsste lieber die PIN für den Computer.

‚Sag ma, Waldemar. Haben wir nicht einen Computer-freak in unserer Abteilung, so'n Nerd, so'n sozialdefizitä-ren Typen, der es schafft, an die Mails zu kommen?' ‚Wir haben da doch zurzeit einen Praktikanten. Den kann ich mal dransetzen.' ‚Ja, mach das.'

Es dauert nicht lange, bis Schimmelmann Zugang zum Computer hat. Er ruft die Mails auf. Viel Privatkram, E-Mails von einer Frau aus New York, die fast alle mit ‚My beloved John!' beginnen und mit ‚Yours Yoko' enden. Be-loved John? John? Von Yoko? Und wo bleibt Shakespeare? Fragen über Fragen.

Ein Verdacht steigt in ihm auf. Und so schreibt er, nicht gerade gefühlvoll: ‚Hello, my name is Karl Schim-melmann, Police-Department Ahrensburg, Germany. Is William Shakespeare your husband? Yesterday he died by heartattack.' Zum Beweis legt er im Anhang ein Foto von ihm aus der Leichenhalle bei.

Nach ein paar Stunden kommt Antwort auf Englisch: ‚Ja, das ist er.' Sie ist sehr geschockt. Und um die ganze Ge-schichte von ihrer Seite aufzuklären: Das ist nicht William Shakespeare, sondern John, John Lennon, ihr Ehemann. Und um weitere Nachfragen zu unterbinden, John hat das Attentat vor 40 Jahren schwer verletzt überlebt. Die Ärzte konnten ihn mühselig wieder zusammenflicken, mussten ihm sogar ein Auge entfernen. Darüber wurde absolutes Stillschweigen vereinbart. Niemand sollte davon erfahren. Nach der Genesung hat er sich dann heimlich abgesetzt.

Er wollte nicht mehr in Amerika bleiben oder nach England zurück. Da hätten ihn dann zu viele erkannt. Er wollte absolut keinen Trubel mehr um sich herum. Dafür hatte er zu viel Angst vor einem zweiten Attentat. Und so ist er inkognito mit gefälschten Papieren nach Deutschland gekommen."

Die innere Stimme meldet sich: „Oh nee, das glaubt dir doch keiner. Und wie willst du dem Leser nun die Verbindung mit Ahrensburg rüberbringen?"

„John hat sich eine Region gesucht, die absolut unspektakulär ist. So ist er auf Ahrensburg gekommen."

„Das nimmt dir keiner ab. Das ist doch völlig absurd."

„Wieso, die Menschen haben das doch auch den Urhebern der Geschichte von King-Kong auf dem Empire State Building geglaubt. Nee, lass ma, die Welt ist so voller merkwürdiger Dinge, da ist das auch vorstellbar."

„Na, wenn du meinst."

„Ich spinn mal die Geschichte weiter. Yoko schreibt dann weiter. Bei aller Liebe zu John, für sie war es nicht möglich, in Ahrensburg zu leben. Das wäre zu auffällig gewesen. Und so blieb sie in New York. John richtete sein Leben mehr oder weniger allein ein. Er brauchte eine andere Identität. William Shakespeare war eine Idee von ihm, typisch. Ganz ohne Musik konnte er aber auch in Ahrensburg nicht sein, deshalb der weiße Flügel im Haus und die Auftritte im Marstall. Als sich die Presse für ihn zu interessieren begann, zog er sich wieder zurück. Da Yoko gesundheitlich sehr angeschlagen ist, wird sie nicht zur Beerdigung kommen können. Ob er deshalb vor Ort das Nötige veranlassen könnte? Das wäre sehr hilfreich für sie. Kosten werden übernommen.

Schimmelmann schreibt ihr, dass er das Formelle und die Beerdigung für sie erledigen wird. Es wäre wohl sinnvoll, den Leichnam anonym zu beerdigen? Ja, das ist in ihrem Sinne.

So besorgt er sich den Totenschein von der Pathologie und gibt den Auftrag, da keine Verwandten zu ermitteln sind, die Leiche zu verbrennen und die Asche an ein Beerdigungsinstitut in Ahrensburg auszuliefern. Die Kosten übernähme er.

Unter einer großen Eiche des Ahrensburger Friedhofs wird die Urne mit der Asche von John begraben. Bei der Beerdigung ist Schimmelmann dabei. Offiziell hatte sich die Welt ja schon vor 40 Jahren von John verabschiedet. Nun ist es endgültig. Wenn diese Sensation bekannt werden würde, denkt er, dann bliebe von Ahrensburg kein Stein mehr auf dem anderen: John Lennon, alias William Shakespeare, begraben in Ahrensburg, was für ein Ereignis.

Für die Auflösung des Haushaltes hat Schimmelmann ein Unternehmen beauftragt. Um alle Spuren zu beseitigen, will Yoko das Haus abreißen lassen. Nur den weißen Flügel, auf dem John einmal *Imagine* komponiert haben soll, lässt sie nach New York verfrachten.

Am Ende der Geschichte bleibt nur das Glasauge von John zurück. Schimmelmann grinst in sich hinein und kann gut damit leben, dass er sich eines Dienstvergehens schuldig gemacht hat: Unterschlagung eines Beweisstückes. Aber wo kein Kläger, da kein Richter."

„Und was macht er mit dem Glasauge?", fragt ihn die innere Stimme.

„Mal sehen."

Thomas Jüttner
SPITZE

ED-D7 auf Position. ED-D8 bereithalten. Jans Finger geben die notwendigen Befehle ein, und die Erkennungsdienstdrohnen **D7** und **D8** bewegen sich auf den Bildschirmen in Position.

So, dann wollen wir mal unser Auge auf euch werfen.

Die Finger huschen in rascher Folge über die Tastatur. Auf den Bildschirmen sind aus geringer Höhe Straßen zu erkennen. Es surrt im Laderaum des kleinen Minivans.

Was haben wir denn da. Ein Parksünder. Die erste Beute des Tages. Gut gemacht.

Über den Transponder des Falschparkers werden die Eigentümerdaten abgerufen und an die Bußgeldstelle übermittelt.

Und was ist das? Bei Rot über die Ampel? Nicht mit uns.

Ein paar kurze Befehle, und im rechten Bildschirm ist die Verfolgung des Rotfahrers zu sehen. Bingo. Fahrzeug identifiziert. Näher ran. Ich brauche den Fahrer. Jap. Da bist du. Der Bildschirm zeigt den Fahrer mit einem grün markierten Symbol zur positiven Identifizierung.

Das wird teuer, Alter.

[Steffi]: „Jan. Alles klar bei dir?" Stefanie „Steffi" Janßen, Leiterin der Erkennungsdienst-Einsatzzentrale, meldet sich über den Komm-Schirm.

[Jan]: „Hi Steffi, na klar. Meine Drohnen sind voll bei der Ernte. Und bei dir?"

[Steffi]: „Ruhig, hier in der Einsatzzentrale. Wann bist du …"

[Jan]: „Warte mal. Das muss ich mir ansehen. Melde mich."

Die Tastatur klackert unten den Anschlägen. Der linke Bildschirm mit der Beschriftung ED-D7 verändert den Blickwinkel und folgt dem Straßenverlauf nach Süden.

Bist du es wirklich? Das gibt's doch nicht. Ein STORM H500. Was macht der denn hier? Zu sehen ist ein tiefergelegter Sportwagen.

[Jan]: „Sorry Steffi. Aber ich habe gerade einen H500er gesehen."

[Steffi]: „In Ahrensburg? Musst wohl deine Drohnen checken lassen. "

[Jan]: „Im Ernst. Ist auf dem Reeshoop Richtung Süden. Leider gerade außerhalb meiner Aufklärung. Darf ich die Verfolgung aufnehmen?"

[Steffi]: „Warum? Weil du ein Selfie mit ihm machen

möchtest? Abgelehnt. Du passt weiter auf, dass keiner falsch abbiegt."

[Jan]: „Hal – ich – versteh – di – ga – schle …"

[Steffi]: „Spinner. Ich kann deine Posts ganz genau lesen. Bis später."

Jan blickt den kleiner werden Rücklichtern auf dem Monitor hinterher. Schade.

Die Nachtschicht wird zunehmend ruhiger. Kaum noch Verkehr auf den Straßen. Die Drohnen haben weitere Parksünder registriert und einen Unfall verhindert. Ein Fußgänger wollte die Fritz-Reuter-Straße gegenüber der Tankstelle überqueren, als ein Auto in diesem Augenblick von der Tankstelle runter auch auf die Straße fuhr. ED-D8 konnte dem Auto die Position des Fußgängers mitteilen, noch bevor die bordeigenen Sensoren reagieren konnten. Die eingeleitete Vollbremsung verhinderte den Zusammenstoß.

Mann, warum trägst du kein Life-Track-Band? Ohne meine Drohne wärst du jetzt Matsch.

Auf dem Nachrichtenschirm erscheint die PRIO1-Push-Back-Meldung:

Zentrale an ED-19-12: Sofortige Standortverlegung einleiten.

Was ist da los? Bestätigung übermittelt. Neue Koordinaten erhalten. Was soll ich denn da unten?

Die Koordinaten zeigen auf den P+R am Bahnhof West.

Meine Schicht ist fast zu Ende. Wird gleich hell.

[Jan]: „Steffi. Was ist los?"

[Steffi]: „Später, Jan. Daten kommen rüber. Melde dich, wenn in Position. Ende."

Da gibt's wohl Stress. Drohnen auf Verfolgung. Standortverlegung gestartet. Der führerlose Van setzt sich in südlicher Richtung in Bewegung, verfolgt von den beiden Drohnen.

Das bekannte blaue Flackerlicht auf den Polizeiautos ist schon lange vor Erreichen des P+R-Platzes auf der Hamburger Straße zu sehen.

Es geht wohl nicht um einen Falschparker.

Auf einem bisher dunklen Bildschirm wird jetzt der Polizeistatus angezeigt. Daher weht der Wind.

Eine Leiche wurde gefunden. Gemeldet von einem Jogger. Die sind auch immer früher unterwegs.

Der P+R ist abgesperrt. Eine Polizistin winkt den Van durch, der sich eine abgelegene Stelle auf dem Platz sucht.

[Jan]: „ED-19-12 in Position. Schick mal rüber, was du für mich hast."

Auf dem Einsatz-Bildschirm erscheint ein Datenstrom.

Warnung. Akkustatus niedrig. Mensch Willi. Immer wieder du. Das Schiebedach des Vans öffnet sich, und eine kleine Landezone kommt zum Vorschein. ED-D8 setzt elegant zur Landung an. Kaum sichtbar wird unter der Drohne ein Fach geöffnet, und der Akku wird gewechselt. Kaum durchgeführt, hebt die Drohne wieder ab und geht in Warteposition.

Dann mal los zum neuen Einsatzgebiet. Die beiden Drohnen fliegen über die Bahnlinie ins dahinter liegende Naturschutzgebiet. Der Fundort der Person ist nicht weit entfernt auf der nördlichen Lichtung. Polizisten sperren den darum herumführenden Wanderweg auf beiden Seiten ab.

Dann wollen wir mal sehen, was wir hier haben, Maja und Willi. Zeigt mal, was ihr könnt. Kaum über der Person eingetroffen, beginnen die Scanner der Drohnen das Gebiet und die Person zu erfassen.

[Jan]: „Steffi. Der Fall ist ernst. Würde mal die KriPo einschalten."

[Steffi]: „Okay. Meldung ist raus. Haben deine beiden Brummer schon was? Nicht, dass wir nichts in den Händen halten, wenn die bei dir aufschlagen, oder wir uns wegen eines Fehlalarms lächerlich machen."

[Jan]: „Keine Sorge. Die Daten sind eindeutig. Sorge du lieber dafür, dass die Polizisten da draußen nicht zu viel herumtrampeln."

[Steffi]: „Du bekommst gleich Besuch."

[Jan]: „Wer? Doch nicht Oberst Paul?"

[Steffi]: „Nein. Und er ist Hauptkommissar, nicht Oberst, du Spinner. Kenne ich nicht. Kommissarin Lara Stein."

Ein Klopfen an der Hecktür reißt Jans Blick von den Drohnen-Bildschirmen weg zum Heckkamera-Bildschirm. Die darauf zu sehende Person wird als Lara Stein, Kommissarin, identifiziert. Jan lässt die Hecktür aufgehen.

„Guten Morgen. Mein Name ist Lara Stein. Ich bin die leitende Kommissarin für diesen Fall."

Jans Augen müssen sich kurz an das geänderte Licht-verhältnis gewöhnen. Er will nach vorne, um die ihm ausgestreckte Hand zu ergreifen, wird aber von seinen Gurten zurückgehalten. Mist, vergessen, mich nach der Fahrt hierher wieder abzuschnallen. Ein leiser Klick, und die Gurtbänder verschwinden an der linken und rechten Seite der Rückenlehne.

„Jan Fun, Drohnen-Operator. ED-19-12."

„Ein Erkennungsdienst-Drohnen-Einsatzfahrzeug ED-DEF in Ahrensburg. Das überrascht mich etwas. Gibt es einen besonderen Grund dafür?"

„Nö. Aber das müssen Sie mit meiner Zentrale regeln. Geheimhaltung. Sie verstehen."

Auf seinem Komm-Bildschirm erscheint eine neue Nachricht.

[Steffi]: „Bist du nervös? Nicht mehr gewöhnt, von Ange-sicht zu Angesicht mit Menschen zu sprechen? Und wa-rum erzählst du ihr nicht die Wahrheit? Von wegen Ge-heimhaltung."

Jan verlagert seinen Körper und verdeckt den Bild-schirm, da er die Nachricht bemerkt hat.

„Schon gut. Also, Was haben Sie für mich?" Laras Blick wandert interessiert auf die Bildschirme im Inneren des Vans.

„Leiche, männlich, nicht identifiziert. Gesichtserken-nung nicht möglich, da sich das Gesicht der Leiche auf dem Boden befindet. Todesursache noch unklar. Großer Blutverlust erkennbar. Umgebungsscan läuft."

„Geben Sie mir Bescheid, wenn die Kollegen der SpuSi helfen sollen."

„Nicht nötig, ich brauche nur zwei Polizisten, die auf mein Kommando die Leiche drehen."

[Steffi]: „Jan, hattest du mich nicht gerade angewiesen, dass die Polizisten nicht überall herumtrampeln sollen?"

[Jan]: „Ja. Aber da kannte ich den Fundort noch nicht."

„Was machen Sie da gerade, Herr Fun?" Jans Blick wandert vom Komm-Schirm zu Kommissarin Stein.

„Ich bringe die Drohnen in Stellung. Aber kommen Sie rein und setzen Sie sich auf den anderen Operator-Sitz."

Warnung. Akkustatus niedrig. „Mensch Maja, du jetzt auch?"

„Maja?"

„Meine ED-D7. Die Drohne muss zurück. Akkuwechsel."

Wenig später ist das Öffnen des Schiebedachs zu hören, und die Drohne erhält einen frischen Akku.

[Jan]: „So, der Umgebungsscan ist abgeschlossen. Könnten jetzt bitte zwei Polizisten die Leiche drehen? Den genauen Weg zum Fundort habe ich auf der Einsatzkarte vermerkt, die Polizisten sollen nicht davon abweichen."

Auf den Drohnenschirmen sind zwei Personen zu erkennen, die sich auf einer imaginären Linie der Leiche nähern. Mit sicherem Griff wird die Leiche auf den Rücken gelegt, und die beiden Polizisten gehen auf demselben Weg zurück.

„So, Maja und Willi, jetzt zeigt mal, was ihr könnt." Etwas irritiert schaut Jan zu Kommissarin Stein rüber, die ihn aufmerksam beobachtet. „So nenne ich meine beiden Drohnen. Wegen Ahrensburg. Bonsels. Sie verstehen?" Stein zeigt ein kurzes Lächeln und nickt.

Die Drohnen nähern sich wieder der Leiche und beginnen mit der Gesichtserkennung. Daneben wird der Körper jetzt auch von der Vorderseite gescannt.

„Das Gesicht ist stark verdreckt. Die Identifizierung ist schwierig. Ein Smartphone kann ich nicht orten. Vermutlich gestohlen bzw. unschädlich gemacht. Unsere Gegenspieler bekommen schließlich auch mit, wozu wir in der Lage sind. Aber was sehe ich da. Ein Life-Track-Band. Das wurde wohl übersehen. Mal sehen, was das liefert." Auf dem Analyse-Bildschirm wird der Typ des Bandes angezeigt und der Status des Verbindungsaufbaus. „So, das Band gehört Henning Forener."

„Darf ich das zweite Terminal nutzen?" Stein bringt die Hände über die zweite Tastatur in Stellung.

„Nur zu."

Stein erweckt den zweiten Operator-Platz zum Leben und beginnt mit der Datenanalyse.

„Schweres Trauma an der rechten vorderen Bauchseite gefunden. Der Medizincheck läuft."

Die beiden Drohnen ändern leicht ihre Positionen, und auf dem Analyse-Schirm wird die 3D-Form der Leiche nachgezeichnet.

„Das Trauma ist eine Einstichstelle. Objekt nicht im Körper zu finden. Da sind kleine Fremdkörper zu erkennen. Versuche eine Analyse." Jans Finger huschen wieder über die Tastatur.

Währenddessen Lara die Bürgernummer abruft.

„Forener, Henning. Da habe ich ihn. Kunsthändler aus München. Was machst du in Ahrensburg?" Ein Link verweist auf eine vorhandene Polizeiakte. „Interessant. Unser Opfer hat Nebeneinkünfte. Hier gibt es einen offenen Fall. Es geht um Kunstraub."

„Todeszeitpunkt um 21.40 Uhr, plus/minus 5 Minuten."

„So genau können Ihre Drohnen die Leiche scannen?"

„Schön wär's, aber die Daten habe ich vom Life-Track-Band. Bis 21.40 Uhr wurden die Vitalfunktionen aufgezeichnet, danach wurde aus Herrn Forener eine Leiche."

„Manipulation des Bandes ausgeschlossen?"

„Was kann heutzutage noch ausgeschlossen werden? Aber ich prüfe die Gerätezugriffe, ob da was passiert sein könnte."

„Wie ist unsere Leiche überhaupt hergekommen?"

„Der Standortzugriff des Bandes war nicht aktiv."

Lara prüft die Bürgerdaten und die Bezahlvorgänge. „Er ist mit der Bahn nach Hamburg gekommen und dann weiter nach Ahrensburg. Das letzte Stück mit der U-Bahn, da er noch in Hamburg unterwegs war. Vielleicht können wir Überwachungsbilder bekommen?"

Jan ist bereits dabei, die erforderlichen Rechte einzuholen.

„Die Bilder werden jetzt nach Henning Forener durchsucht. Hoffentlich hat er in der U-Bahn ein sauberes Gesicht und kann identifiziert werden."

„Wird der P+R überwacht?"

„Habe ich gecheckt, aber die Kamera ist defekt. Schon etwas länger, aber da scheint sich niemand für zuständig zu fühlen."

„Toll, das ist wohl auch nicht unbemerkt geblieben und ermöglicht konspirative Treffen."

„Ja, aber auch wenn wir den P+R nicht selber sehen, müssten wir doch herausbekommen, wie Forener hierhergekommen ist?"

Meldung: Ergebnis Umgebungsscan.

„Meine Drohnen haben was entdeckt. Forener wurde am Fundort getötet. Zwei weitere Fußspuren konnten auch identifiziert werden. Ein Paar Stiefel und ein Paar Schuhe, keine besondere Marke. Die drei Personen standen dicht beieinander."

„Gibt es schon was zur Tatwaffe? Was sind das für Fremdkörper?"

„Die Scanner vermuten eine Pfeilspitze."

„Eine Pfeilspitze? Soll heißen, ein Bogenschütze hat Forener erlegt?"

„Kann ich nicht so genau sagen. Die Datenbank kann keine bekannte Pfeilspitze der Wunde zuordnen."

„Was soll das schon wieder heißen? Eigenbau? Aber warte. Konnte seine Smartphone-Daten abrufen. Bitte mal prüfen, was er so damit gemacht hat."

„Jawohl Frau Kommissarin." Jan kann sich ein Lächeln nicht verkneifen. Die Nummer des Smartphones hatte Jan bereits herausgefunden und die Datenabfrage gestartet.

[Steffi]: „Jan, ich kann dir noch mehr Rechenleistung zukommen lassen. Wir sind gerade dabei, die Umgebung des P+R zu scannen."

[Jan]: „Danke, Steffi. Mir macht aber im Moment am meisten Kopfzerbrechen, dass ich die Tatwaffe nicht identifiziert bekomme. "

Laras Blick wandert zum Schirm mit dem Medizin-Scan. Eine Simulation hat Forener aufgerichtet und errechnet die Position des Körpers beim Einschlag der Tatwaffe.

„Forener stand völlig gerade und ist dann zusammengesackt. Die Simu lässt nicht erkennen, dass ein Kampf stattgefunden hat oder auch nur eine Abwehr-/Schutzhaltung eingenommen wurde. Er kannte den oder die Täter oder wurde völlig unvorbereitet getroffen."

„Und die Tiefe des Eintritts lässt auch eine ziemliche Kraft vermuten. Das Objekt ist/war auf jeden Fall deutlich größer als gängige Pfeilspitzen aus Jagd und Sport."

[Steffi]: „Jan, wir haben das gesamte Videomaterial um den P+R zusammengetragen. Es sind auch etliche Aufnahmen von Kids mit ihren Smartphones dabei. Mal sehen, ob wir was finden."

[Jan]: „Sehr gut, Steffi. Wir haben nicht nur Augen am Himmel, sondern in jeder Jackentasche unserer Bürger."

„Foreners Smartphone gibt leider nicht viel her. Er hat es, noch bevor er Ahrensburg erreicht hat, in der U-Bahn ausgeschaltet. Wollte wohl nicht, dass jeder weiß, was er hier treibt."

„Okay, dachte ich mir. Entweder die Opfer oder die Täter kümmern sich um das Smartphone. Das lässt kein Täter mehr liegen."

Jans Blick wird von dem Bildschirm mit dem Videomaterial der Kids aus der Umgebung angelockt. Was war das? Noch mal zurück.

„Das gibt's doch nicht. Ein H500er."

„Sind Sie ein Autonarr, Fun? Oder warum so überrascht?"

„Nein, ja, vielleicht. Aber dieser hier ist kein H500er."

„Wie, ich kann ihn doch auch sehen."

„Ja, sehen, aber sein Transponder hat es nicht übermittelt. Dieser H500er gibt sich nicht zu erkennen. In gewissen Kreisen werden sogenannte Trans-Cheater benutzt, um die Fahrzeugerkennung zu erschweren. Funktioniert natürlich nicht, wenn wir eine visuelle Bestätigung haben."

„Gut. Aber was ist nun mit dem hier? Eine Gangsterkarre?"

„Kann sein, nur leider seit sie die alten Blech-Kennzeichen abgeschafft haben, können wir diese Karren mit manipulierten Transpondern schwer identifizieren."

„Ich weiß, aber die fallen auf, wenn sie in überwachte Bereiche reinfahren, und werden schnell herausgefischt. Dieser aber wohl nicht?"

[Steffi]: „Jan, hast du nicht vor ein paar Stunden einen H500er auf dem Reeshoop in südlicher Richtung fahren gesehen?"

[Jan]: „Stimmt, Steffi. Wie konnte ich das vergessen. Checke mal das Material, ob da was zu finden ist."

„Dieser hier gibt sich als ein billiger STERN aus. Geschickt gemacht." Auf dem Schirm für Objektidentifizierungen wird das genaue Modell der Transpondersignatur angezeigt. STERN 250FC. Fahrzeugtyp Mittelklasse, Brennstoffzellenantrieb, nicht mehr in Produktion. Die hatten damals mit dem Brennstoffzellentyp Probleme, erinnert sich Jan.

„Soviel ich weiß, können das aber nur die besten – wie nannten sie die Dinger? – Cheater, ohne dass es auffällt."

Jan muss sich von seinen Gedanken losreißen. „Ja und nein. Es gibt da noch einen Trick ..."

[Steffi]: „Jan, schau mal auf die Datenanalyse. Der Reeshoop-STORM hatte eine Kennung als VOLT. "

Jan runzelt die Stirn. Ein STORM gibt sich erst als STERN und jetzt als VOLT aus? Als kleiner VOLT Elektro-Kompaktwagen? Das ist ja noch dreister.

161

[Jan]: „Dann habe ich ihn. Das ist seine Schwachstelle."

„Was tippen Sie da?"

„Nur meine Zentrale. Aber sehen Sie, was wir gefunden haben. In meiner letzten Schicht, bevor ich hierher befohlen wurde, hatten meine Bienen, Drohnen meine ich natürlich, einen STORM H500 Sportwagen gesehen. Mir war die Kennung gar nicht aufgefallen, da er fast meinen Aufklärungsradius in südlicher Richtung verlassen hatte, bevor ich ihn richtig sehen konnte. Aber die Drohnen haben seine Transpondersignatur aufgezeichnet. Was sie übrigens für alle Fahrzeuge im Einsatzgebiet vornehmen. Falls später mal was rekonstruiert werden muss. Aber genau das machen wir jetzt ja. Also, lange Rede gar kein Sinn. Der H500er kam als kleiner VOLT rein und hat dann auf der Hamburger Straße kurz vor dem P+R auf einen STERN umgeschaltet."

„Also unser STERN vom P+R?"

„Kann gut sein. Bin da noch dran. Aber durch die Umschaltung gibt der Transponder sich zu erkennen und offenbart eine Schwachstelle, die nur wir und die Hersteller der Transponder kennen. Auch die Cheater können dies nicht ganz verhindern. Auf jeden Fall sendet der Transponder seine Basis-Konfiguration und gibt sich für Millisekunden als 500er zu erkennen."

„Perfekt. Haben Sie die H500er identifizieren können?"

„Was denken Sie? Hier die Daten."

Lara tippt mit harten Anschlägen ihre Fahndungsbefehle ins Polizeisystem. Dringend gesucht STORM H500, Transponderkennung #STERN722E. Letzte bekannte Position …

„Die Karre gehört einem gewissen Robert Carl. Ist aber als gestohlen gemeldet. Kann stimmen, muss aber nicht. Mal sehen, was ich über ihn finde."

Update: Medizin-Scan. Der Analyse-Bildschirm blinkt.

„Wurde was gefunden?"

„Ja. Die Tatwaffe. Sie ist aus…"

„Aus was? Was steht da?" Lara beugt sich zum Bildschirm rüber. Jan muss ein Stück zurück, um einen Zusammenstoß zu vermeiden.

„Aus Stein. Stein? Da steht Stein. Kann das stimmen?" Lara blickt Jan fragend an.

„Das sind zumindest die Reste aus der Wunde. Steinsplitter. Der Medi-Scan hat noch was Interessantes gefunden. An den Splittern wurde fremdes Blut gefunden. Definitiv nicht von Forener."

Jan guckt verwirrt zu Lara.

„Logisch, die Splitter, genauer die Stein-Spitze war mit dem anderen Blut überzogen, als Forener damit getroffen wurde."

Jan nickt. „Aber wie kann das sein? Es soll doch kein Kampf stattgefunden haben? Ich hoffe, wir haben es hier nicht mit einem Ritualmord zu tun? Das andere Blut wurde vom Scan als menschlich identifiziert."

Auf dem Schirm vor Lara poppt eine Meldung auf: Gesuchter H500 gefunden. Abgestellt. Brauner Hirsch, 100 Meter östlich der Bahnlinie. Ein Insasse angetroffen. Verletzt. Scandaten werden nach Verfügbarkeit übermittelt.

Jan hat es auch bemerkt. Lara öffnet die Meldung. „Hier steht bereits, dass der Insasse eine blutende Wunde an der rechten Hand hat. Hoher Blutverlust."

„Ich brauche die genaue Analyse, vielleicht haben wir eine Übereinstimmung." Lara gibt die Freigabe rüber zum Medi-Scanner. Blutvergleich gestartet.

[Jan]: „Steffi, wer hat den STORM so schnell gefunden?"

[Steffi]: „Wird dir nicht gefallen. Es ist ED-19-84. Soll ich dich wirklich verbinden?"

[Jan]: „Besser nicht. Die menschliche Schnittstelle ist nicht kompatibel."

[Steffi]: „Nett umschrieben für deine Abneigung. Aber ich als Chefin der Zentrale sehe das natürlich anders. Keine Panik. Ich vernetze dich nur über die Zentrale mit ihr. Aber klären musst du es endlich mal."

ED-19-84 an ED-19-12.

[Jan]: „Zu spät, Steffi. Sie hat mich bereits bemerkt. Aber danke für den Versuch."

[Mansirat]: „Hallo Jan, was macht der Streifendienst?"

[Jan]: „Hallo Mansirat. Glückwunsch noch zur Beförderung."

[Mansirat]: „Danke. Danke. Aber kommen wir zur Sache. Habe deine Blutproben. Vernetze unsere beiden EDDEFs, um schneller die Blutanalyse zu erstellen. Sehe gerade deine Aufzeichnungen über eine Leiche und den Fundort. Gutes Material.“

[Steffi]: „He, Jan, hat sie dich gerade gelobt?“

[Jan]: „Mag sein, aber mir gefällt nicht, wie sie in meinen Daten rumschnüffelt.“

[Steffi]: „Warum? Sonst hackst du dich auch in alles rein, was du brauchst.“

[Jan]: „Ja schon, aber über welche Freigabe verfügt sie, um solche Zugriffe zu bekommen? Ihr EDDEF ist eine Black Box für mich. No chance, da reinzukommen.“

[Steffi]: „Das siehst du richtig. Die Freigabe. Entweder man hat sie nicht oder Frau hat sie.“

Na toll. Jan verdreht die Augen und schnaubt.

„Was ist los? Gibt es Probleme?“

„Nein Frau Kommissarin.“ Jan hatte ganz vergessen, dass Lara neben ihm die Tastatur bedient.

„Die Blutanalyse braucht noch etwas, wie es aussieht. Ist der Insasse identifiziert?“

Jan schickt Lara die Daten auf ihren Schirm. Mit Bürgernummer und allem. Insasse ist nicht unbekannt. Diebstahl und kleinere Betrügereien. Auf Bewährung. Nur ein kleiner Fisch, denkt Jan. Aber wer und wo ist die zweite Person?

[Mansirat]: „Du hast zwei andere Fußspuren bei der Leiche gefunden.“

Jan ist etwas erschrocken über den Post von Mansirat. Kann die Frau auch seine Gedanken auslesen?

165

[Jan]: „Ja, stimmt."

[Mansirat]: „Hast du den Vergleich der Spuren mit den Schuhen des Verletzten?"

[Jan]: „Ja, passen. Nummer 1 gefasst. Fehlt noch Nummer 2."

[Steffi]: „Jan, bekomme gerade eine Aussage des Verletzten rein. Er spricht mit dem Sanitätsarzt vor Ort. Video und Audio an."

„Bitte, Sie müssen mir glauben. Ist losgeschossen. Wollte es nicht. Ganz heiß."

[Jan]: „Können wir Fragen stellen?"

Mansirat gibt es weiter.

Ein Polizist kommt ins Bild: „Was ist passiert?"

„Ich, ich. Sollte doch nur übergeben. Aber dann …"

„Was wollten Sie übergeben?"

„Na die Pfeilspitze. Dieses archäologische Steinding, wofür der Typ so viel zahlen wollte. Aber dann, zack und da liegt er und rührt sich nicht mehr."

[Jan]: „Lass ihn nach der zweiten Person fragen."

[Steffi]: „Immer ruhig, wir sind keine Kommissare."

„Kein Problem!" Lara hatte Jan zugeschaut und übernimmt den Chat.

[Lara]: „Ich bin die leitende Kommissarin", schreibt sie. „Ich übernehme."

Ihr Headset koppelt sich mit dem des Polizisten und gibt die Fragen weiter.

[Mansirat]: „Jan, meine Drohnen haben die Umgebung gescannt. Der Fahrer hat das Auto verlassen und ist Richtung Norden ins NSG Tunneltal. Kann noch nicht lange her sein."

[Jan]: „Okay. Meine Bienen kommen von Norden und bilden eine Abfanglinie."

[Mansirat]: „Gut. Meine sind von Süden in Stellung. Den holen wir uns."

Die Drohnen schalten auf Weitraum-Scan, Fokus auf menschliche Person. Wärmebilder flammen auf den Zusatzschirmen am oberen Rand der Monitorwand auf.

[Mansirat]: „Noch nichts zu sehen."

[Jan]: „Bei mir auch nicht. Aber wenn die Person noch hier ist, finden wir sie."

Kontakt. Wärmeresonanz. Negativ. Kein Mensch. Verflucht.

[Jan]: „Da, da ist was. Ist das Feuer? Ein Lagerfeuer?"

Die Wärmebilder überlasten.

[Jan]: „Zweite Wärmequelle identifiziert. Eindeutig eine Person."

Achtung: Kollisionswarnung. Willi, was ist los? Jan schaut entsetzt zum Hauptschirm von Willi.

[Mansirat]: „Da kommt was angeflogen."

Willi? Der Schirm zeigt nur noch ein Rauschen an. Kontakt zu ED-D8 verloren, blinkt in roter Schrift auf.

[Jan]: „Mansirat, ich habe eine meiner Drohnen verloren. Pass auf. Ich weiß nicht, was da passiert ist."

[Mansirat]: „Ich habe es gesehen. Von der Feuerstelle kam was auf deine Drohne zugeflogen."

[Jan]: „Kannst du erkennen, was bei der Feuerstelle los ist? Ich verliere den Wärmebildkontakt. Wurde das Feuer gelöscht?"

[Mansirat]: „Zu schnell. Wo bleibt die Restwärme? Aber da liegt eine Person. Stimmt das Bild? Was siehst du?"

[Jan]: „Einen Mann. Der liegt da nackt."

[Mansirat]: „Körpertemperatur schon zu niedrig. Der muss tot sein."

[Jan]: „Aber wir haben doch da einen Mann am Feuer stehen sehen?"

[Mansirat]: „Ich weiß, aber hier die Bilder. Und ich habe deine Drohne gefunden. Durchbohrt von einem Pfeil. Auf der anderen Seite ragt die Spitze raus. Sieht wie ein Stein aus."

[Jan]: „Stein? Sagtest du Stein?"

[Mansirat]: „Ja. Eine Steinspitze oder was weiß ich."

[Jan]: „Ich glaub es nicht. So was haben wir als Tatwaffe bei meiner Leiche identifiziert. Ich muss mir die Bilder noch mal im visuellen Spektrum angucken."

[Mansirat]: „Ich sehe es jetzt auch. Steht da ein Mann in Fellen und mit einem Bogen im Anschlag?"

[Jan]: „Kann sein, die Bilder sind undeutlicher als erwartet. Aber wo ist er hin?"

[Mansirat]: „An genau der Stelle sehe ich jetzt nur noch den Mann liegen."

[Jan]: „Maja ist über der Feuerstelle. Sie ist komplett kalt, als ob sie schon lange aus ist. Und bei der Leiche sind Kleidungsstücke. Da sind Stiefel."

[Mansirat]: „Hab sie. Passen zu der anderen Spur. Die Person haben wir auch gleich identifiziert."

Annäherungswarnung. Noch ein Schuss? Jan lässt seine Drohne einen schnellen Schwenk nach links oben ausführen.

Kennung VS-Drohne.

[Jan]: „Was macht eine Verfassungsschutz-Drohne hier, Steffi?"

[Steffi]: „Habe gerade eine Meldung reinbekommen. Der Fall wird uns entzogen. Da hat jemand weiter oben seine Finger im Spiel."

Jans Blickt fällt auf die Simulation der möglichen Tatwaffe aus dem Medi-Scan.

Die Gesteinsart wird angezeigt: Feuerstein.

Vermutete Tatwaffe: Eigenanfertigung Feuerstein-Pfeilspitze. Ein Verweis zeigt die örtlichen Funde aus der Späteiszeit an; ein Rentier-Treibjäger der Ahrensburger Kultur mit genau solchen Pfeilen und mit Bogen im Anschlag wird dargestellt.

Schnell lässt er Maja zu den Resten von Willi fliegen. Ein Pfeil mit Steinspitze ist nicht zu sehen. Nur die Ein- und Austrittslöcher; und dazwischen der zerstörte Hauptantrieb.

Die Verfassungsschutz-Drohne befindet sich genau über der zerstörten Drohne.

[Steffi]: „Jan, lass es, ziehe deine Drohne zurück. Den Fall übernimmt jetzt der Verfassungsschutz."

Nicht weit von der Feuerstelle entfernt, ca. 10.000 Jahre vor Christus. Ein Rentierjäger bearbeitet einen Feuerstein. Nach einer Weile hält er die Pfeilspitze in die Höhe und setzt sie zufrieden auf einen Pfeilschaft. Die Jagd kann beginnen.

Christian Kraus
SCHATZSUCHE

Bent saß am Steuer seines hochgetunten Mercedes Coupé und raste mit knapp zweihundert Sachen über die Autobahn. Vollgas traute er sich nicht. Weniger wegen der aufkommenden Dunkelheit, und schon gar nicht, weil er eine halbe Flasche Whisky und ein paar Gramm Koks intus hatte. Sondern weil er permanent auf sein Handy starrte, das neben ihm auf dem Beifahrersitz lag.

Bent wurde von seinen wenigen Freunden und sehr vielen Feinden seit Jahren nur noch Big Ben genannt. Bent Radowski, wie er mit vollem Namen hieß, war ein Mensch aus Fleisch und Blut. Big Ben war ein Mythos. Gefürchtet, mächtig, unantastbar. Zumindest hatte er das immer geglaubt.

Jetzt war er auf der Flucht. Warum und vor wem, würde er erfahren, wenn das Scheißhandy klingelte und Rasmus ihm endlich mehr verriet als: „Sieh zu, dass du aus der Stadt verschwindest, sofort! Ich melde mich."

171

Der Anruf seiner rechten Hand und seines besten Freundes war eine halbe Stunde her. Bent war raus aus der Stadt, so weit so gut, der Tank seines Mercedes war voll, und selbst für den Fall, dass er einige Zeit untertauchen musste, hatte er vorgesorgt. Aber er wollte verdammt noch mal wissen, wer ihm den netten Abend mit Drinks, Drogen und diesen beiden polnischen Mädchen versaut hatte.

Das Mobiltelefon intonierte das Gitarrenriff von ‚Hoch im Norden‘, einem Udo-Lindenberg-Song aus einer Zeit, als die Geschäfte auf dem Kiez noch auf Deutsch und mit Handschlag besiegelt worden waren. Bent ging sofort ran.

„Wo bist du?“, fragte Rasmus.

„Abgehauen, wie du gesagt hast. Was zum Teufel ist passiert?“

„Die Bullen wissen von der Lieferung aus Rotterdam“, klang es aus dem Lautsprecher des Handys. „Sie haben den Schiffscontainer auf den Kopf gestellt und das Holland-Team hopsgenommen. Dich suchen sie deutschlandweit mit Haftbefehl. Jemand muss dich verpfiffen haben.“

„Verfluchte Scheiße“, sagte Big Ben. Damit waren Kokain und Pillen im Wert etlicher Hunderttausend zum Teufel. Und die Bullen hatten ihre lang ersehnte Möglichkeit, ihn aus dem Verkehr zu ziehen. Von wegen unantastbar. „Wie dicht hängen die mir am Arsch?“, fragte er.

„Großfahndung in Norddeutschland bis rüber nach Holland. Sie rechnen damit, dass du stiften gehst. Die Rede ist von Polizeisperren und Kontrollen auf den Ausfallstraßen und Autobahnen." Neben Rasmus' Stimme erklangen Rufe und laute Schritte. „Verdammt! Die Bullen sind hier", sagte der. „Ich muss auflegen."

In Big Bens Kopf ratterte es gewaltig. Er sah sein Ende in erschreckender Klarheit vor sich: eine massive Barriere aus blaulichtbewehrten Einsatzfahrzeugen, gespickt mit Beamten des Sondereinsatzkommandos, die erst sein Auto und dann ihn mit ihren Sturmgewehren durchsiebten. Ein Abgang nach Maß für eine lebende Legende. Das Problem dabei: Er hatte keinen Bock zu sterben.

Folglich musste er runter von der Autobahn. Ein blaues Ausfahrtschild tauchte aus der Dunkelheit ins Scheinwerferlicht seines Benz. Den Namen des Ortes konnte er auf die Schnelle nicht erkennen. Aber vermutlich bot das Kaff an der A1 ihm seine letzte Chance zum Untertauchen. Big Ben ging in die Eisen.

Drei Monate später

„Ja?" Die Stimme von Drücker Toni am Telefon hallte merkwürdig.

„Hast du Zeit für einen Ausflug?", fragte Rasmus.

„Du hast Nerven, Mann. Ich sitze auf dem Scheißhaus und seile einen Zweipfünder ab. Danach wartet ein Berliner Möchtegernlude auf mich, der ins Geschäft einsteigen will. Außerdem ist es nach zweiundzwanzig Uhr, und draußen regnet es in Strömen. Also nein."

„Du telefonierst auf dem Klo?"

„Wenn mein alter Kumpel Rasmus anruft, würde ich sogar rangehen, wenn ich am Tor zur Hölle stehe und der Teufel gerade die Tür öffnet."

Rasmus sah auf den Sekundenzeiger seiner Armbanduhr und schwieg. Toni würde fünf, eher zehn Sekunden brauchen, um selber drauf zu kommen, dass der Anruf einen wichtigen Grund haben musste.

„Was ist denn los?"

Rasmus nickte. Acht Sekunden. Durchs Telefon hörte er das Rascheln von Toilettenpapier. „Sie haben ihn gefunden. Vor ein paar Stunden. Zusammen mit seinem Auto", sagte er.

„Big Ben? Ist nicht wahr. Und wo?"

„Eine Kleinstadt, zwanzig Minuten außerhalb Hamburgs. Big Ben ist tot, Toni."

„Scheiße." Absicht oder nicht, just in diesem Augenblick betätigte Drücker Toni die Klospülung.

„Der Wagen lag in einem Teich. Sie haben wegen irgendwelcher Bauarbeiten den Wasserspiegel gesenkt, das hat ihn ans Licht gebracht. Big Ben saß noch am Steuer."

„Sicher, dass er es ist?"

„Sehr sicher. Basti hat einen Kumpel bei der Kripo, von dem stammen die Infos. Das Kennzeichen stimmt. Die

Leiche wird zur endgültigen Identifizierung weiter untersucht, aber offenbar hegt niemand ernsthafte Zweifel."

Rasmus ließ Drücker Toni erneut etwas Zeit, und diesmal kam er bereits nach drei Sekunden auf die naheliegende Frage: „Was ist mit dem Koffer?"

„Bastis Kontaktmann hat keinen Koffer erwähnt, also muss er noch da sein", sagte Rasmus. „Die Bullen haben die Leiche mitgenommen, aber das Auto wird die Nacht über unbewacht am Teich stehen." Er machte eine Kunstpause, bevor er weitersprach. „Lust auf eine Schatzsuche?"

Rasmus war pünktlich wie eh und je. Er saß am Steuer seines alten Opel Astra, hielt am Straßenrand und stieß die Beifahrertür auf. Drücker Toni wusste, dass Rasmus sich nichts aus Autos machte. Der versuchte nicht einmal, seinen Aufstieg vom Chefbuchhalter zu Big Bens Nachfolger durch standesgemäßen Protz zu unterstreichen, was nach Tonis Meinung ein schwerer Fehler war. Aber gut. Für den nächtlichen Ausflug aufs Land war diese Langweilerkarre vermutlich besser geeignet als Tonis Porsche.

Drücker Toni zog den Kragen seiner Lederjacke hoch, trat aus dem überdachten Hauseingang und eilte zum Auto. „Du hast nicht gesagt, dass Spasti auch mitkommt." Wegen des strömenden Regens wartete Toni nicht auf eine Antwort, sondern wuchtete seine zweihundert Pfund Lebendgewicht auf den Beifahrersitz, schloss die Tür und schnallte sich an.

„Wir drei waren Big Bens engste Mitarbeiter", sagte Rasmus. „Basti verdanken wir die Infos von der Polizei, außerdem kennt er den Ort, zu dem wir fahren. Wenn wir den Koffer finden, ist es nur fair, wenn wir durch drei teilen. Big Ben hätte es so gewollt."

Sei's drum, dachte Toni. Rasmus fuhr los. Das Navi gab die Fahrtzeit mit dreißig Minuten an. Toni drehte sich Richtung Rücksitz. Basti daddelte an seinem Handy herum. Der hagere Kerl trug eine Schirmmütze mit Fortnite-Logo auf dem Kopf, die zusammen mit der dicken Nerd-Brille richtig kacke aussah. „Was sind zweihundert Goldmünzen heutzutage wert, Spasti?"

„Das hängt vom Goldpreis ab", sagte der, ohne hochzusehen. „Und nenn mich gefälligst Basti."

Rasmus steuerte seinen Wagen auf die östliche Ausfallstraße. „Wie läuft das Geschäft?", fragte er und war froh, dass Toni sich wieder nach vorn drehte und nicht weiter auf Basti rumhackte. Heute Nacht mussten sie als Team zusammenarbeiten. Vielleicht ein letztes Mal.

„Mittelprächtig", sagte Toni. „Ich musste nach Big Bens Abgang viel umstrukturieren. Dazu der ständige Ärger mit den Russen. Ein paar Goldtaler kommen da gerade recht. Und selbst?"

„Ähnlich", sagte Rasmus. „Ich wäre um ein Haar in den Knast gewandert und muss die Füße stillhalten. Ich brauch dringend Kohle für einen Neuanfang."

„Ich hab's", tönte Bastis Stimme von der Rückbank. „Der Goldpreis liegt aktuell bei 1470 Euro je Feinunze."

„Was macht das bei zweihundert Münzen, Spasti?" Toni lockerte den Gurt vor seiner aufgepumpten Brust, um sich besser nach hinten drehen zu können. „Oder taugt dein Kopf nur zum Tragen dämlicher Mützen?"

„Im Gegensatz zu dir habe ich mir nicht den Großteil meines Hirns mit Koks und Fusel weggeballert."

„Pass auf, was du sagst, Spasti! Die Zeiten, wo Frauen und Brillenträger von mir nichts auf die Fresse kriegen, sind lange vorbei."

Basti griff unter seine Sportjacke, zog eine Knarre hervor, eine Ruger American Pistol, soweit Toni das im Dämmerlicht erkennen konnte, und richtete den Lauf auf ihn. „Und die Zeiten, in denen ich mich von Arschlö-chern herumschubsen lasse, deren Bizepsumfang größer ist als ihr IQ, sind es auch."

Bastis Herz klopfte. Er hatte Drücker Toni noch nie wirklich Kontra gegeben. Aber es hatte sich viel geändert in den letzten Monaten. Die alten Regeln galten nicht mehr. Schon gar nicht heute Nacht.

„Du hast eine Knarre!" Toni pfiff durch die Zähne, schaute zu Rasmus. „Er hat eine Knarre", wiederholte er und drehte sich zu Basti zurück. „Ohne das Zittern deiner Hand würde es fast gefährlich aussehen. Ich habe übrigens auch eine." Er klopfte mit der flachen Hand seitlich auf seine Lederjacke. „Und im Gegensatz zu dir kenne ich diese Dinger nicht nur aus Ballerspielen. Also steck das Teil weg, bevor du dir einen Finger einklemmst."

„Toni hat recht", sagte Rasmus. „Weg mit der Waffe. Und du, Toni, halt dich bitte zurück. Wenn alles gut läuft, haben wir in ein oder zwei Stunden die Münzen, teilen durch drei und gehen getrennte Wege."

Die Fahrt führte quer durch Hamburg und rauf auf die A1. Direkt hinter der Stadtgrenze lotste das Navi sie von der Autobahn runter. Drücker Toni kniff die Augen zusammen. ‚Ahrensburg' las er auf dem Ausfahrtschild.

„Habt ihr euch eigentlich auch gefragt, wer Big Ben verpfiffen hat?", fragte Basti.

„Ja klar", sagte Rasmus. Die Fahrt ging weiter über eine von kleinen Wäldchen und Feldern umsäumte Umgehungsstraße. „Die Bullen wussten Bescheid. Über den Rotterdam-Deal und über einiges mehr. Ich persönlich habe die Holländer im Verdacht. Vielleicht hat Ben sich mit denen angelegt, ohne dass wir es mitgekriegt haben. Aber beweisen kann ich es nicht."

„Und was glaubst du?" Bastis Frage ging an Toni, aber der reagierte nicht.

Auf der rechten Straßenseite tauchten die Hallen eines Industriegebiets auf. Direkt hinter dem Ahrensburger Ortsschild ging es unter einer Eisenbahnbrücke durch, dahinter öffnete sich das Gelände und gab den Blick frei auf eine weitläufige Parkanlage, in deren Mitte ein imposantes viereckiges Gebäude mit blendend weißen Fassaden, rotem Ziegeldach und an jeder Ecke emporragenden schlanken Türmen mit grün patinierten Kupferhauben thronte.

„Ist das ein Schloss?" Toni beugte sich vor, um besser durch die Windschutzscheibe sehen zu können. Das prächtige Bauwerk erstrahlte dank diverser rundherum im Boden angebrachter Scheinwerfer trotz Regen und Dunkelheit in hellem Glanz.

„Streng genommen nur ein Herrenhaus", sagte Basti. „Es wurde im 16. Jahrhundert gebaut und bestand eigentlich aus rotem Backstein. Im 18. Jahrhundert wurde es umgebaut und weiß getüncht."

„Ich find's kacke", sagte Drücker Toni.

„Also mir gefällt es. In Fachkreisen gilt das Ahrensburger Schloss als Meisterleistung der Renaissancearchitektur. Es ist von einem Schlossgraben umgeben und nur über eine Brücke …"

„Halt's Maul, Spasti. Immer wenn ich dich reden höre, fällt mir wieder ein, warum ich nach der siebten Klasse die Schule hingeschmissen habe."

„Wir sind da", sagte Rasmus, der froh war, dass sie endlich loslegen konnten. Er bog direkt vor dem Schloss links von der Hauptstraße ab und parkte seinen Wagen an einer Bushaltestelle. „Alle Mann aussteigen."

Toni zog erneut den Jackenkragen hoch und fluchte wegen des Wetters. Zumindest waren keine Fußgänger und kaum Autos unterwegs, sodass ihre Schatzsuche kein Aufsehen erregen würde. Rasmus führte die Gruppe über eine sanft abfallende Wiese bis zum Ufer des Schlossgrabens. Die auf der gegenüberliegenden Seite hoch aufragende beleuchtete Fassade spendete ausreichend Licht. Die Grasnarbe war auf den letzten Metern von breiten Reifenspuren durchpflügt. Hier hatten sie Big Bens Coupé aus dem Schlamm gezogen. Der schwarze Mercedes stand wenige Meter vom Ufer entfernt neben einer großen Linde. Toni trat an den Wagen, dessen Lack und Fensterscheiben mit einem dünnen Film aus Algen und Dreck bedeckt waren. „Ich kann's nicht glauben", sagte er. „Big Ben hat sich und seinen Wagen in einem Burggraben versenkt."

„Schlossgraben", korrigierte Basti.

Das Auto war mit rotem Polizeiflatterband umwickelt, aber das war nichts, was einen Drücker Toni aufhielt. Er öffnete die Fahrertür. Aus dem Fahrzeuginneren drang moderiger Geruch. „Was glaubt ihr: War es Absicht oder ein Unfall?"

„Schwer zu sagen", sagte Rasmus. „Big Ben hatte an dem Abend einiges an Alkohol und Drogen intus. Vielleicht wollte er den Wagen verschwinden lassen und ist dabei ertrunken. Suchen wir die Münzen!" Er kramte eine kleine LED-Leuchte hervor, Basti verwendete das Licht seines Handys. Handschuhfach, Innen- und Kofferraum hatte die Polizei natürlich durchsucht und leer geräumt. Aber Big Ben hatte unter der Rückbank ein Geheimfach einbauen lassen. Toni tastete zwischen den Polstern nach

dem versteckten Hebel und klappte einen Teil des Rück-
sitzes hoch.

„Da ist kein Koffer", fasste er das ernüchternde Ergebnis zusammen.

„Big Ben hatte ihn bei seiner Flucht dabei, so viel ist
sicher", sagte Rasmus.

„Der Koffer könnte aus dem Auto gefallen sein, als Ben
in den Graben gefahren ist", sagte Basti. „Oder er hat ihn
rausgeworfen, während das Auto versunken ist, weil er
glaubte, sowohl sich selbst als auch die Münzen retten zu
können."

„Okay, das würde bedeuten ..." Irgendwas in Tonis Gehirn weigerte sich, den Gedanken zu Ende zu bringen.
Vor allem wegen der Konsequenz, die sich daraus ergab.
Rasmus nahm es ihm ab. „Der Koffer könnte im Schlossgraben liegen."

„Du willst nicht wirklich da reinsteigen?", sagte Toni.

„Der Graben führt kaum noch Wasser, schon vergessen?", sagte Basti. „Wir nehmen uns lange Stöcke und suchen systematisch den Grund in Ufernähe ab."

Äste und Zweige gab es genug. Basti griff sich einen langen Stock, befreite ihn von ein paar Blättern. „Ich wette, das
Wasser reicht mir höchstens bis zu den Knöcheln." Er trat
ein paar beherzte Schritte in den Graben, verzog das Gesicht.
„Na gut, vielleicht bis zu den Knien." Er begann, mit seinem
Stock im Schlamm herumzustochern. „Das Wasser ist arsch-
kalt und der Boden ziemlich moddrig, aber es geht."

Toni wandte sich an Rasmus. „Warum lassen wir ihn das nicht allein machen?"

„Weil es zu lange dauert, deshalb." Rasmus stupste ihm in die Seite. „Na los!" Er griff sich einen Stock und folgte Basti ins Wasser.

„Oh Mann, Scheiße", sagte Toni. Anders als Rasmus und Basti zog er sich Schuhe und Hose aus, bevor er, ebenfalls mit einem langen Ast bewaffnet, seinen Kumpels in den Schlossgraben folgte. „Voll eklig an den Füßen", schimpfte er.

„Wisst ihr", sagte Basti, „ich habe mir nach Big Bens Verschwinden auch meine Gedanken gemacht."

„Und? Ist sicher was Neunmalkluges bei rausgekommen", sagte Toni, der lustlos mit seinem Stock durchs Wasser stocherte.

„Klar wussten die Holländer von dem Deal. Aber warum sollten die ihren wertvollen Stoff aufs Spiel setzten und sich selbst gefährden? Das ergibt keinen Sinn."

„Wer soll es denn sonst gewesen sein?"

„Es gab nur wenige Leute, die außer Big Ben und den Holländern von dem Rotterdam-Deal gewusst haben. Sehr wenige Leute. Streng genommen nur wir drei."

„Was willst du damit sagen, Spasti?" Toni richtete sich auf, wandte ihm sein finsteres Gesicht zu. „Dass einer von uns Ben verpfiffen hat, oder was?"

Basti sagte einige Sekunden lang nichts. Dann nickte er. „Eine andere Möglichkeit gibt es nicht."

„Du redest noch immer zu viel", sagte Toni. Er ließ seinen Stock los, hob die Hände und ballte sie zu Fäusten. Seine Finger knackten. „Schon mal darüber nachgedacht, dass du klüger bist, als dir guttut?"

„Können wir das später diskutieren?", sagte Rasmus. „Ich hab was gefunden." Er wechselte seinen Stock in die linke Hand, griff mit der rechten ins Wasser und zog einen Koffer heraus, von dem Wasser und schwarzer Schlamm tropften. „Da ist es ja, das gute Stück. Wer will nachschauen?"

„Gib schon her!" Die Aussicht auf die Goldmünzen ließ Toni vergessen, dass er nachts im Regen und weit weg von seinem geliebten Kiez in Unterhose im arschkalten Wasser stand und stinksauer war. Er riss Rasmus den Koffer aus der Hand, balancierte ihn in waagerechter Position auf dem linken Arm, öffnete mit der rechten Hand die Schnappverschlüsse und klappte den Deckel auf.

Zweihundert glänzende Goldmünzen, verstaut in einzelnen Tableaus aus rotem Velours, jede Münze in eine eigene Aussparung gebettet: Dieser Anblick hätte ihm sicher ein feistes Grinsen ins Antlitz gezimmert. Drücker Toni hielt den Koffer schräg in die Höhe, sein Gesicht blieb dabei so mürrisch wie eh und je. Braun gefärbtes Wasser lief in einem dünnen Rinnsal über die Kante. Der Koffer war leer.

„Mein Kontaktmann bei der Kripo hat etwas von einem Deal angedeutet", sagte Basti von der Seite. „Jemand

183

aus Big Bens engstem Umfeld soll sich als Kronzeuge angeboten haben, um selbst straffrei auszugehen, wenn der Laden hochgeht."

„Es reicht, verdammt noch mal!" Drücker Toni schrie den Frust aus sich heraus. „Scheiß auf den Ausflug! Scheiß auf die Schatzsuche!" Er schnaufte, schüttelte den Koffer und schleuderte ihn von sich. „Von wegen Goldmünzen. Wir fahren in dieses Kaff, hören uns Bullshit an über ein Schloss, das gar keins ist." Er nestelte am Reißverschluss seiner Lederjacke herum, zog ihn auf und griff mit der Hand hinein. „Wir lassen uns nass regnen, waten knietief in diesem Drecksloch von Burggraben, und das alles für nichts und wieder nichts." Er zog seinen Revolver hervor. „Und als Krönung muss ich mir von diesem Oberspasti vorwerfen lassen, ich hätte unseren Boss verpfiffen. Dafür wirst du jetzt …"

Weiter kam er nicht. Der Knall aus Bastis Ruger ließ ihn mitten im Satz verstummen. Die Kugel bohrte ein Loch in Tonis Lederjacke und in alles, was dahinter kam. Drücker Toni fiel nach vorne, klatsche mit dem Gesicht voran aufs Wasser und blieb regungslos liegen.

Basti zitterte am ganzen Körper. Weil er noch nie einen Menschen erschossen hatte. Und weil er einen harten Gegenstand in seiner Flanke spürte.

„Guter Schuss", sagte Rasmus, der hinter ihm stand. „Aber du hast den Falschen erwischt. Toni war eingeweiht, aber der Kronzeuge war er nicht. Und jetzt lässt du schön die Knarre fallen."

Basti ließ seine Waffe ins Wasser gleiten und drehte sich herum. Rasmus trat einen Schritt zurück, sodass Basti jetzt die Pistole sehen konnte, die er in der Hand hielt. „Du warst es", sagte Basti. „Du hast Big Ben verpfiffen."

Rasmus nickte. „Ich könnte jetzt eine lange Geschichte erzählen. Von wegen immer nur die rechte Hand sein, die Drecksarbeit des Chefs erledigen, seine miese Stimmung ertragen und so. Das erspare ich uns. Ich wollte einen Neustart, okay? Und den habe ich bekommen. Und hättest du deine Nase nicht so tief in diese Sache gesteckt, hätte es den auch für Toni und dich geben können."

„Interessiert dich nicht, warum und in wessen Auftrag ich meine Nase da reingesteckt habe?", sagte Basti. „Was aus den Goldmünzen geworden ist? Und aus Big Ben selbst?"

Rasmus zuckte mit den Schultern. „Big Ben liegt irgendwo in einer Zinkwanne. Und wo die Münzen sind, werden wir wohl nie erfahren. Schade drum." Er hob den Revolver in die Höhe. „Tut mir leid, dass es so enden muss."

„Ich fürchte, du irrst dich, was die Zinkwanne angeht", sagte Basti. Seine Stimme zitterte vor Aufregung, aber das musste er noch loswerden. „Die angeschnallte Leiche im Auto, von der mein Polizeikumpel mir angeblich berichtet hat …" Basti schüttelte den Kopf. „Eine Lüge. Die Leiche hat es nie gegeben."

Rasmus hörte die Worte wie durch eine dicke Wachsschicht. Er kniff die Augen zusammen. Und bemerkte, dass Basti nicht mehr zu ihm, sondern knapp an ihm vorbei zu den Bäumen auf der gegenüberliegenden Seite des Schlossgrabens schaute. Rasmus drehte sich langsam herum. Aus dem Schatten der Bäume unterhalb des Schlosses trat eine Gestalt im braunen Parka. Im Licht der angestrahlten Fassade waren Statur und Gesicht des Mannes gut zu erkennen. Ebenso die Jagdflinte, die er im Anschlag hielt und mit der er auf Rasmus zielte. „Big Ben", konnte er noch sagen. Rasmus sah das Mündungsfeuer der Flinte. Ein mächtiger Schlag riss seinen Kopf nach hinten. Den Knall hörte er schon nicht mehr.

Mia und Emma Meyer-Selbach
RACHE DER VERGANGENHEIT

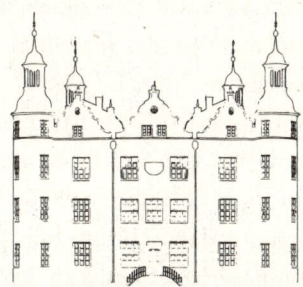

Ich wanderte die Korridore noch einmal ab, so wie ich es immer machte, bevor ich die Schule schloss. Heute war Ferienanfang, und ich freute mich schon wahnsinnig auf mein Feierabendbier. In meiner kleinen Wohnung in Ahrensburg ist es sehr ruhig, aber ich genieße das in vollen Zügen, denn die Schultage sind immer ziemlich laut.

Nachdem ich im ersten Stock den Trakt der neunten Klassen abgelaufen war und wie immer nichts gehört oder gesehen hatte, ging ich ins Erdgeschoss, wo ich meine Tasche holen wollte. Ich war fast am Hausmeisterraum angelangt, als ein markerschütternder Schrei erklang. Ich fuhr zusammen. Ich spürte, wie mir das Blut durch die Adern schoss. So was war mir in meiner Zeit als Hausmeister noch nie passiert. Meine Gedanken rasten. Was konnte das sein? Vielleicht waren es diese Schwachmaten, die letzte Woche schon in die Selma-Lagerlöf-Schule eingebrochen waren und alles verwüstet und vollgesprayt hatten.

Aber die hätten sich wahrscheinlich darum bemüht, leise zu sein. Und was war das für ein Schrei? Ein Freudenschrei war das auf gar keinen Fall!

Eigentlich wollte ich nach Hause, aber es war ja schließlich meine Pflicht, für die Sicherheit des Eric-Kandel-Gymnasiums zu sorgen. Ich ging in die Richtung, von woher ich geglaubt hatte, den Schrei gehört zu haben. Vom Hausmeisterraum aus bog ich links ab. Ich nahm die kleine Treppe nach unten, in einen Vorraum, von dem man durch zwei Türen weitergehen konnte. Ich ging durch die linke Tür zur Sporthalle, zu dem Flur mit allen Kabinen. Meine Taschenlampe, die ich wie immer bei meinem Rundgang dabeihatte, erhellte mir zwar die dunkle Schule, jedoch war mir mulmig zumute. Ich durchsuchte jede Kabine einzeln und dazu noch die Turnhalle. Vielleicht hört sich das im Nachhinein etwas paranoid an, aber ich war schon immer jemand, der bei allem lieber auf Nummer sicher ging.

Als ich nichts fand und nichts hörte, ging ich zurück zum Vorraum. Ich beschloss, noch einmal durch die andere Tür zu gehen. Diese führte zu einem weiteren Korridor, von dem es in zwei Räume abging. Zum einen in den Bücherkeller und zum anderen in den Heizungsraum. Ich betrat zuerst den Bücherkeller. Hier standen die Bücher, die Ende des Jahres eingesammelt und eingelagert werden mussten. Außerdem lagerten hier viele archivierte Klassenarbeitshefte, die vermoderten. Meine mussten hier auch noch von früher stehen, denn das EKG war auch meine Schule gewesen. Es hatte sich hier vieles verändert, seitdem ich von der Schule geflogen war, weil ich unter anderem mit Drogen gedealt hatte. Tatsächlich gab es hier noch immer einige alte Lehrer, die mich auch schon unterrichtet hatten. Eine davon war Frau Wiegler, die heute noch den Bücherkeller fertig aufräumen wollte. Heute war der Tag der Abgabe, und Frau Wiegler sollte sie hier noch zu Ende sortieren. Meines Erachtens war sie bereits gegangen, denn es war alles ordentlich eingeräumt.

Ich leuchtete mit der Taschenlampe den Raum ab und entdeckte etwas in einer der hinteren Ecken des Raumes. Es war Blut. Jede Menge Blut. Mir wurde schwindelig, dennoch riss ich mich zusammen und folgte der Blutlache, deren Ursprung sich hinter einem der Regale befand. Wie im Krimi, dachte ich kurz, doch als ich sah, was mich um die Ecke erwartete, schrie ich laut auf. Vor mir lag meine alte Englischlehrerin Frau Wiegler. Sie hatte ein Messer mitten in ihrer Brust stecken.

Ich bekam Panik, und meine Gedanken liefen wieder auf Hochtouren. Hat sie sich selbst umgebracht? Diese Frage war schnell beantwortet, denn wer schreit denn noch um sein Leben, während er gerade Selbstmord begeht. Außerdem war Frau Wiegler einer der lebensfreudigsten Menschen an dieser Schule gewesen. Als ich sie genauer betrachtete, entdeckte ich einen Zettel in ihrer Hand. Wer würde bitte einen Abschiedszettel in seine Hand knüllen? Keiner – da war ich mir sicher.

Selbstmord war es also nicht, aber was war es dann? Ein alter Schüler, der sich rächte? Nein, das war absurd. Ich nahm den Zettel aus Frau Wieglers Hand. Darauf war in dunkelroter Schrift geschrieben: *Das war nur ein Vorgeschmack, mein lieber Hannes! Du bist der Nächste! Wie du mir, so ich dir!*

Mir wurde schlecht. Ein Mörder. Auf dem Zettel stand mein Name, und ich war mir sicher, dass ich damit gemeint war … bei meiner Vergangenheit. Er oder sie war hinter mir her, und ich hatte nicht die geringste Ahnung, wer es war. Was sollte ich tun? Beliebt bei der Polizei war ich nicht gerade, denn es war kein großes Geheimnis, dass ich im Knast saß. 2013 deponierte ich für einen damaligen Bekannten namens Tailor und meinen Bruder mehrere Packungen Drogen in einem von Tailors Autos. Er sollte die Drogen nach Dänemark schmuggeln, wurde jedoch kontrolliert und wanderte ins Gefängnis. Mein Bruder und ich reisten nach Australien, um für ein paar Monate unterzutauchen. Ein Jahr später, also 2014, half ich bei einem erneuten Schmuggel mit, den mein Bruder anzettelte. Mein Bruder Mike hatte mir ein neues Auto versprochen, wenn ich sein Gras, Koks und die anderen Drogen mit ihm zusammen nach Polen transportieren würde. Eigentlich hatte ich ein schlechtes Gefühl, aber ein Lamborghini war mir damals wichtiger. Dass das ein Fehler war, begriff ich erst, als ich im Knast saß. Mein Bruder wanderte für sieben Jahre in den Bau, genauso wie Tailor ein Jahr zuvor. Ich kam damals mit meinen 18 Jahren noch mit fünf Jahren Jugendgefängnis davon. Ich gestand, auch bei Tailors Schmuggel mitgeholfen zu haben, und sträubte mich nicht, so wie mein Bruder, meine Schuld einzugestehen. Laut meinen Berechnungen war Tailor jetzt 30 und seit zwei Monaten wieder auf freiem Fuß. Ich war letztes Jahr freigekommen und war mir sicher, dass ich nie wieder etwas mit Drogen zu tun haben wollte. Mir war wichtig, zu arbeiten und mein eigenes Geld zu verdienen. Es war schwer, als ehemaliger Krimineller eine Arbeit zu finden, aber schließlich wurde ich als Hausmeister an meiner alten Schule angestellt.

Aus meinen Gedanken holte mich die Realität brutal zurück. Die Polizei zu rufen wäre aufgrund meiner kriminellen Vorgeschichte ein Fehler gewesen. Sonst jemanden anru…, ich lauschte. Da waren doch eben Geräusche. Es kam von draußen. Es hörte sich an wie ein Rauschen. Dazu hörte ich mehrere Stimmen. Mir lief ein kalter Schauer über den Rücken. Ich zitterte und war in Schweiß gebadet. War das Absicht? Wollte mir jemand noch einen extra Schrecken einjagen? Was zur Hölle war hier los?

Ich hielt das nicht länger aus. Ohne dass ich es wollte, denn meine Füße machten sich einfach selbstständig, schlich ich auf den Flur. Panik und Angst wurden nur noch schlimmer. Ich tastete mich an der Wand entlang, und mit jedem Schritt wurden die Stimmen lauter. Mein Herz schlug immer schneller. Mir war bewusst, dass sie nicht alleine waren – im Gegensatz zu mir. Die Tür zu öffnen könnte vielleicht die dümmste Idee sein, die mir je in den Sinn gekommen war, doch ich war schon dabei, die Klinke zu drücken.

Die Tür ging, ohne einen Laut von sich zu geben, einen kleinen Spalt auf, und mit Schweißperlen auf der Stirn lugte ich hindurch. Es waren drei Personen. Sie waren schwarz maskiert und damit beschäftigt, etwas zu sprühen. Ich sah nur rote Farbe und dachte im ersten Moment, dass es eine weitere Drohung gegen mich sein könnte, jedoch sah ich bei einem genaueren Blick, dass sie so etwas wie ein Logo aufsprühten, welches mir überhaupt nicht bekannt vorkam. Dadurch, dass ich nur die Hälfte von dem Gesprayten erkennen konnte, versuchte ich mit meiner verschwitzten Hand, die immer noch die Klinke gedrückt hielt, die Tür noch etwas weiter aufzudrücken. Noch bevor ich es versuchte, dachte ich an die Worte, die der Rektor, noch bevor er heute die Schule verlassen hatte, zu mir sagte: „Achten Sie heute noch einmal besonders auf die Schule. Die Sprayer in der ‚Selma Lagerlöf‘ machen mir Sorgen. Unsere Schule braucht nach dem Einbruch im letzten Jahr nicht noch eine verrückte Bande Jugendlicher, die hier alles verwüstet. Das

hat im Ahrensburger Tageblatt schon allzu viele Schlagzeilen hervorgebracht."

Im Gefängnis hatte ich viele merkwürdige Typen kennengelernt, aber warum sollten diese mir hier auflauern und
mir etwas antun?

Ich schob die Tür also etwas weiter auf, um noch mehr
zu erkennen, doch plötzlich quietschte die Tür ganz laut.
Ich erschrak, genauso wie die drei Maskierten. Die Person,
die am nächsten an der Tür nach draußen stand, dem Notausgang zum Schulhof, reagierte als Erste, schnappte sich
die knallrote Tasche mit den Spraydosen und sprintete davon, bevor ich mich aus meiner Schockstarre lösen konnte. Die anderen beiden guckten sich an. Ich konnte wegen
ihrer Masken zwar nicht erkennen, was ihre Blicke sagen
wollten, jedoch war mir klar, dass sie furchtbare Angst
hatten. Als auch sie sich dann kurzerhand umdrehten, um
der anderen Person nachzurennen, packte ich eine von
ihnen hinten an der Pulloverkapuze. Sie schrie auf, und
die andere Person drehte sich um, damit sie nachschauen
konnte, was gerade passiert war.

Ich hatte keine Ahnung, was ich mit den beiden, höchst-
wahrscheinlich Kindern, tun sollte, aber zum Nachdenken fehlte mir die Zeit. Es war mehr ein Reflex. Ich zog
der Person die Maske vom Kopf, während ich sie fest um-
klammert hielt. Es war ein blondes Mädchen von circa 18
oder 19 Jahren, welches vergeblich mit den Armen fuch-

telte, damit es sich aus meinen Armen befreien konnte. Sie schrie die Person namens Simon hinter mir an, dass sie ihr helfen solle, aber bevor diese irgendetwas machen konnte, sagte ich nur: „Ich will euch doch gar nichts Böses, aber das, was ihr hier macht, geht überhaupt gar nicht! Ich lass dich los, wenn ihr versprecht, dass ihr nicht wegrennt."

Das Mädchen hörte auf zu zappeln. Die zweite Person, Simon, sprach auf einmal drohend mit einer tiefen Stimme: „Woher sollen wir wissen, dass wir Ihnen vertrauen können? Sie rufen doch sowieso die Polizei."

Darauf versuchte ich, ruhig zu antworten, aber ich glaube, die beiden merkten, dass auch ich Angst hatte: „Erstens, ja ihr könnt mir vertrauen, und zweitens weiß ich ganz genau, wie beschissen es ist, bei etwas erwischt zu werden. Ich habe in eurem Alter noch viel größeren Mist gebaut." Ich machte eine kurze Pause und ergänzte dann: „Die Polizei werde ich nicht rufen, das verspreche ich euch."

Auch wenn ich erwartet hatte, dass das Mädchen und Simon trotzdem versuchen würden wegzulaufen, ließ ich das Mädchen los. Ich guckte erstaunt, als der ca. 1,80 große junge Mann sich freiwillig die Maske vom Gesicht zog und betroffen dreinschaute.

„Und was wollen Sie stattdessen mit uns machen?", fragte er, und man merkte, dass er sich sichtlich unwohl fühlte. Ich überlegte. Konnte ich diese mehr oder weniger unschuldigen Jugendlichen in diese Horror-Story hier

194

reinreißen? Es wäre auf keinen Fall fair, die beiden unnötig zu gefährden.

Anstatt ihnen von der Leiche zu erzählen, sagte ich erst einmal was zu ihrem Graffiti. „Ich schlage euch einen Deal vor. Ich entferne, bevor die Schule wieder losgeht, dieses Symbol an der Wand, indem ich es weiß überstreiche, und ihr bezahlt die Farbe – das Geld werft ihr spätestens übermorgen in den Briefkasten der Schule. Außerdem versprecht ihr, dass ihr so etwas nie wieder macht, und beantwortet mir eine vielleicht etwas merkwürdige Frage, bevor ihr euch ganz schnell vom Acker macht, damit euch hier niemand erwischt, der euch eventuell der Polizei ausliefert. "

Simon antwortete direkt: „Klingt nach einem fairen Deal. Bist du auch einverstanden, Zoe?" Das Mädchen nickte nur kurz und sagte dann zu mir, wie schrecklich leid ihr das alles täte und dass sie sehr dankbar darüber sei, dass ich sie nicht verpfiff. Ich nickte ihr knapp zu und wiederholte erneut, dass sie so einen Schwachsinn in Zukunft lassen sollten. Auf einmal wirkte Simon ungeduldig und fragte mich, was ich eigentlich noch so spät in der Schule machte.

„Ich bin der Hausmeister und mach hier wie jeden Tag noch einmal eine Runde und gucke nach, ob sich noch jemand im Gebäude befindet", und ich fügte hinzu, „sonst hätte ich euch bestimmt eingeschlossen." Simon zuckte mit den Schultern und meinte: „Wir sind ja nicht blöd.

195

Wir hätten es auch ohne Ihre Hilfe rausgeschafft, aber bei den beiden komischen Personen, die sich kurz vor uns in die Schule geschmuggelt haben, bin ich mir nicht so sicher."

Ich dachte, er wollte noch mehr sagen, er ließ es aber bleiben, also hakte ich dann noch einmal nach. Da fing Zoe an zu erzählen: „Vorhin hatten wir noch den Plan, draußen an die Schule zu sprayen, da haben wir eine Frau und einen Typen gesehen, die in die Schule gegangen sind. Sie verhielten sich irgendwie merkwürdig. Sie unterhielten sich über irgendeinen Plan, aber wir haben uns versteckt, damit sie uns nicht entdecken konnten. Als sie dann in die Schule gingen, kamen wir auf die Idee, dass wir auch unser Bandenlogo in der Schule sprühen könnten, damit es nach den Ferien jeder betrachten kann. Es war umso cooler, in einem Gebäude zu sein mit zwei anderen Personen, vor denen man sich in Acht nehmen musste. Im Nachhinein wissen wir, oder vielleicht auch nur ich, dass das ein dämlicher Einfall war."

Ich war etwas überfordert mit dem, was Zoe gerade erzählt hatte. Das hieß, es waren entweder noch zwei weitere Leute in Gefahr, oder, und das kam mir wahrscheinlicher vor, die beiden hatten etwas mit meiner Englischlehrerin und mir zu tun. Die Panik in mir wuchs wieder. Was sollte ich bloß tun? Zoe und Simon mussten hier weg, und zwar schnell. Ich erkannte an der Körperhaltung der beiden, dass sie angespannt waren, weil auch sie merkten, dass etwas ganz und gar nicht stimmte. „Was wollten Sie jetzt eigentlich noch von uns wissen?", half mir Simon auf die Sprünge.

Ich brauchte einen Moment, um die Frage richtig zu formulieren. „Ähm …, also es ist so, ihr müsst euch vorstellen, ihr seid bei der Polizei nicht gerade beliebt, aufgrund eurer Vorgeschichte, und eine Person, vermutlich aus eurer Vergangenheit, will euch etwas antun, aber ihr wisst nicht, wer es ist. Ihr habt niemanden, der euch helfen kann, und ihr seid allein, zum Beispiel bei euch zu Hause. Ihr seid euch sicher, dass die Person im Haus ist. Was würdet ihr tun?"

Ich konnte in den Augen sehen, wie sich Zoe und Simon über meine merkwürdige Frage wunderten, sich jedoch versuchten zusammenzureißen und so zu tun, als wäre das die normalste Frage, die einem gestellt werden konnte.

„Ich weiß nicht …", setzte Zoe an, aber ich machte ihr klar, dass ich eine richtige Antwort verlangen würde, bevor sie gehen durften.

Nach einer Minute Schweigen hatte Simon eine Idee. „Ich würde die Polizei trotzdem rufen. Solange ich nichts getan habe und ein Psychopath hinter mir her ist, wäre das für mich die beste Lösung."

Darüber dachte ich nach. Er hatte recht. Somit war die Frage beantwortet, und die Sprayer konnten durch den Notausgang, durch den der Dritte von ihnen bereits geflüchtet war, gehen. Zum Glück hatte die Notausgangstür keinen Alarm ausgelöst und stand immer noch ein kleines Stück offen.

Bevor sie gingen, drehte sich Simon um und sagte: „Danke, dass Sie so verständnisvoll sind und uns nicht verpetzen. Sie bekommen das Geld, ganz sicher. Schönen Abend noch." Ein schöner Abend …, das kann ja was werden.

Ich drehte mich um und ging zurück in den Bücherkeller. Warum ich das tat, wusste ich selbst nicht genau, aber ich tat es einfach.

Der Moment, als ich wieder an derselben Stelle im Raum wie auch schon davor stand, ließ mir erneut einen Schauer über den Rücken laufen. Das, was ich sah oder eher nicht sah. Es ging nicht in mein Hirn, wie konnte das sein? Frau Wiegler, sie war … NICHT mehr da, wo sie vorher gelegen hatte. Sie war weg. Einfach weg. Für einen Moment dachte ich, ich bin verrückt. Doch das Blut war immer noch da. So rot, so …

Ich bückte mich und betrachtete das Blut genauer. Es hatte zwar den Anschein von Blut, aber das war es nicht. Es war Kunstblut. Was sollte das? Warum war mir das nicht aufgefallen? Frau Wiegler war doch tot. TOT. TOT. TOT. Und was wäre, wenn nicht? Ich hatte weder Puls noch Herzschlag überprüft.

Etwas knackte. Ich drehte mich blitzschnell um. Ich erstarrte. Vor mir stand eine maskierte Person. Bevor ich irgendetwas machen konnte, wurde mir schwarz vor Augen.

Als ich meine Augen wieder öffnete, dröhnte mein Kopf. Ich wusste zuerst nicht, wo ich war, doch dann verstand ich, dass ich mich noch immer in der Schule befand. Es war still bis auf ein Surren. Ich neigte meinen Schädel nach links und realisierte, wo ich war. Ich war im Heizungskeller. Alleine. Ich spürte ein leichtes Pochen an meinem Hinterkopf, doch als ich meine Hand in Richtung Kopf bewegen wollte, ging das nicht. Um meine Hände war ein Seil gebunden. Meine Füße waren ebenfalls gefesselt. Sie waren an einem der Heizungsrohre befestigt, und so war ich zur Bewegungslosigkeit verdammt.

Ich schrie um Hilfe. Laut. Dann noch einmal. Noch lauter. Ich wusste zwar nicht, wie viel Uhr es war, aber wie sich später herausstellte, war tatsächlich schon der nächste Tag angebrochen.

Plötzlich öffnete sich die Tür. Ich hatte große Hoffnung auf Rettung. Zu große. Meine Hoffnung schwand von einer Sekunde auf die andere. Es waren zwei Personen. Die Erinnerung an den vorherigen Tag drang in meinen Kopf. Sind es die Jugendlichen? Aber warum?

Auch dies erwies sich als falsch, als die beiden durch die Tür traten. Frau Wiegler? Ja, das war sie wahrhaftig. Darüber wunderte ich mich gar nicht so sehr wie über die andere Person. Es war Tailor. Er war zwar älter geworden, sah jedoch immer noch genauso aus wie damals. Tailor war der, den ich sozusagen in den Knast gebracht hatte, nur weil ich so dämlich gewesen war. Tailor wusste mit Sicherheit nicht, dass ich auch noch im Gefängnis gelandet war. Aber er jetzt hier? Ich zuckte zusammen.

„Moin Hannes. Gut geschlafen?", fragte er mich mit seinem gehässigen Blick.

Mir entfuhr ein Fauchen. „Was willst du hier, Tailor?"

Er zuckte mit den Schultern und grinste blöd. „Meine Arbeit machen."

„Was willst du von mir. Ich habe nichts getan!" Mein Blick schweifte zu Frau Wiegler, „und Sie? Was machen Sie hier?"

Tailor beantwortete meine Fragen. „Wie schon gesagt, wir erledigen nur unseren Auftrag. Schade, dass du vergessen hast, wie unsere gemeinsame Vergangenheit ausgesehen hat. Du warst das Arschloch, das mich in den Knast gebracht hat. Jede Minute, die ich im Knast war, war gefüllt von meinem Plan, mich zu rächen." Er machte eine kurze Pause und beobachtete Frau Wiegler, die gerade den Raum verlassen wollte, jedoch blieb. Er redete weiter: „Als ich dann entlassen wurde, traf ich zufällig meinen alten Kollegen Jack. Er bot mir einen Schmuggel von Drogen an, aber ich war gerade erst wieder in Freiheit, also lehnte ich ab. Jack lauerte mir aber immer wieder auf und drohte mir. Er wollte, dass ich ihm half. Jack ist einfach naiv und angsteinflößend. Schließlich knickte ich ein. Als er mir dann auch noch sagte, dass es gar nicht um Grenzschmuggel ging, war ich überrascht. Sein Plan war ein ganz anderer. Jack wollte nur, dass ich einer gewissen Frau Wiegler ein Paket bringen sollte. Als ich sie dann sah, war das wie Liebe auf den ersten Blick. Es ist zwar noch nicht einmal einen Monat her, aber wir sind schon weit gekommen mit unserem Geschäft."

Er grinste auffordernd zu seiner neuen Liebe. Sie schien die kleine Liebeserklärung jedoch nicht ernst zu nehmen und grinste nur höhnisch zurück. Er erzählte weiter: „Und wie du dir vorstellen kannst, wollte ich dann genau wissen, was sie mit den Drogen vorhatte, die im Paket waren. Sie lüftete das Geheimnis zwar nicht direkt, aber Hannes, du weißt ja, wie viel Charme ich habe", Tailor zwinkerte mir zu, und ich blickte düster zurück.

„Und was dann? Habt ihr euch verschworen, um mit dem Drogendealen weiterzumachen?"

„Nein nein, Hannes", schaltete sich auf einmal Frau Wiegler ein, „wir sind doch keine kleinen Kinder mehr. Das müsstest du langsam verstanden haben. Mit der zweiten Sache jedoch hast du zum Teil recht. Ich habe mit Tailor unseren Drogenverkauf an der Schule angekurbelt. Wir lagern alles in meinem heißgeliebten Bücherkeller. Die Schüler fahren förmlich darauf ab."

Mir lief ein eiskalter Schauer über den Rücken. Was sollte der ganze Scheiß hier? Ich gefesselt an einem Heizungsrohr, und zwei komplett Verrückte, die mir ihren gesamten „schönen Plan" vor die Füße legten. Ich war mir ganz sicher, dass sie mir das nie erzählt hätten, wenn …

Mich durchfuhr erneut ein eisiger Schauer. „Was wollt ihr von mir?", fauchte ich die beiden an. Ohne ein Zögern erzählten sie mir noch einmal, dass sie sich rächen wollten. „Ich mach alles, was ihr wollt, aber macht bloß nicht das, was ich denke", meine Stimme zitterte, und ich klang wie ein Baby, das nach seiner Mama flehte.

„Hannes, so einfach läuft das Leben nicht."

Die Panik stieg erneut, als Tailor einen Schritt auf mich zu machte. Er blickte fragend zu Frau Wiegler, die auf seine unausgesprochene Frage nur nickte. Tailor holte zum Schlag aus und traf mich direkt zwischen die Rippen. Ich schrie auf und versuchte, mich zu krümmen, was sich durch die Seile als schwierig erwies.

„Wir prügeln dein ganzes Leben aus dir raus." Er lachte sein gehässiges, furchteinflößendes Lachen. Der Schmerz von seinem Schlag war noch unerträglicher, als er erneut zu einem schweren Hieb ausholte.

Plötzlich klingelte das Handy von Frau Wiegler. Sie nahm das Gespräch an und befahl Tailor, bevor sie das Gespräch annahm, eine Pause einzulegen. Als sie Tailor aus dem Raum zerrte und irgendwas von „Chef" und „dringend" flüsterte, hatte ich noch mehr das Bedürfnis, auf der Stelle aus dem Raum zu verschwinden. Ich zerrte an den Seilen. Ich spürte den Schmerz in meinen Rippen. Plötzlich öffnete sich die Tür. Dieses Mal war es jedoch die andere Tür, die zum Forum führte, die sich aufschob.

Die beiden Personen, die dann in den Raum schlichen, waren ebenso erschrocken wie ich, als unsere Blicke sich trafen. Es waren Simon und Zoe. Die Sprayer. Sie hatten ihre Kapuzen tief in die Stirn gezogen. „Was zur Hölle macht ihr hier? Ihr müsst weg, und zwar schnell!"

Ohne etwas zu sagen, kramte Simon ein Taschenmesser aus seiner hinteren Hosentasche, als er mich sah. Ich schrak zusammen. Was will er mit dem Messer? Sind sie Komplizen? Auf meinen Gesichtsausdruck hin machte er mir mit hektischen Handbewegungen und leisem Flüstern deutlich, dass er mir nur helfen wolle. Zoe begab sich automatisch zur Tür, um zu gucken, ob jemand kam. Simon kam zu mir und versuchte, die Seile loszuschneiden. Es dauerte gefühlt eine Ewigkeit. Die Seile waren stärker als gedacht. Zoe zischte immer wieder, dass Simon sich beeilen solle, aber es ging nun mal nicht schneller. Meine Anspannung stieg. Die Gefahr hatte sich, was ich gestern schon vermeiden wollte, auf zwei weitere Personen ausgedehnt.

Simon fluchte über seine eigene Unfähigkeit, und ich begriff, dass er es nicht rechtzeitig schaffen würde, die Fesseln zu durchschneiden.

Am Ende des Flures waren laute Stimmen zu hören. Offenbar stritten sich Tailor und Frau Wiegler. Nun musste es schnell gehen. Zum Glück war in diesem verwinkelten

Raum genügend Platz, um sich hinter den Rohren zu verstecken. Ich deutete auf eines der großen Rohre, die es in diesem Heizungsraum gab. Simon und Zoe versteckten sich gerade noch rechtzeitig, bevor die beiden Streithähne hereinkamen.

Als Frau Wiegler die Tür hinter sich zuschlug, wusste ich, dass dies hier nicht gut enden konnte. „Jetzt können wir endlich dort weitermachen, wo wir aufgehört haben." Mit diesen Worten machte Tailor wieder einen Schritt auf mich zu. Er schlug mit voller Überzeugung in meine Rippen. Ich schrie so laut ich konnte. Ich schnappte nach Atem. Ich krümmte mich vor Schmerz. Warum zur Hölle musste dieses verdammte Schwein seine Wut jetzt an mir auslassen?

Auf einmal hörte man Schritte. Nicht nur von einer Person. Sie kamen näher. „Wer kann das denn noch sein?", lautete meine Frage unter dem qualvollen Schmerz, der durch meinen Körper zog.

Frau Wiegler und Tailor schauten sich panisch an. Mit „Gästen" hatten sie wohl nicht gerechnet. Sie wollten gerade durch die zweite Tür hinaus in Richtung Forum der Schule abhauen, als die andere Tür, die in Richtung Flur und Bücherkeller, aufgetreten wurde. Alle duckten sich. Die Polizei stürmte von beiden Seiten heran. Zoe schrie: „Haltet die beiden!" und zeigte auf Frau Wiegler und Tailor, nachdem sie hinter dem Rohr hervorgesprungen war. Doch da rannten die beiden schon in die Arme der

Polizisten, die von der anderen Seite gekommen waren. Tailor schlug um sich, und die furchtlose Frau Wiegler zappelte wie eine halb tote Fliege. Es war wie im Film. Die beiden wurden festgenommen und abgeführt. Und natürlich wurde ihnen gesagt, dass sie das Recht hätten zu schweigen.

Als Zoe erleichtert rief: „Es wurde aber auch Zeit!", wusste ich, dass sie und Simon die Polizei alarmiert hatten. Aber wann? Und was machten sie eigentlich hier, und warum hatten sie mich gesucht?

Meine Fragen musste ich so lange zurückstellen, bis die Polizei mit uns allen auf die Wache gefahren war. Während Tailor und Frau Wiegler einzeln befragt wurden, saßen Zoe, Simon und ich vorne im Wartebereich. Sie erzählten mir, dass sie mir das Geld im Umschlag in den Schul-Briefkasten geworfen und dass sie dabei zufällig einen Wortwechsel zwischen Tailor und Frau Wiegler belauscht hatten. Diese stritten sich über das Gespräch mit dem Chef und über ihren Plan, mich wortwörtlich umzubringen. Sie wussten zwar nicht, dass mein Name Hannes war, aber sie wollten etwas tun. Also schlichen sie um die Schule herum, zum Notausgang, durch den sie am Tag davor schon hinein- und wieder herausgegangen waren, gingen in die Schule und fingen an, die ihnen unbekannte Person zu suchen und damit mich zu retten. Weil sie sicher waren, dass etwas faul war, schlichen sie sich zum Sekretariat und riefen so leise wie möglich die Polizei.

Diese verlangte natürlich, dass sie sich aus der Sache lieber raushalten und aus der Schule verschwinden sollten. Zoe und Simon waren sich aber einig darin, mir helfen zu wollen. Sie suchten alle Flure, Toiletten, Klassenräume und sonstigen Teile der Schule ab. Am Ende gelangten sie zum Heizungsraum und haben mir geholfen.

Eine unglaubliche Geschichte, aber mit einem guten Ende. Niemand ist verletzt worden, bis auf meine leichten Rippenprellungen, aber mir geht es nach einem zweitägigen Aufenthalt im Krankenhaus schon sehr viel besser. Zoe und Simon haben ihre Aktivitäten an der Schule offen zugegeben und sind mit ein paar Sozialstunden noch gut weggekommen.

Der Drogenring hinter Frau Wiegler und Tailor ist noch nicht endgültig aufgedeckt, aber zumindest ist die Polizei an der Sache dran.

Nils Meyer-Selbach
DER LETZTE TAG

Da waren Stimmen, oder täuschte es? Das war nicht möglich, da konnte niemand sein. Um mich herum ist nur der Tod.

So ein Mist, dachte Renate, als sie noch mal kurz einen Blick aus dem Küchenfenster des Mehrfamilienhauses in der Fannyhöh warf. Nun hatte es doch wieder angefangen zu regnen. Nur leichter Nieselregen, erhöhte Luftfeuchtigkeit, wie die Hamburger sagten, aber ihr blieb nichts anderes übrig – sie musste noch mal raus. Raus in die Stadt, um vor dem anstehenden Wochenende noch einige Besorgungen für ihren Jahrestag zu erledigen und dann weiter ins Krankenhaus zum Nachtdienst zu fahren – ihrem letzten Dienst überhaupt. Ein komisches Gefühl.

Mit dem gelben Ostfriesennerz und der Beanie war Renate typisch norddeutsch gekleidet und machte damit einen jugendlichen Eindruck. Wie üblich war sie mit dem

Rad in die nicht weit entfernte Stadt gefahren, hatte gerade die Bismarckallee hinter sich gelassen und schob ihr Fahrrad nun durch den Trog in Richtung Manhagener Allee. Über ihr donnerte ein Regionalzug in Richtung Bahnhof Ahrensburg hinweg. Sie liebte diesen Teil der Stadt, hatten sich doch hier in den letzten Jahren viele kleine Einzelhändler mit einem individuellen Warenangebot niedergelassen. Erschrocken musste sie allerdings nun feststellen, dass unzählige Ladenparzellen leer standen und auf neue Mieter warteten. „Provisionsfrei" stand plakativ und in leuchtenden Großbuchstaben auf der Werbetafel. Wo sollten die steigenden Mieten noch hinführen?

Am Rondeel, dem Mittelpunkt der Ahrensburger Innenstadt, von dem sternförmig die wichtigsten Einkaufsstraßen abgingen, schloss Renate ihr Fahrrad ab. Hier stand der „Muschelläufer", ein adrett gekleideter junger Mann mit blauem Anzug, blonden Haaren und einer Muschelhand, ein wirklich besonderes Kunstwerk und das umstrittene Wahrzeichen der Stadt.

Renate fühlte sich wohl in Ahrensburg. Die Kleinstadt mit gerade einmal 33.000 Einwohnern hatte aus ihrer Sicht alles, was man brauchte: eine überschaubare, aber ausreichende Anzahl an Einkaufsmöglichkeiten, zweimal in der Woche Markt, kulturelle Veranstaltungen und sogar ein Schloss.

Sie stand am Schaufenster ihres Lieblingsfeinkostgeschäftes und schaute in die Auslage. Am Wochenende hatten sie runden Hochzeitstag, und sie wollte ihrem Ehemann etwas Schönes kredenzen: Rinderhüftsteak war sein Leibgericht und stand daher auf dem Programm. Ob ihr Mann auch an den Hochzeitstag denken würde? Zufrieden und mit der Einkaufstüte in der Hand verließ Renate den Laden und malte sich das Gesicht ihres Mannes aus, wenn er den kulinarischen Genuss erleben würde.

Nur einen Steinwurf entfernt befand sich in der Hagener Allee eine kleine Buchhandlung, bei der sie ein Buch bestellt hatte. Hier konnte man in die Welten der Autoren eintauchen, die Zeit vergessen oder sich einfach nur kompetent beraten lassen. „In der Bewegung liegt die Kraft – die schönsten Radtouren durch Stormarn" sollte nicht nur ihrem Mann eine Freude machen, sondern auch sie beide ermuntern, sich ein bisschen mehr zu bewegen.

Die Verkäuferin, die sie seit Jahren kannte, wusste um ihre Vorlieben und machte ihr eine Neuerscheinung schmackhaft.

„Dieses Buch müssen Sie kennenlernen: Ahrensburgs mörderische Seiten, Band 2. Der erste Band wurde schon in den höchsten Tönen gelobt. Ist im Übrigen heute Morgen reingekommen und sozusagen noch druckfrisch."
Die Buchhändlerin tat, als würde sie an einem gut riechenden Flakon schnuppern. Also gut, dann sollte ihr Mann eben zwei Bücher bekommen.

Es dämmerte bereits, als Renate das Speichenschloss entriegelte, notdürftig die Regentropfen vom Sattel entfernte und sich auf ihr geliebtes Holland-Rad setzte, um zum Nachtdienst zu radeln. Lieber fünf Minuten zu früh als fünf Minuten zu spät, sagte sie sich immer. Ihre Ausbildungszeit hatte sie diesbezüglich geprägt. Ihre Eltern wohnten damals in der Siedlung Daheim, und sie musste, um zum Krankenhaus zu gelangen, noch den Bahnübergang an der Manhagener Allee überqueren. Wartezeiten an der Schranke von bis zu 20 Minuten waren nicht ungewöhnlich, und ein Zuspätkommen zum Dienst war meist die Folge. Ihr damaliger Stationsarzt hatte sie mehr als einmal rügen müssen. Heute nahm Renate den direkten Weg und bog in die „Schnecke" ein, ein Radweg, der unterhalb der Bahntrasse Hamburg-Lübeck verlief, und war kurzerhand am Krankenhaus angekommen.

Pünktlich um Viertel vor neun betrat Schwester Renate den Flur der Station 2a, um den Schichtwechsel und wehmütig auch ihre letzte Schicht nach fast vierzig Dienstjahren anzutreten, bevor die Klinik Ahrensburg für immer ihre Tore schließen würde. Die alte Klinik war sanierungsbedürftig und die Auslastung rückläufig, die Schließung hatte sich schon lange abgezeichnet.

Leise quietschten die Gummisohlen ihrer Birkenstockschuhe über das speckig-braune Linoleum. Es roch nach Desinfektionsmitteln, Medikamenten und den üblichen Körperausdünstungen, aber das alles nahm Renate schon gar nicht mehr wahr. Sie hatte stets mit Stolz, Ehrfurcht und Zufriedenheit ihre Arbeit in dem kleinen Krankenhaus an der Manhagener Allee mit gerade einmal 37 Betten verrichtet. Nein, für sie war es nicht nur ein Job – es war Leidenschaft. Hier konnte sie das tun, was sie gut konnte. Menschen helfen. Jeden Tag, und dafür lebte sie.

„Hallo Renate", wurde sie aus den Gedanken gerissen, als Krankenschwester Linda sie an der Tür des Schwesternzimmers empfing. „Na, alles klar bei dir?", fragte Linda mehr beiläufig und war auch schon wieder mit etwas anderem beschäftigt.

Linda gehörte erst seit Kurzem zum Schwesternteam, hatte sich irgendwann im letzten oder vorletzten Jahr beworben und aufgrund ihrer kleinen Kinder nur eine Viertelstelle annehmen können. Durch ihre zeitversetzten Dienste hatten sie bislang nur zu wenige Schichten gemeinsam gehabt, um sich besser kennenlernen zu können. Linda schien heute gestresst und fahrig, vielleicht wollte sie aber einfach nur nach Hause zu ihrer Familie.

„Du kannst dich auf eine ruhige Nacht freuen!", sagte Linda und nahm noch letzte Notizen in der Akte vor. „Den ganzen Tag über wurden Patienten in umliegende Krankenhäuser verlegt. Die Krankenwagen standen teilweise Schlange vor dem Eingang, so etwas habe ich noch nie erlebt. Auf der Station haben wir jetzt noch vier Patienten. Gestern noch eine Neuaufnahme: Verdacht auf Herzinfarkt, aber dem Patienten geht es den Umständen entsprechend gut, er schläft jetzt, und du solltest ihn schlafen lassen. Die Krankenakten habe ich dir ins Regal gelegt. Du müsstest bitte nur noch die Medikamente reichen." Linda zog sich ihre Straßenschuhe an. „Ab morgen Abend sollen alle Patienten verlegt sein, das ist zumindest der Plan der Pflegedienstleitung, dann erfolgt hier in der Klinik nur noch die rein ambulante Versorgung. Ich kann es immer noch nicht glauben, dass ein so zentral gelegenes Krankenhaus nach 60 Jahren geschlossen wird."

Linda schulterte ihren Rucksack und warf einen flüchtigen Blick auf ihr Handy. Kaum war der Dienst im Krankenhaus beendet, wartete zu Hause schon die nächste Aufgabe. „Herr Schumann war heute wieder sehr aggressiv, nur damit du Bescheid weißt", waren ihre letzten Worte. Kurz darauf war Linda verschwunden und überließ Renate allein den Nachtdienst.

Was für ein perfektes Timing. Keinen Tag früher, keinen Tag später. Es würde keinen besseren Moment geben. Die Spritze lag schon auf der Handfläche. Jetzt nur noch das

Gift aufziehen, der Atemstillstand würde umgehend ein-
setzen. Was war Macht nicht für ein schönes Wort, und
was machte es mit einem?

✱

Erst am Donnerstag hatte Renate zuletzt Dienst auf
der Krankenstation gehabt und sich offiziell vom Kol-
legium verabschiedet. Für sie war es ein doppelter Ab-
schied: Sie würde in den verdienten Ruhestand gehen,
ihre Zeit im Krankenhaus war spürbar endlich, und
auch für ihre Kolleginnen und Kollegen würde es ein
Arbeiten auf dieser Krankenstation und in diesem gewohnten Umfeld mit dem morgigen Tag nicht mehr
geben.

Renate hatte es sich im Schwesternzimmer bequem
gemacht, wenn man von der Sterilität und der in die
Jahre gekommenen Inneneinrichtung absah, nippte an
ihrem frisch gebrühten schwarzen Kaffee, der sie durch
die Nacht bringen sollte, und studierte aufmerksam die
Aufzeichnungen des Ärzte- und Schwesternteams. Irgendetwas hatte sie Linda noch fragen wollen, aber die
Übergabe war dann einfach zu schnell gegangen.

Wie bei jedem Dienstbeginn warf Renate einen de-
taillierten Blick in die Krankenakten. Ein gewissenhaftes
Arbeiten und eine ordentliche Vorbereitung waren für sie
eine absolute Selbstverständlichkeit. Die Beleuchtung auf

dem Stationsflur war bereits gedimmt, hier hatte man in den letzten Jahren noch in einige Bewegungsmelder investiert.

Renate saß am Empfangstresen, die Heizplatte der Kaffeemaschine knackte im Hintergrund, und sie blätterte sich durch die Aufzeichnungen. „Hinrich Dreiwitz, du alter Hypochonder", sagte sie zu sich selbst über den Mann, der im ersten Patientenzimmer lag. Immer wieder versuchte Dreiwitz mit schlichtweg erfundenen Beschwerden oder einfach nur banalen Verletzungen, sich Zutritt zum Krankenhaus zu verschaffen. „Ein klassischer Fall eines Aufmerksamkeitsdefizits", hatte der Chefarzt, Prof. Dr. Christoph Maria Möllinghoff, attestiert. Nach einigen Tagen in ärztlicher Obhut steigerte sich der Gemützustand Dreiwitz' merklich, und auch die Hausarztbesuche waren dadurch insgesamt rückläufig. Die psychosomatische Behandlung zeigte Wirkung und war bei Dreiwitz der Schlüssel zum Erfolg.

Da war er wieder: der Faden, den Renate verloren und die ganze Zeit gesucht hatte. Natürlich, der Schlüssel. Sie ärgerte sich über ihre Unachtsamkeit, das entsprach so gar nicht ihrem Naturell. Linda hatte vergessen, ihr die Stationsschlüssel zu übergeben, viel wichtiger war die persönliche Übergabe des Giftschrankschlüssels. Sie hatte schon das Telefon in der Hand und wählte die Privatnummer, hoffte, es sei noch nicht zu spät für einen Anruf, aber schließlich war ihr Anliegen wichtig. Sie hatte Glück, und Lindas Mann nahm nach gefühlt unzähligem Klingeln ab, teilte ihr aber mit, dass Linda heute nicht zu Hause sei. Auf Nachfrage ergänzte er, dass sie schon seit einigen Monaten getrennt leben würden, sie hätten sich auseinandergelebt, und die Kinderbetreuung würden sie auch im Wechsel gut hinbekommen. Dieses Wochenende hätte Linda kinderfrei, es täte ihm leid, aber er könnte beim besten Willen nicht sagen, mit wem sich seine Ex herumtreiben würde, irgendein Typ, der scheinbar mehr Geld hat, sie solle es mal über die Mobilnummer versuchen. Im Hintergrund plärrte ein Kind, weshalb das Gespräch auch schnell beendet war.

Wie man sich täuschen kann, dachte Renate, es bestätigte sie aber darin, dass sie ihre Kollegin einfach nicht gut genug kannte. Auf ein Neues, sagte sie sich und wählte nun die Mobilnummer Lindas. „Der Teilnehmer ist im Moment nicht erreichbar, wird aber per SMS über Ihren Anruf informiert!", kam es aus dem Lautsprecher. Na großartig, dann musste sie wohl den Rückruf abwarten.

Renate widmete sich wieder den Akten: Das Zimmer 2 teilten sich die beiden Herren mit den Knochenbrüchen. Die OPs waren gut verlaufen, und der Heilungsprozess verlief zufriedenstellend. Eine Entlassung war absehbar.

215

Die Herren unterschiedlichen Alters schienen sich gut zu verstehen. Seitdem Georg Schumann einen jüngeren Patienten auf sein Zimmer bekommen hatte, wurden die massiven Beschwerden über das Krankenhausessen und die Pöbeleien gegenüber dem weiblichen Krankenhauspersonal weniger. Na ja, Linda schien es heute noch mal abbekommen zu haben.

Renate fiel das Protokoll des ASB-Fahrers in die Hände, der heute den Patienten mit dem Herzinfarktverdacht eingeliefert hatte. „Andreas Bewerenz, 53, Angestellter bei einem Bauunternehmen in Aachen. Eingeliefert mit akuten Brustbeschwerden, keine Vorerkrankungen und keine bekannten Allergien." Der Fahrer hatte noch notiert, dass Andreas Bewerenz an einer Besprechung im *Hotel am Schloss* teilgenommen und über Atemnot geklagt hätte. Trotz der bekannten Schließungspläne hatte die Klinikleitung entschieden, den Patienten zur Beobachtung aufzunehmen.

Renate klopfte an Zimmer 2 und hörte Georg Schumann schon lautstark schimpfen. „Frag dich doch mal, wer hier versagt hat? Ganz klar die Politik!", klagte Schumann. „Dein Unfall ist doch das beste Beispiel. Früher hat sich der Bund um die Sanierung der maroden B75 gekümmert. Nun kommt die neue Bund-Länder-Vereinbarung ins Spiel, und Bundesstraßen, die parallel zur Autobahn liegen, werden in der Wichtigkeit herabgestuft und sind ab sofort nur noch Landesstraßen, deren Verantwortung wo liegt, na …?" Schumanns Bettnachbar nickte durchgehend, zuckte nun aber mit der Schulter. „Beim Land selbst natürlich, aber denen fehlt doch auch das Geld in der Kasse. Ergo: ein reines Zuständigkeitsgeschachere. Hätte der Bund sich rechtzeitig gekümmert und die Straßen saniert, dann wäre es überhaupt nicht zu deinem Unfall mit dem E-Scooter gekommen. Aber du kannst ja klagen!", gab Schumann als Empfehlung.

„Im Gegensatz zu dir", schmunzelte sein Gegenüber, der erfahren hatte, dass Georg Schumann beim Ahrensburger Lümmellauf teilgenommen und sich im Forst Hagen bei einem Sturz einen komplizierten Bruch zugezogen hatte.

„Guten Abend die Herren", unterbrach Renate mit dominanter Stimme das Gespräch, „wir hatten Schichtwechsel, aber Sie kennen mich ja schon. Kann ich Ihnen für die Nacht noch etwas bringen? Reicht Ihnen der Tee?" Mit einem prüfenden Blick auf die geschienten Füße der beiden Männer meinte sie: „Das sieht doch schon ganz gut aus." Renate verstellte umständlich das Kopfteil der Betten, damit die Herren eine vernünftige Schlafposition einnehmen konnten. Auch hier wären dringend Investitionen nötig gewesen. „Sollten Sie noch Schmerzen haben und nicht schlafen können, dann nehmen Sie hiervon eine", sie legte jeweils eine Ibu 1000 auf die

Tischablage. „Eine geruhsame Nacht, meine Herren. Sie wissen ja, wie Sie mich im Notfall erreichen können", sie tippte mit ihrem Zeigefinger auf den roten Alarmknopf am Kopfende.

Als Renate wieder auf den Flur trat, hätte sie fast aufgeschrien, so sehr hatte ihr die dunkle Gestalt am Ende des Ganges einen Schrecken eingejagt. Sie hatte erst an die Nachtwache gedacht, erkannte dann aber die Statur und den sportlichen Schritt. „Schwester Renate! Habe ich Sie erschreckt?"

Mit einem dunklen Mantel, brauner Hose und einem schwarzen Filzhut bekleidet, die Krempe weit ins Gesicht gezogen, hatte sie ihn zunächst nicht erkannt.

„Herr Professor, was machen Sie um diese Uhrzeit noch hier? Ist etwas passiert?"

Renate nahm einen leichten Zigarettengeruch wahr und wunderte sich, hatte der Professor doch schon seit Jahren dem Rauchen abgeschworen.

„Hat Schwester Linda heute keinen Nachtdienst?", wich er Renates Frage aus.

„Nein, ich musste den Dienst kurzfristig tauschen", Renate musste dem Chefarzt ja nichts vom Hochzeitstag erzählen.

„Wie geht es unserem Herzinfarktpatienten? Wenn ich schon einmal hier bin …", Professor Möllinghoff versuchte ein freundliches Lächeln, nahm den Arztkittel vom Garderobenhaken und war auch schon in der Umkleide verschwunden.

„Ich bin in der 1, bei Herrn Dreiwitz", rief Renate ihm
hinterher und stand kurz darauf vor dem Bett ihres Lieb-
lingspatienten.

Keiner auf der Station kannte Dreiwitz so gut wie Renate. Die beiden hatten offenbar einen direkten Draht gefunden, nur wenigen Personen hatte Dreiwitz seine tragische
Lebensgeschichte anvertraut.

„Hallo Hinrich", begrüßte sie ihn, „ich wollte noch mal
nach dem Rechten sehen." Sie stellte die Medikamenten-
schale mit den drei Globuli auf den Schwenktisch am Bett
und war sich sicher, die Schale am nächsten Morgen leer
vorzufinden.

„Schwester Renate, das ist ja schön, dass wir uns noch
mal sehen. Ich wollte mich für deine Fürsorge bedanken."
Er griff in seinen Schrank und holte eine Flasche Helbing
hervor.

„Ich weiß, ich bin nicht immer einfach, aber … du
hast immer ein Ohr für mich. Könnten wir beide … vielleicht … nur einen kleinen, winzigen Schluck …" Sie nahm
seine Hand und schaute ihm eindringlich in die Augen.

„Hinrich, mach mir keinen Kummer. Im Übrigen ver-
tragen sich die Medikamente nicht mit dem Alkohol. Ich
werde es auch für mich behalten", mit dem Blick auf die
Flasche verlieh sie ihrer Aussage Nachdruck.

„Wusstest du eigentlich, dass dieser Kümmel einst in
Ahrensburg erfunden worden ist? Das ist ein Traditions-
kümmel unserer Stadt", sagte Hinrich mächtig stolz. „Steht

zwar Hamburg drauf, ist aber Ahrensburg drin. Der alte Schimmelmann wusste damals schon, was gut ist ... dann vielleicht ein anderes Mal." Er platzierte die grüne Flasche sichtlich enttäuscht wieder im Schränkchen am Bett.

„Ich habe gehört, dass heute dein letzter Arbeitstag ist", sagte Hinrich nach einer Weile.

„Ja, das stimmt", bestätigte Renate mit einem beseelten Gesichtsausdruck und setzte sich auf die Bettkante. „40 Jahre, als wenn es nichts wäre." Sie schnipste in die Luft. „Aber wenn ich sehe, wie sich das Gesundheitssystem in den letzten Jahrzehnten gewandelt hat, dass unsere Klinik nun schließt, dann ist schon recht viel passiert." Sie wurde ein bisschen sentimental und kam ins Reden.

„Als ich hier anfing, gerade die Ausbildung beendet hatte, hatten wir einen prominenten Gast auf unserer Station. Normalerweise dürfte ich dir das nicht erzählen, aber das stand damals in allen Zeitungen."

Hinrich, der gleichaltrig sein musste, warf ihr einen fragenden Blick zu, offensichtlich konnte er sich an dieses Ereignis nicht mehr erinnern.

„Ich durfte mich um Hans-Dietrich Genscher kümmern, unseren Bundesaußenminister. Dieser wollte zu einer Wahlkampfveranstaltung auf den Rathausmarkt, erlitt bei der Anreise aber eine Herzattacke und wurde dann hier eingeliefert. Ich habe sogar eine Autogrammkarte von ihm mit einer persönlichen Danksagung erhalten", sagte sie stolz und hörte sich an wie ein Teenager, der gerade die Jacke seines Idols berühren durfte.

„Hinrich, ich habe noch zu tun. Danke für das Zuhören, du bist ein guter Mensch, aber du solltest jetzt schlafen." Renate ging zum Fenster und zog die Vorhänge zu.

✱

Renate saß wieder im Schwesternzimmer und hatte sich gerade noch mal einen Kaffee aufgesetzt. Die Zeit zwischen 24 Uhr und 3 Uhr morgens war die schlimmste Zeit, um wach zu bleiben. Vielleicht half eine Kanne Kaffee, um den Tiefpunkt zu überstehen. Für Nachtdienste fehlte ihr einfach die nötige Routine. Als sie am heißen Kaffee nippte und merkte, wie die Energie zurückkam, konnte sie ihren Gedanken wieder klarer fassen. Irgendetwas war ihr die ganze Zeit komisch vorgekommen: Der Arztkittel hing wieder an der Garderobe, der Mantel des Professors war weg, so, als wenn nichts gewesen wäre. Nichts deutete darauf hin, dass der Professor zu einem späten Besuch erschienen war. In der Krankenakte waren auch keine Notizen zur letzten Visite vermerkt. War der Chefarzt in Eile gewesen, oder hatte er einfach nur seine Aufzeichnungen vergessen? Und auch Linda hatte sich noch nicht wieder zurückgemeldet, um die Schlüsselübergabe zu klären.

Ihr Blick fiel auf das Regal. Dort, wo Linda die Krankenakten hingelegt hatte, lag auch das Schlüsselbund mit
allen Schlüsseln. Renate zweifelte an ihrem Verstand. Sie
prüfte sicherheitshalber die Vollständigkeit, aber auch der
Giftschrankschlüssel war – zum Glück – vorhanden. Was
sollte sie Linda sagen, wenn sie sich melden würde? Weshalb hatte sie zu solch später Stunde angerufen? Renate
entschied sich, ihr die Wahrheit zu sagen, aber ein Rückruf blieb an diesem Abend aus.

Auf der Station war es ruhig geworden. Dankenswer-
terweise hatte ihr der Chefarzt höchstpersönlich die Visite
abgenommen, dennoch, oder gerade weil die Dokumen-
tation fehlte, wollte sie noch mal einen kurzen Blick auf
den Patienten mit dem Herzinfarktverdacht werfen. Sie
klopfte mehr aus Routine an die Zimmertür. Die Nacht-
tischlampe war noch eingeschaltet, warf ein diffuses Licht
auf das Bett. Das Gesicht von Andreas Bewerenz lag im
Dunklen und war ihr abgewandt, er schien ruhig zu schlafen. In seinem rechten Arm steckte eine Kanüle, die Flüs-
sigkeit aus der Plastikflasche tropfte unaufhaltsam in den
Verbindungsschlauch. Blutverdünnendes Mittel, hatte sie
in der Akte gelesen. Wie sie so da stand und den Patienten
betrachtete, meinte sie zu glauben, Bewerenz zu kennen.
Etwas Vertrautes nahm sie wahr, aber wie sollte das möglich sein? Er kam aus Aachen, und die Wahrscheinlichkeit
war eher gering, dass er schon einmal in der Klinik Ahrensburg behandelt worden war.

Als Renate an der Rollklemme die Tropfgeschwindig-
keit reduzieren wollte, stieß sie versehentlich an das Bett,
und der rechte, auf der Brust zur Ruhe gelegte Arm von
Bewerenz fiel schlaff vom Bett. Panisch blickte Renate Bewerenz an, der nichts bemerkt zu haben schien.

Noch immer lag er in unveränderter Körperhaltung im
Bett. Vorsichtig legte sie den Arm wieder aufs Bett, und
auch jetzt vernahm sie keine Reaktion. Es war keine Bewegung des Brustkorbs auszumachen. Sie legte ihre drei
Finger auf die Innenseite des Handgelenks. Nichts.

„Herr Bewerenz, können Sie mich hören?" Renate be-
rührte leicht die Schulter des Patienten, erhielt aber auch
jetzt keine Antwort.

„Herr Bewerenz??" Sie versuchte an der Halsschlaga-
der den Puls zu ertasten, auch hier hatte sie keinen Erfolg.
Renate, konzentriere dich, ermahnte sie sich, es muss einen Puls geben. Ihre Gedanken rasten. Trotz aller Routine
und Erfahrungen, das hier war zu viel für sie. Es bestand
kein Zweifel, Bewerenz war nicht mehr am Leben. Renate
rannte aus dem Zimmer, ihre letzte Chance war der De-
fibrillator. Aber in welches Zimmer hatte man die Geräte
geräumt?

*Unauffällig war der Volvo V60 unweit des Kranken-
hauses zum Stehen gekommen und parkte nun vor dem*

Gebäude der „Agentur für Arbeit" in der Bogenstraße. Hinter der Baumreihe fiel das mit zwei Personen besetzte Auto nicht auf. Aus dem leicht geöffneten Fahrerfenster stieg Zigarettenrauch. Nervöses Trommeln auf dem Armaturenbrett.

„Wir müssen Geduld haben, wir haben es mit einer äußerst vertrauenswürdigen Person zu tun. Glaub mir, alles wird nach Plan laufen. Im Hotel am Schloss hat doch auch schon alles bestens funktioniert." Er nahm noch einen Zug und atmete hörbar aus. Dann klingelte das Telefon. Einmal, zweimal …, fünfmal.

„Willst du das Gespräch nicht annehmen?", fragte die Beifahrerin. „Geduld!", sagte der Fahrer. Das Klingeln erstarb. Nach einer halben Minute fing es wieder an zu klingeln, ohne dass er das Gespräch annahm.

„Na, was habe ich gesagt? Menschenkenntnis. Jetzt können wir los und es zu Ende bringen. Bald werde ich schuldenfrei sein."

∗

„So eine Scheiße", schimpfte Renate, „das kann doch alles nicht wahr sein." Ihre Reanimationsversuche blieben erfolglos.

„Warum zum Teufel muss das heute und mir passieren? Warum hat man auf die letzten Tage von einer Doppelbesetzung der Station abgesehen?" Renate war bereits auf dem Weg ins Schwesternzimmer. Am Schwarzen Brett musste ein Notfallplan mit allen wichtigen Rufnummern hängen. Es war schon häufiger vorgekommen, dass Kollegen im Notfall die falsche Rufnummer wählten und dadurch lebensrettende Zeit verstrich. Die Telefonliste mit dem dicken grünen Rand fiel Renate sofort ins Auge. Sie wählte die Nummer, die an erster Stelle stand: das Bereitschaftshandy von Professor Dr. Möllinghoff. Das Klingelzeichen ertönte. Renate war mit den Nerven am Ende. Eine unterstützende Hand und persönlicher Zuspruch würden ihr jetzt die nötige Sicherheit in dieser speziellen Situation geben. Sie hörte ein weiteres Tuten in der Leitung. Komm schon, geh ran, sie wurde immer nervöser. Der Chefarzt war doch sonst immer zu erreichen. Dann die Mailbox. Verdammt. Renate tippte noch einmal mit zitterigen Fingern die Nummer des Bereitschaftshandys ein, doch wieder ging nach fünfmaligem Tuten nur die Mailbox dran. Sie bat um einen dringenden Rückruf auf dem Stationshandy und legte auf. An zweiter Stelle der Notfallakte war die 110 genannt, doch bevor sie die Polizei alarmierte, sollte der Chefarzt, der letztendlich die Gesamtverantwortung trug, informiert sein.

Zurück im Zimmer von Andreas Bewerenz versuchte sie, die Situation zu erfassen. Bewerenz war erst gestern nach einem vermutlich dienstlichen Termin eingeliefert worden, die Aufnahme im Krankenhaus geschah als reine Vorsichtsmaßnahme, genehmigt von der Krankenhausleitung. Um einem Infarkt vorzubeugen, hatte man Bewerenz intravenös das blutverdünnende und gleichzeitig entzündungshemmende Mittel ASS verabreicht, auch das war kein Abweichen vom Standard. Bewerenz konnte noch nicht lange tot sein. Warum war sie nicht gleich zu Dienstbeginn in das Zimmer gegangen?

Renates Blick fiel auf die geöffnete Schublade, in die die Patienten für gewöhnlich ihr Eigentum legten. Renate war sich bewusst, dass sie hier eine Grenze überschritt, aber musste sie die Privatsphäre in einer solchen Situation noch wahren? Der Inhalt der Schublade war übersichtlich: die Akte eines Notars, unverkennbar das Schleswig-Holstein-Wappen auf der Vorderseite, und ein Smartphone in einer braunen Kunstlederhülle. Kein Portemonnaie, keine persönlichen Ausweisdokumente. Sie war sich nicht sicher, was sie eigentlich in der Schublade erwartet hatte, griff nun aber nach dem Handy. Zu ihrem Leid war es mit einem Zahlencode gesperrt. Das bloße Wischen mit dem Finger über das Smartphonedisplay brachte sie hier nicht weiter. Plötzlich kam ihr eine Idee. Sie hatte einmal in einem Wissensmagazin gelesen, dass 90 % aller Personen Rechtshänder sind. Auch wenn es ihr in diesem Moment makaber vorkam, nahm sie die kräftige Hand des Toten und legte den rechten Daumen vorsichtig auf den kleinen Fingersensor des Smartphones. Nichts. Sie versuchte es sicherheitshalber noch mal mit dem Zeigefinger, und plötzlich vibrierte das Smartphone und gab ein erleuchtetes Display frei. Renate spürte ihren Herzschlag rasen. Ihr Blick fiel auf eine Textnachricht, die Bewerenz zuletzt gelesen haben musste. Renate staunte nicht schlecht, was sie hier las: Bewerenz musste geerbt haben, das erklärte auch die Akte des Notars im Nachtschrank. Es schien hier um sehr viel Geld zu gehen, und der Absender der SMS wollte ihm den Anteil streitig machen. Bewerenz sei unrechtmäßiger Erbe und immer schon das schwarze Schaf der Familie gewesen, hieß es in der Mitteilung. Die Nachricht endete mit einer eindeutigen Morddrohung. Handelte es sich hier um eine Familienfehde?

War Bewerenz dann überhaupt nicht an seinen Herzbeschwerden gestorben? Sie hatte das Gefühl, dass es um etwas ganz Großes ging, keiner würde so ohne Weiteres über Leichen gehen. Weitere Kurznachrichten waren nicht gespeichert. Renate legte das Handy zurück in die Schublade und nahm sich aus purer Neugierde die notarielle Urkunde vor. Sie fand schnell die Bestätigung für ihre Vermutung: Andreas Bewerenz sollte ein Millionenerbe antreten, lag nun aber mausetot vor ihr. Er war einer von zwei Erben eines Villengrundstücks in der Parkallee. Eine traumhafte und teure Wohngegend, damit wären alle finanziellen Sorgen auf einen Schlag gelöst, dachte Renate. „Andreas Bewerenz, geborener Möllinghoff, verwitwet" – entnahm sie dem notariellen Testament. Renate verstand zunächst nicht, was sie gerade gelesen hatte, doch dann fiel es ihr wie Schuppen von den Augen, und sie sah nun auch, welche Ähnlichkeit Bewerenz mit dem Chefarzt hatte. Das Puzzle in Renates Kopf setzte sich Stück für Stück zusammen, auch wenn noch einige Teile fehlten, um das Bild zu vervollständigen. Renate war alarmiert und musste schleunigst die Polizei benachrichtigen, hatte sie sich doch ausschließlich auf den Rückruf des Chefarztes verlassen.

Das Stationshandy befand sich noch in ihrer Kitteltasche, für den Fall, dass sich Linda melden würde. Umständlich fingerte sie nun das Telefon hervor und tippte nervös die dreistellige Nummer ein, als sie plötzlich kraftvoll und unerwartet nach hinten gezogen wurde und ihr das Telefon aus der Hand glitt. Das Handy zerschellte am harten Steinfußboden, und die Batterien rollten in unterschiedliche Richtungen, als wollten sie vor dem Angreifer fliehen. In dem Moment, wo sie darüber nachdachte, um Hilfe zu schreien, wurde ihr schon ein getränktes Tuch auf das Gesicht gepresst. Renate versuchte, sich mit letzter Kraft aus dem Klammergriff zu befreien, war aber chancenlos ihrem stärkeren Gegner ausgeliefert. Nicht einatmen, bloß nicht einatmen, ermahnte sie sich, merkte aber bereits, wie der Äther sich in ihren Lungen entfaltete. Mit einem lauten Scheppern riss sie im nächsten Moment alles, was auf dem Nachttisch stand zu Boden, sie hatte vollständig die Kontrolle über ihre Beine verloren. Beim

Aufprall musste sie sich verletzt haben, denn Blut lief an der Schläfe hinunter und verschmierte ihr Gesicht. Schmerz verspürte sie merkwürdigerweise nicht, aber sie merkte, wie innerlich Panik aufstieg. Sie war ihrem Angreifer ausgeliefert. Befand sich noch eine zweite Person im Raum?

„Warum sind Sie bloß so neugierig, Sie hätten diesen Dienst überhaupt nicht übernehmen sollen. Ich lasse mir nicht nehmen, was mir zusteht, niemals!", schrie sie der Chefarzt an.

In Richtung Tür gab er Anweisungen: „Bring meinen Bruder schon mal in den Leichenkeller, Kleines, ich komme gleich mit ihr nach."

Es bestand kein Zweifel, da war noch eine zweite Person, die sich offenbar gut im Krankenhaus auskannte. Möllinghoff hievte sie umständlich in einen Wäschewagen, der auf dem Stationsflur gestanden haben musste, und rollte sie dann zum Aufzug. Im Kellergeschoss angekommen, befand sich der gefliese Leichenkeller mit den einzelnen Kühlkammern am Ende des Ganges. Die schwere Stahltür stand noch offen, die Metalltrage mit Bewerenz' Körper wurde gerade in eine der Kühlkammern geschoben. „Ich werde alles tun, dass keine Obduktion erfolgt", hörte sie Möllinghoff sagen. Er schob sie in dem Wäschewagen in Richtung Kühlraum, „... und für Schwester Renate finden wir auch noch eine Lösung."

Renate hatte einen Filmriss. Wollte man sie nicht in den Leichenkeller bringen? Sie lag immer noch im Wäschewagen, um sie herum war alles schwarz. Da waren Stimmen, oder täuschte es? Das war nicht möglich, da konnte niemand sein. Um mich herum ist nur der Tod. Doch, da. Ganz in der Nähe. Sie hörte den Professor schimpfen und mit den Fäusten und Füßen gegen die Tür des Leichenkellers hämmern. Und war da nicht auch die Stimme von Linda? Es hallte fürchterlich, und nur Wortfetzen drangen an Renates Ohren. Draußen auf dem Kellerflur rief eine ihr bekannte Männerstimme: „Und ich lasse mir den gemeinsamen Schluck Kümmel nicht nehmen, Herr Professor". Dreiwitz musste ihnen gefolgt sein und die Tür der Leichenhalle von außen verriegelt haben. Renate konnte jetzt nur noch hoffen, dass er schnell die richtigen Entscheidungen traf.

Silke Möller
FRIEDAS HÄKELCLUB

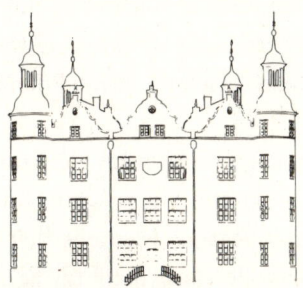

Seit über zwei Tagen lärmte nebenan der Abrissbagger und ließ das kleine Haus im Rotdornweg erzittern. Der hochgewirbelte Staub vermischte sich mit den herumfliegenden Pollen des Sommers.

Die alte Frieda schloss das Fenster. Alles veränderte sich. Viele der alten Häuser in der „Siedlung Daheim" fielen Neubauten zum Opfer. Keines entsprach mehr den neuen Energievorschriften für moderne Gebäude.

Irgendwann würden sie ihn finden, wusste Frieda. Zumindest das, was von ihm übrig war. Es war nur eine Frage der Zeit.

Frieda goss sich eine weitere Tasse Kaffee ein. Sie saß an ihrem alten Küchentisch, wie jeden Samstag, und las die Todesanzeigen im MARKT, der lokalen Wochenzeitung.

„Alfred Reschke", verstorben. Na endlich, dachte Frieda, das wurde auch Zeit. Dieser Tierquäler und Geizhals

hatte es nicht anders verdient. Acht Wochen hatte es ge-
dauert, bis er sich durch sein selbst angebautes Gemüse
vergiftet hatte. Gemüse, gezüchtet in mit Rattengift ver-
seuchter Erde. Viele Katzen waren gestorben an vergif-
teten Ködern. Von Insekten- und Pflanzengift ganz zu
schweigen.

Frieda hatte nur ihre Freundin Gertrud gewarnt, nicht
davon zu essen. Sie kannte sich aus mit Giften. Aber Alfred
hatte schon immer gesagt: „Meine Arbeit, meine Lorbee-
ren!" Mit anderen teilen kam nicht infrage. Das war in seinem Fall gut gewesen. Frieda liebte Gerechtigkeit.

Sie stand auf und machte ihren Ofen aus, aus dem ein
köstlicher Duft entwich. Frieda liebte das Backen. Am
liebsten Kleingebäck, verziert mit Nüssen, Zuckerguss
oder kleinen Früchten.

Seit sie Witwe war, versorgte sie sich viel mit Obst und
Gemüse aus ihrem eigenen Garten. Kräuter aller Art,
auch geeignet für leichte medizinische Zwecke waren darunter. Als ehemals gelernte Apothekerin wusste sie alles
darüber.

Frieda steckte ein paar ihrer Kekse ein, die sie schon
gestern gebacken hatte. Sie war mit Rosali in der Stadt
verabredet. Ihr ging es mit ihren 62 Jahren nicht so gut.
Frieda wollte sich kümmern. Schließlich kannten sie sich
schon eine Ewigkeit.

Sie hatte versprochen, sie vom Arzt abzuholen. Denn
heute war ihr monatliches Treffen mit den anderen zwei

Damen. Es gab Tee und Kuchen, und sie tauschten den neusten Tratsch.

Vorher musste sie noch auf den Wochenmarkt.

Gut gelaunt startete sie ihren alten rostigen Opel. Sie parkte an der alten Reitbahn, den Rest würde sie laufen.

Der Abrissbagger stoppte abrupt. Helmut hatte irgendetwas gesehen. Etwas Rundes war eben von seine Baggerschaufel gerollt. Etwas mit leeren Augen hatte ihn kurz angeglotzt.

Helmut sprang von seinem Sitz und lief hinter die Schaufel. Verdammt, dachte er. Ein menschlicher Schädel lag im Dreck. Er guckte sich um, bis er weitere Teile von verstreuten Knochen fand.

Verdammter Mist! Seine Arbeit würde jetzt so lange ruhen müssen, bis die Polizei alles eingesammelt und die Spurensuche ihren Job gemacht hatte. Er griff zum Handy und rief die Polizei.

Gernot Obermaier stand im Badezimmer seiner Villa in der Bismarckallee und durchwühlte den kleinen Apothekerschrank seiner Frau. Seit ein paar Wochen plagten ihn heftige Durchfälle gepaart mit Magenkrämpfen.

Er fand die Tropfen, nahm sie direkt in den Mund, spülte noch seine Herztabletten mit einem Schluck Wasser hinterher. Noch einen Herzinfarkt konnte er sich nicht leisten.

Eigentlich müsste er seinen Hausarzt aufsuchen. Gernot hasste Ärzte. Die verschrieben ihm noch mehr Pillen mit noch mehr Nebenwirkungen. Er würde noch als sabberndes Etwas enden, das wollte er nicht. Mit seinen 74 Jahren fühlte er sich immer noch fit. Er kämmte sein volles grauweißes Haar, zog den Gürtel enger und rasierte sich noch schnell.

Sein Blick in den Spiegel gefiel ihm. Jahrelange Übung als Anwalt hatte sein Lächeln eingefroren. Seine kalten blauen Augen wurden nebensächlich. Wie sonst hätte er es auf die Sonnenseite hinter die Bahnlinie geschafft? Nächste Woche würde die Stadt ihn im Rathaus bei einem kleinen Empfang zum Ehrenbürger ernennen. Aufgrund seiner Verdienste im Bürgerverein, im Sportverein und als Ehrenmitglied im Schützenverein. Die höchste Auszeichnung der Stadt. Darauf war Gernot stolz.

Als Belohnung wollte er sich wieder mal von einem jungen Ding verwöhnen lassen. Seine eigene Frau bot ihm körperlich keinerlei Reize mehr. Sie provozierte sein Ego. Ihm war beim Streit schon öfter die Hand ausgerutscht. Die letzten Male zu heftig. Gernot liebte seine Frau auf seine Art.

„Treppensturz" war die übliche Diagnose.

Heute wollte er mit einem Vertreter der Stadt sein Ehrenbäumchen aussuchen, das als Auszeichnung, versehen mit einem Namensschild, angepflanzt werden sollte.

Seine Frau saß mit getönter Brille am Esstisch. Neben sich den Gehstock.

„Guten Morgen, meine Liebe!", sagte er betont freundlich. Er gab ihr einen leichten Kuss auf die Stirn, bei dem
sie merklich zusammenzuckte. „Soll ich dich mitnehmen
zum Arzt in die Stadt?", fragte er liebenswürdig.

„Ja, danke, das wäre nett", hörte er sie leise sagen.
Sofort fühlte sich Gernot wieder in seinem Element. Er
hatte gerne die Kontrolle.

„Ich stütze dich", sagte er und bot ihr seinen Arm.

Hauptkommissar Stefan Walther schwitzte in der stau-
bigen Mittagshitze. Er und sein jüngerer Kollege Heiner
Schlenke betrachteten die Überreste eines menschlichen
Skeletts, die von der Spurensuche eingesammelt wurden.
„Habt ihr sonst was gefunden? Kette? Ring? Schuh?", frag-
te er in die Runde.

„Nein, bisher nicht. Nicht mal einen Knopf!", kam es
zurück.

Mist, dachte Walther. Das wurde bestimmt wieder so
ein Fall, der im Nichts endete. „Ok", sagte er laut. „Wenn
ihr hier fertig seid, schickt alles in das Institut für Rechtsmedizin. Dann checkt zunächst die aktuellen Vermisstenfälle."

„Sieht älter aus!", bemerkte Heiner. „Was meinst du?"

„Könnte sein", erwiderte Walther, während er eine läs-
tige Fliege mit der Hand wegfegte. „Deswegen stattest du
unserem Rathaus einen Besuch ab. Lass dir von den Damen dort die alten Meldebücher zeigen. Wer hat hier ge-

wohnt. Wer war hier gemeldet. Diese Häuser wurden Anfang der Fünfziger gebaut. Fang damit an. Und ruf mich an, wenn du was herausgefunden hast! Ich werde mich ein wenig in der Nachbarschaft umhören."

Frieda lief gezielt über den Wochenmarkt zu ihrem Lieblingsstand mit duftenden Ölen und Gewürzen, vorbei an der stinkenden Currywurstbude, beliebter Tummelplatz von Familien und Senioren, die ihrer Meinung nach nicht kochen wollten oder konnten. Die restlichen Stände unspektakulär. Gemüse, Fleisch, Fisch. Sie kaufte wie immer Muskatnüsse und Safran, ging dann weiter zum Treffpunkt auf das Rondeel.

Frieda setzte sich auf eine dieser unbequemen, kalten Metallbänke direkt gegenüber dieser scheußlichen blauen Plastik, dem „Muschelläufer". Blond, blauäugig, dümmlicher Gesichtsausdruck. Einige Kinder spielten darauf herum, plärrten laut, wenn sie herunterfielen.

Der Künstler konnte offensichtlich keine Hände nachstellen, dachte Frieda. Eine Hand in der Hose, an der anderen eine Schnecke. Symbolische Männlichkeit, schmunzelte sie. Wieso stand keine Skulptur von Rosali auf diesem zentralen Platz? Einer ortsansässigen fantasievollen Bildhauerin. Seit Jahren erfolgreich in der Kunstszene. Da saßen offensichtlich nur Kunstbanausen in der Stadtverwaltung.

Sie erkannte ihre Freundin Rosali. „Hallo, meine Liebe!", sagte sie. „Wie geht es dir heute?"

Sie umarmten sich. „Dank deiner Medizin und deiner Tipps viel besser", erwiderte Rosali.

„Guck." Rosali nahm die Brille ab, und Frieda zog hörbar die Luft ein beim Anblick von zahlreichen bunten Blutergüssen. „Keine Sorge, das ist fast nur noch Schminke." Sie hob den Gehstock hoch. „Den hier brauche ich nur, wenn er dabei ist. Dein Rat war Gold wert. Er ist sehr aufmerksam, solange ich schachmatt spiele", erklärte Rosali. „Er holt mich später bei dir ab."

„Und wie ist sein Befinden?", erkundigte sich Frieda mit aufmerksamem Blick.

„Er hat Durchfälle, Magenkrämpfe, aber sonst nicht totzukriegen!"

„Na gut, lass uns zu mir fahren. Wir besprechen die Feinheiten mit Gertrud und Martha", schlug sie vor.

Hauptkommissar Walther spürte, wie ihm der sommerliche Schweiß den Rücken herunterlief. Er hatte noch keine brauchbaren Informationen sammeln können. Die Leute, die hier wohnten, waren einfach zu jung oder Zugezogene, die auch nichts wussten. Einige waren nicht zu Hause. Vielleicht fand Kollege Schlenke mehr heraus, dachte Stefan Walther. Er musste Geduld haben. Die Baustelle hatte er vorerst polizeilich absperren lassen. Nur für den Fall, dass sie etwas übersehen hatten. Er würde wiederkommen. Was er jetzt brauchte, waren eine Dusche und ein kaltes Bier.

Frieda holte den Kaffee und gesellte sich zu den drei anderen Damen, die im Garten unter dem Schatten spendenden Apfelbaum saßen. „Hallo, meine Lieben. Ich grüße euch. Wer möchte Kaffee? Kuchen? Ihr wisst, wir müssen dringend ein paar Dinge besprechen. Gertrud, wie kommst du zurecht als frisch gebackene Witwe?"

„Ach, sehr gut, danke", lächelte Gertrud zufrieden.

Frieda setzte sich. Sie holte tief Luft und sagte: „Wir haben vielen anderen im Laufe der Zeit geholfen. Jetzt müssen wir einer von uns unter die Arme greifen." Sie schaute Rosali an. „Dazu gibt es nicht viel zu erklären, Rosalis Zustand spricht für sich. Sind wir uns da alle einig?"

Alle nickten wortlos.

„Ich habe schon angefangen, seine Medikamente auszutauschen. Er bekommt Tropfen, von denen er starken Durchfall bekommt, und Placebos als Herztabletten, aber sie wirken sehr langsam", sagte Rosali.

„Könntest du seine Dosis erhöhen, also die Tropfen?", fragte Gertrud.

Rosali seufzte. „Das lässt er sich von mir nicht sagen!"

„Das befürchte ich auch", warf Frieda ein. „Wir brauchen Ideen! Vorschläge? Wie war das noch bei den anderen?", überlegte sie laut.

„Herrmann war ja fast blind", erzählte Martha. „Der hat einfach nicht gesehen, dass ich die Duschwanne mit Schmierseife eingerieben habe. Musste doch geputzt werden. Ausgerutscht ist er. Schädelbasisbruch. Hat keiner dran gezweifelt. Gott hab' ihn selig. Er war trotzdem ein Mistkerl!", murmelte sie und nahm einen kräftigen Schluck Kaffee.

„Schade, dass er kein häuslicher Pflegefall ist", nuschelte Gertrud mit Kuchen im Mund. „Dann könnte man die Sicherung durchbrennen lassen, das deaktiviert jedes Beatmungsgerät."

„Wisst ihr noch, der dusselige Stadtgärtner, der alle Bienenwiesen abgemäht hat?", sagte Martha. „Geschah ihm recht, dass er einen Autounfall hatte. Bienenstichallergie! Wir wollten ihm doch nur einen Denkzettel verpassen mit dem Kuchen voller Bienen in seinem Auto!" Sie kicherten.

„Es sollte möglichst auch nach einem natürlichen Ableben aussehen, das wisst ihr doch. Wann wird Gernot zum Ehrenbürger ernannt?", fragte Frieda Rosali.

„Nächste Woche. Freitag gegen sechs Uhr abends im Rathaus. Es gibt Sekt, Schnittchen und eine kleine musikalische Einlage. Der Bürgermeister und der Bürgervorsteher sind auch anwesend. Wir müssen vorsichtig sein!"

„Wir könnten uns das Buffet zunutze machen", grübelte Frieda. „Wer ist für das Catering verantwortlich?"

„Hannelore und Martha mit ihrer kleinen Firma!", warf Rosali ein.

„Das ist es! Perfekt, Mädels", freute sich Frieda. „Martha, du klärst sie auf, dass wir ein paar Snacks beisteuern werden."

„Kein Problem, das kriege ich hin", sagte Martha überzeugt.

„Ich hingegen werde mich hingebungsvoll selbst ge-
machter kleinster Delikatessen widmen, die ihm bestimmt den Atem stocken lassen", verriet Frieda lächelnd.
„Möchte jemand Cognac?"

Gernot hatte sich eine deutsche Eiche ausgesucht. Er fand,
das passte hervorragend zu ihm. Robust, hart und stand-
haft, ebenso ein Symbol der Treue, jedenfalls zu sich selbst.

Gernot stöhnte, sein Magen meldete sich schmerzhaft. Er
schluckte schnell ein paar Schmerztabletten. Nach der Ernennung zum Ehrenbürger würde er doch zum Arzt gehen.

Er musste noch seine Frau abholen, von diesem
Häkelclub. Er verabscheute diese alten Weiber. Er fuhr los
und parkte vor Friedas Haus.

Sein Blick fiel auf die Baustelle. Was zur Hölle, dachte
er. Das polizeiliche Absperrband wehte leicht im frühen
Abendwind. Leichte Panik durchströmte seinen Körper.
Konnte es wahr sein? Sein Herz schlug ihm bis zum Hals.
Er musste sofort Frieda sprechen. Gernot klingelte.

Seine Frau stand schon mit dem Gehstock an der Tür.
„Setz dich ins Auto", wies er sie barsch an.

Gernot schloss die Tür. Frieda guckte ihn aufmerksam an und platzte heraus: „Sie haben ihn gefunden. Sein
Skelett. Das könnte dir das Genick brechen."

„Weiß die Polizei etwas? War sie schon hier? Hast du
was erzählt?", fragte Gernot und wischte sich mit seinem
Taschentuch den Schweiß von der Stirn.

„Nein", erwiderte Frieda.

„Was nein?", drängelte Gernot und packte Frieda an den Schultern.

„Fass mich nicht an", warnte sie, „nein, sie waren nicht da!"

„Wenn du was Falsches erzählst, kannst du was erleben", drohte Gernot. „Ich habe immer noch Beziehungen. Ich gewinne immer!"

Frieda schwieg, zeigte mit dem Finger auf die Tür: „Raus hier! Und lass die Finger von Rosali. Ich bin nicht blöd, Treppensturz, dass ich nicht lache!"

Gernot drehte sich langsam um: „Unser Eheleben geht dich einen feuchten Dreck an. Halt dich raus, oder ich kann sehr ungemütlich werden!"

Gernot schlug die Haustür mit geballter Kraft zu. Diese dumme alte Schachtel, dachte er wütend. Die wird schon merken, wer hier der Stärkere ist.

Hauptkommissar Walther saß auf seiner Terrasse, als sein Telefon klingelte.

„Ja?", meldete er sich und kickte seinen Kronenkorken Richtung Mülleimer.

„Hier ist Heiner. Pass auf, ich habe Folgendes im Melderegister gefunden. Gewohnt hat dort eine Familie, die damals als Flüchtlinge in die Stadt gekommen sind. Vierköpfig, zwei Söhne. Die hießen, warte kurz, Erna und Hans-Otto Svobodzki. Die Söhne Wilhelm und Gernot.

241

Die Eltern sind früh verstorben, hier steht, an Tuberku-
lose."

„Was ist aus den Söhnen geworden?", erkundigte
Walther sich neugierig.

„Der eine, Wilhelm, hat sich offensichtlich abgemeldet,
soll nach dem Tod der Eltern ausgewandert sein. Aber der
andere, halt dich fest, der lebt noch in unserer Stadt. Hat
geheiratet und heißt jetzt mit Nachnamen Obermaier."

„Der Obermaier? Der ehemalige bekannte Anwalt?",
staunte Walther.

„Genau der", sagte Heiner. „Er wohnt seit circa dreißig
Jahren mit seiner Frau in der Bismarckallee. Ist aber in
Rente. Sein Elternhaus hatte er zwischenzeitig vermietet,
vor zwei Jahren zum Kauf angeboten."

„Hm", Stefan dachte nach. „Hast du schon etwas von
der Rechtsmedizin gehört?"

„Ja, warte, ich schick dir die Mail auf deinen Rechner.
Ich habe sie noch nicht geöffnet, von daher keinen Schimmer", gab Heiner zu.

„Ja, tu das und wir hören!" Er legte auf. Walther schnipste ein paar Ameisen von seiner Hose, dann ging er in sein
häusliches Büro, schaltete seinen Rechner an.

„Hallo Stefan", las Walther, „nach bisherigen Untersuchungen am Skelettfund im Rotdornweg habe ich Folgendes gefunden: Skelett männlich; geschätztes Alter zu
Lebzeiten: circa zwanzig bis achtundzwanzig Jahre; am
Schädel Hinweise auf möglichen Sturz oder vorsätzliche

Gewalteinwirkung durch sichtbare Frakturen und Ris-
se in der Knochenstruktur, die wahrscheinlich zum Tod
durch Hirnverletzungen führten; Zähne unauffällig; keine
künstlichen Schrauben; alle Knochen so weit vollständig.
Wenn nötig, können wir durch eine Schädelrekonstruktion ein Phantombild anfertigen lassen. Melde dich einfach
oder schick mir eine Mail. Gruß G. Schneider."

Interessant, dachte Hauptkommissar Walther. Konnte es sich um den Bruder von Obermaier handeln? Aber
der war doch ausgewandert? Er musste dem Anwalt a. D.
wohl einen Besuch abstatten. Außerdem wollte er kurz
noch einmal versuchen, mit den übrigen Anwohnern zu
sprechen. Aber das hatte Zeit bis morgen. Stefan Walther
schickte schnell noch eine Mail an Schneider mit der Bitte um eine Schädelrekonstruktion. Dann holte es sich ein
zweites kühles Bier aus dem Kühlschrank.

Es war Freitag. Die Uhr zeigte fast halb zehn. Rosali hatte
ihren Kaffee ausgetrunken. Gernot war gottlob unterwegs,
und sie wollte die Zeit nutzen, um in ihrem Atelier zu arbeiten. Es befand sich hinter dem Haus, ein älterer, umgebau-
ter Wintergarten. Es klingelte an der Haustür. Vorsichtshalber nahm sie ihren Gehstock zur Hand und öffnete die Tür.

„Guten Tag, Frau Obermaier. Ich bin Hauptkommissar
Stefan Walther", stellte er sich höflich vor. „Ich hätte da
nur ein paar Fragen an Ihren Mann. Oder vielleicht können Sie mir auch weiterhelfen?"

Rosali musterte ihn. „Kann ich Ihren Ausweis sehen?", fragte sie misstrauisch. Wer weiß, vielleicht war das auch ein Freund von Gernot?

„Aber ja, bitte schön", erwiderte Walther und zeigte ihr den Ausweis.

„Gut, kommen Sie herein", sagte sie und schloss die Tür.

„Schön haben Sie es hier", lobte Walther, um Frau Obermaier ihre offensichtliche Nervosität zu nehmen.

„Danke, worum geht es?", erkundigte sich Rosali.

„Laut dem amtlichen örtlichen Melderegister haben Sie und Ihr Ehemann Gernot Obermaier und dessen Bruder, Wilhelm Svobodzki, im Rotdornweg gewohnt? Und trifft es zu, dass Wilhelm in jungen Jahren ausgewandert ist? Nach Neuseeland?" Walther beobachtete sie aufmerksam.

Rosali schwieg eine Weile. „Ja", bestätigte sie, „das ist so richtig."

„Haben Sie jemals wieder etwas gehört von Wilhelm Svobodzki? Oder eine Karte, Brief, irgendetwas bekommen?", bohrte Walther nach.

Rosali überlegte. „Nein, aber vielleicht mein Mann? Das müssen Sie ihn allerdings selber fragen. Ich hatte nicht so viel mit ihm zu tun, wissen Sie. Die Kinder haben mich immer auf Trab gehalten. Was interessiert Sie an ihm? Hat er Probleme?", wunderte sich Rosali.

Walther ignorierte ihre Frage, erhob sich, zupfte sein Hemd zurecht und entgegnete: „Nichts, was Sie betrifft,

Frau Obermaier. Haben Sie ein Foto von Wilhelm?", fragte er stattdessen.

Ohne Worte stand Rosali auf, zog geräuschvoll eine Schublade auf. Sie gab dem Kommissar ein altes Foto, auf dem zwei Brüder sich umarmend standen. Gernot und Wilhelm in den Zwanzigern. „Darf ich das behalten?", fragte Hauptkommissar Walther.

Sie nickte. Langsam ging er zur Haustür, drehte sich kurz um und beschrieb einen Kreis in seinem Gesicht. „Wenn Sie mir die Frage erlauben, was ist mit Ihnen passiert?"

Rosalis Blick wurde schlagartig verschlossen. „Ich bin gestürzt. Einen schönen Tag noch, Herr Hauptkommissar." Die Tür fiel ins Schloss.

Nachdenklich setzte Stefan Walther sich in seinen Wagen und rief Heiner Schlenke an. „Hallo Heiner, tust du mir einen Gefallen und überprüfst mal, ob es zu dieser Familie Obermaier in den letzten Jahren irgendwelche Anzeigen gab wegen häuslicher Gewalt? Danke. Ruf zurück, wenn du fündig wirst."

Mit Blick auf die pompöse Altbauvilla startete er seinen Wagen und fuhr über das holprige Kopfsteinpflaster Richtung Polizeistation davon, immer brav an der Bahnlinie entlang. Verdammte Straßenführung, fluchte er innerlich. Früher war das einfacher.

Gernot Obermaier war bester Laune, als er seinen Mercedes in die Garage fuhr. Über den weißen Kiesweg ging er, trotz leichter anhaltender Magenkrämpfe, recht beschwingt zur Hintertür hinein. Heute Abend war seine Ernennung zum Ehrenbürger. Niemand anders hatte das mehr verdient. Für sein Treffen mit einer jungen Lady hatte er soeben ein Zimmer im Parkhotel reserviert. Natürlich mit Blick auf das Schloss. Seine Belohnung nach der Ehrung.

Er rief nach seiner Frau. Sie antwortete nicht. Wie üblich. Wahrscheinlich lag sie wieder im Bett und bedauerte sich, dachte Gernot verächtlich. Aber er irrte sich.

Rosali saß scheinbar in sich gekehrt im Wohnzimmer. Auf ihrem Schoß lagen alte Fotos und die Tageszeitung.

„Hallo, mein Schatz", räusperte sich Gernot. „Was tust du da?"

Statt zu antworten, drehte sich Rosali um und fragte ruhig: „Hast du jemals etwas von Wilhelm gehört?"

Gernot stutzte kurz, dann hatte er sich wieder unter Kontrolle. „Aber ja, Schatz", lächelte er. „Vor etwa drei Monaten. Davon habe ich dir erzählt! Weißt du das nicht mehr?", entgegnete er selbstsicher.

„Du lügst!", widersprach Rosali. „Die Polizei war heute hier und hat sich nach ihm erkundigt! Wenn ich eins und eins zusammenzählen kann", schleuderte sie ihm entgegen, „dann kann die Polizei das sicher auch!" Rosali warf ihm triumphierend die Zeitung vor die Füße. „Du widerlicher Mistkerl! Wusstest du, dass sie auf unserem alten Grundstück ein Skelett gefunden haben?", schrie sie ihn an. „Wilhelm wäre nie gegangen, ohne sich zu verabschieden!"

Er schlug zu. Nur einmal. Sie stürzte rückwärts auf den harten Fliesenboden der angrenzenden Küche. Bevor sie sich wieder aufrappeln konnte, zog er sie an den Haaren zur Kellertreppe und stieß sie hinunter. Er hörte nur ein dumpfes Aufschlagen, dann Ruhe.

Als Gernot sah, wie ihr Blut ein neues Muster in die alten Ritzen des Holzbodens malte, verriegelte er die Kellertür. Er würde sich später darum kümmern. Wenn er Glück hatte, war sie erledigt. Jetzt blieb nur noch diese eine Sache zu tun.

Hauptkommissar Walther stellte seinen Kaffeebecher neben seinem Rechner ab. Irgendetwas passte hier nicht zusammen. Gernot Obermaier war ein paar Mal anonym angezeigt worden. Häusliche Gewalt. Aber es gab nie eine Anklage, eine Verurteilung, nicht einmal eine großartige Akte, geschweige denn Fotos oder Ähnliches. Nur dieser kleine Vermerk: hat sich erledigt. Er wurde daraus nicht schlau. Und keine Spur von Wilhelm Svobodzki. Sie hatten überall recherchiert. Internet, Kollegen im Ausland. Nichts. Die Vermisstenfälle hatten auch nichts ergeben. Keiner stimmte mit den Daten der Rechtsmedizin überein.

Die Schädelrekonstruktion würde er frühestens in ein paar Stunden kriegen, hatte Heiner gesagt. Verflixt! Er hasste es zu warten. Er scannte das Foto von den Brüdern ein und schickte es augenblicklich zu seinem Kollegen Schneider. Er hoffte auf ein Wunder. So lange beschloss Stefan Walther, Feierabend zu machen.

Frieda schlug die Augen auf. Ihr Schädel brummte. Sie fühlte eine heftige Beule an ihrem Hinterkopf. Unter Schwanken stand sie auf. Sie erinnerte sich. Gernot hatte geklingelt und sie ohne große Worte in die Küche geschubst. Dann irgendetwas von Wilhelm gefaselt, ihr gedroht, bis sie gestolpert war. Mehr wusste sie nicht. Frieda sah auf die Uhr. Verdammt, dachte sie, fast neunzehn Uhr, die Ehrung hatte schon angefangen. Sie raffte sich auf, nahm schnell eine Aspirin und startete, um Rosali abzuholen.

Im Rathaus liefen die letzten Vorbereitungen. Hannelore hatte ihr Bestes gegeben, diesem seelenlosen Empfangsraum etwas Einladendes zu verleihen. Sie begriff bis heute nicht, warum jemand alle Wände schwarz gestrichen hatte. Jegliches Licht wurde verschluckt. Es versprühte den Charme einer Gruft, in diesem Fall allerdings denkmalgeschützt.

Hannelore verteilte Sektgläser auf die kleinen gedeckten Stehtische, stellte Blümchen dazu und einige farbige Servietten. In einer Ecke probten zwei Musiker. Das Erklingen von Musik verlieh dem ganzen Raum wenigstens einen Hauch von Leben.

Der Bürgervorsteher streunte wichtigtuerisch herum, prüfte das Mikrofon.

Martha kam herein. „Hallo meine Liebe", sagte Hannelore, „schön, dass du schon da bist!"

„Ich grüße dich, ist Frieda schon da?", fragte Martha.

„Nein, sie wollte noch Rosali abholen. Aber sie hat die hier", sie zeigte auf mundgerechte kleine Delikatessen, „schon gestern bei mir vorbeigebracht. Wir müssen nur darauf achten, dass allein Mr. Ehrenbürger sie isst!", sagte Hannelore verschwörerisch.

Frieda klingelte bei Rosali. Nichts rührte sich. War sie schon los? Sie ging zur Hintertür. Vielleicht hatte sie die Zeit im Atelier vergessen? „Rosali?", rief sie laut. „Bist du da?"

Die Wintergartentür war offen. Frieda ging hinein. Sie rief noch einmal, bis sie ein kaum hörbares Klopfen hörte. Es kam aus dem Keller! Sie entriegelte die Kellertür und sah entsetzt Rosali, die blutend am Boden saß und mit einer Schere auf die hölzernen Stufen klopfte. „Mein Gott! Rosali! War das Gernot? Ich rufe den Notarzt!"

Nachdem Rosali verarztet im Rettungswagen lag, ergriff sie Friedas Hand und fragte leise: „Hast du es gewusst, das mit Wilhelm? Ist Wilhelm der Tote?" Frieda nickte nur. „Warum hast du nie etwas gesagt? War es ein Unfall?"

Frieda überlegte ernst: „Ich weiß es nicht genau. Sie hatten Streit. Wilhelm wollte sein Erbteil, aber dann hätte Gernot das Haus verkaufen müssen. Du warst schwanger. Ich wollte dich schützen. Gernot war damals ein anderer Mensch als heute. Das weißt du selber am besten. Damals tat es ihm leid. Ich denke, es war ein tödlicher Unfall! Da Wilhelm sich schon abgemeldet hatte, hat ihn keiner vermisst. Die Zeiten waren schwierig!", entgegnete Frieda nachdenklich. „Aber das gibt ihm nicht das Recht, dich so zu behandeln!", sagte sie wütend.

„Er ist ein Monster geworden", wand Rosali müde ein. Die Beruhigungsmittel wirkten.

„Wir fahren jetzt", rief der Sanitäter. „Wir bringen sie ins Krankenhaus!" Frieda hingegen machte sich schnell auf den Weg ins Rathaus.

Langsam kreuzten immer mehr geladene Gäste auf. Gernot Obermaier erschien.

Martha musterte ihn aufmerksam. Gernot wirkte leicht verschwitzt, sein Hemd klebte ihm am Rücken, seine Haare waren nicht so akkurat gekämmt wie sonst. Er warf leicht angespannt einen Blick in die Runde, begrüßte zunächst den Bürgermeister, danach den Bürgervorsteher und viele andere Bekannte. Er war zweifellos ein gefragter Mann, dachte Martha. Sie hörte, wie jemand Gernot nach seiner Frau Rosali fragte. Er machte eine bedauerliche Geste und faselte irgendetwas von Unpässlichkeit. Mistkerl, dachte Martha, sollten doch alle sehen, was los ist, wenn sie erst hier auftauchte.

250

Die Musik erklang, und alle Gäste suchten sich einen Platz zum Sitzen oder Stehen.

Der Bürgermeister fing an zu schwafeln, und Martha fragte sich wie so oft, warum dieses Oberhaupt der Stadt es nicht schaffte, sich endlich mal zu rasieren. Das Publikum klatschte. Martha riss es aus ihren Gedanken. Wo blieben Frieda und Rosali?

Gernot steuerte sichtlich gelöst und stolz auf das Buffet zu. Sie nahm schnell Friedas Delikatessen zur Hand und bot sie ihm lächelnd an: „Glückwunsch!", sagte sie schmeichelnd.

„Danke, meine Liebe, aber das hier hat eure kleine Firma wirklich wieder gut gemacht", antwortete er kauend. Gernot nahm sich noch ein Häppchen mit kleinen Beeren in Käsecreme. „Wirklich lecker!", lobte er und bot dem Bürgervorsteher ebenfalls eine Delikatesse an.

Martha wollte gerade etwas sagen, als Frieda um die Ecke kam. „Himmel, meine Liebe! Wo warst du, und wie siehst du aus?", fragte sie stattdessen. „Und wo ist Rosali?"

„Lange Geschichte, später! Hat Gernot etwas davon gegessen?", drängelte Frieda wissbegierig.

„Ja", grinste Martha, „aber unser Herr Bürgervorsteher auch!"

„Ach, bei einem Happen kriegt der nur Durchfall. Ein paar Kilo weniger schaden dem nun wirklich nicht!", lachte jetzt Frieda, und Martha stimmte ihr zu.

Die Ernennung zum Ehrenbürger verlief weiter zufriedenstellend. Die kleinen feinen Delikatessen von Frieda verschwanden alle in Gernots Magen, während die Musiker fleißig spielten.

Hauptkommissar Walther wurde unsanft aus seinem Dämmerschlaf vor der Glotze gerissen. Sein Handy schrillte hartnäckig. Er räusperte sich: „Ja, hier Walther!"

„Schönen Abend, hier ist Gustav Schneider von der Rechtsmedizin. Wir haben das Foto der Rekonstruktion bekommen", erklärte er.

„Und?", fragte Walther jetzt aufgeregt.

„So, wie es aussieht, ist das dieser Wilhelm Svobodzki. Um hundert Prozent sicherzugehen, können wir eine vergleichende DNA-Analyse machen. Dafür bräuchten wir ein paar Haare des Bruders. Kannst du die organisieren und uns zuschicken?"

„Klar", antwortete Walther, „und wenn das ebenfalls passt? Könnt ihr damit beweisen, ob es Mord oder Unfall war?", vergewisserte sich der Kommissar.

„Nein, dafür brauchen wir einen noch lebenden Zeugen! Das ist schwierig. Daran scheitern wir häufiger", gab Schneider zu bedenken. „Was ist mit der Familie? Der Ehefrau? Wissen die was?"

„Nein, ich glaube nicht", grübelte Walther. „Aber danke, ich kümmer' mich!"

„Keine Ursache", kam es zurück, dann legte Schneider auf.

Hauptkommissar Walther strengte seine Gehirnzellen an. Obermaier war ein gewiefter Spitzenanwalt gewesen. Der

kannte jeden Kniff. Möglicherweise konnten sie ihn nur wegen versuchten Totschlags oder Körperverletzung anklagen.
Es sei denn, er fand doch noch einen lebenden Zeugen. Falls
es Mord gewesen war. Mord verjährte nicht. Nie.

Die Feier ging nach zwei Stunden langsam dem Ende zu.
Gernot Obermaier verspürte ein kribbelndes berauschendes Gefühl. Jetzt war er ein Ehrenbürger der Stadt mit allen erdenklichen Vorzügen. Er konnte wahrhaftig stolz auf
sich sein. Gernot freute sich schon auf sein Techtelmechtel
im Parkhotel. Sie würde ihn stundenlang verwöhnen, er
konnte richtig Dampf ablassen. Er öffnete den Knopf seines Hemdes. Ihm war heiß geworden, sein Mund ausgetrocknet, wohl vom vielen Reden. Er nahm sich noch ein
herumstehendes halbvolles Sektglas und kippte den Rest
zusammen mit zwei potenzsteigernden Tabletten herunter. Schließlich musste er vorbereitet sein. Versagen kannte er nicht. Zum Glück gab es die Dinger überall online zu
kaufen. Ein bisschen mehr als Herzklopfen nahm Gernot
dafür in Kauf.

„Danke für eure Mühe", rief er den aufräumenden
Frauen zu, umarmte flüchtig Hannelore. Er verließ das
Rathaus. Ein wenig frische Luft tat gut. Er spazierte zu
Fuß. Sein Darm grummelte heftig. Mist! Ausgerechnet
jetzt, dachte Gernot.

Plötzlich fiel ihm etwas ein. Er verzog seinen Mund zu
einem Lächeln, als Ehrenbürger besaß er nun den „gol-

denen Schlüssel" für das neue Luxusklo. Den konnte er heute Abend direkt ausprobieren. Er beeilte sich.

Hauptkommissar Stefan Walther stand wieder in der Bismarckallee, klingelte. Nichts rührte sich. Er bemerkte einen neugierigen, älteren Nachbarn. Kommissar Walther kannte das. Alle Nachbarn lauerten, sobald ein Fremder auftauchte. „Hallo! Entschuldigung", rief er freundlich, „wissen Sie, ob jemand zu Hause ist?"

„Nein, keiner da", erwiderte der Nachbar. „Vor etwa zwei Stunden war ein Rettungswagen hier. Ich habe gesehen, dass Frau Obermaier mitgenommen wurde."

„Und Herr Obermaier ist mitgefahren?", fragte Walther schnell.

„Nein, der hatte heute einen Termin im Rathaus. Hat er mir stolz erzählt!", verriet der Alte.

„War sonst jemand bei ihr?", hakte Walther nach.

„Ja, ihre Freundin. Die hat den Notarzt gerufen!"

„Kennen Sie die Frau?", erkundigte er sich.

„Natürlich! Frau Malottke. Die kennen sich schon ewig. Nette Frau, sehr hilfsbereit", schwärmte er.

Walther ließ nicht locker. „Wissen Sie, wo sie wohnt?"

„In der Siedlung Daheim, Rotdornweg", gab der redselige Nachbar preis.

„Danke! Schönen Abend noch", verabschiedete sich Walther und fuhr los.

254

Wieder zu Hause wollte Frieda gerade abschließen, als es an der Haustür klingelte. Sie stutzte, nahm vorsichtshalber ihre gusseiserne Pfanne in die Hand und öffnete.

Ein Polizist stand draußen. „Guten Abend Frau Malottke, mein Name ist Stefan Walther, Hauptkommissar. Darf ich Ihnen ein paar Fragen stellen?"

„Geht es um Rosali?", fragte Frieda direkt nach. „Geht es ihr gut?"

„Auch, ja. Ich habe mit ihr gesprochen, es geht ihr so weit gut." entgegnete Walther. Frieda ließ ihn eintreten, stellte die Pfanne auf den Küchentisch.

Hauptkommissar Walther klärte sie auf: über die Baustelle, den Skelettfund und den möglichen Verdacht des Totschlags oder der Körperverletzung. Dass es eine Übereinstimmung der Fotos gab und dass es Brüder gewesen waren, die in den Fünfzigern nebenan gewohnt hätten.

„Sie kennen den einen Bruder, stimmt das, Frau Malottke?", fragte Walther mit ernstem Blick. „Seine Frau ist Ihre beste Freundin?"

„Das stimmt, ja", gab Frieda zu. „Was hat Rosali Ihnen erzählt?", erkundigte sich Frieda.

„Alles", entgegnete Walther eindringlich. „Was wir brauchen, Frau Malottke, ist eine lebende Zeugin. Wir können ihn mit Ihrer Hilfe aus dem Verkehr ziehen! Für immer", versprach der Kommissar nachdrücklich.

„Können Sie das wirklich garantieren?", widersprach Frieda mit finsterem Ausdruck. „Sie wissen, er war der skrupelloseste Anwalt der Stadt! Was, wenn es doch ein Unfall war? Dann können Sie ihn nicht wegsperren! Es lässt sich nichts beweisen!"

„Das lassen Sie meine Sorge sein", wand Walther ein. „Wieso haben Sie ihn nicht früher angezeigt?"

Frieda schwieg. „Sie können das nicht verstehen. Gernot war nicht immer dieses Monster. Sein Beruf und das Geld haben ihn dazu gemacht." Sie schwieg erneut.

„Wo ist Obermaier jetzt? Wir haben eine Fahndung herausgegeben, wegen versuchten Totschlags an seiner Frau!", eröffnete ihr der Kommissar.

Frieda überlegte kurz. Sie kannte Gernots Vorlieben. „Versuchen Sie es im Parkhotel", riet ihm Frieda.

Aber Gernot Obermaier blieb zunächst verschwunden. Im Parkhotel war er nie angekommen.

Sein Wagen stand noch immer auf dem Rathausplatz.

Erst vier Tage später erhielt Hauptkommissar Walther einen merkwürdigen Anruf.

Eine männliche Leiche, älterer Jahrgang, war mit heruntergelassener Hose und einem seltsam entrückten Gesichtsausdruck auf dem Luxusklo in der Nähe des Rondeels gefunden worden.

Es war Gernot Obermaier, Ehrenbürger. Offensichtlich verstorben an einem Herzinfarkt. Was für ein Abgang, ging es Walther durch den Kopf. Quasi in einem Mausoleum für schlappe 200.000 Euro.

Seltsam war nur, dass die Obduktion einen, wie die Mitarbeiter es scherzhaft nannten, Cocktail aus verschiedenen Substanzen ergab. Eine Mischung aus Alkaloiden, wie sie in bestimmten Pflanzen wie Tollkirsche, Eisenhut und Seidelbast vorkamen, genauso wie Sildenafil, Tadalafil oder Avanafil, Wirkstoffe, deren Sammelbegriff unter Viagra lief. Durch den vorausgegangenen Herzinfarkt ein paar Jahre vorher, hieß es, war ein zweiter nie auszuschließen gewesen. Doch keine Spur von Acetylsalicylsäure oder Betablockern, wie sie Herzpatienten eigentlich nehmen sollten. Die Rechtsmedizin blieb dabei. Tod durch akuten Herzinfarkt, ausgelöst durch unsachgemäßes Einnehmen von Potenzmitteln.

Hauptkommissar Stefan Walther wusste anfangs nicht, wie er darauf reagieren sollte. Er hatte so eine Ahnung. Sein Bauchgefühl täuschte ihn selten. Allerdings war er der Ansicht, dass es Menschen gab, die Bestrafung verdient hatten.

Er stellte seinen tropfenden Kaffeebecher ab, bemerkte nebenbei die gleichmäßigen Ringe, die er unabsichtlich auf der Akte hinterlassen hatte. Kommissar Walther dachte an die alte zierliche Dame in der Bismarckallee. Sie hatte Glück gehabt. Für sie beließ er es beim Herzinfarkt und schloss die Akte Gernot Obermaier. Er legte sie zu den vermeintlichen Anzeigen wegen häuslicher Gewalt. Wieder einmal keine Anklage, keine Verurteilung, keine großartige Akte, dachte er, nur ein „hat sich erledigt".

Frieda saß entspannt am Küchentisch. Die Bauarbeiten nebenan gingen voran. Sie schlug die Todesanzeigen auf, las: „mit Bedauern ... der Ehrenbürger G. Obermaier ... von uns gegangen ..." Sie lächelte zufrieden. Na, geht doch, freute sie sich, als es an ihrer Haustür schellte. Sie öffnete.

„Hallo, ich bin Ihre neue Nachbarin!", strahlte sie eine Frau an, die vergeblich versucht hatte, sich ihr blaues Veilchen wegzuschminken. „Willkommen!", sagte Frieda und freute sich schon auf ein neues Projekt für den Häkelclub.

Finn Moryson
KALTBLÜTIGER VORSATZ

Kapitel 1

Der ältere Mann auf dem Gehweg vor der Polizeistation
zuckte zusammen und ließ beinahe seine Einkäufe vom
Wochenmarkt fallen, als Christopher Bühl die Sirene
am Dach seines Dienstwagens aktivierte und den Motor lautstark aufheulen ließ. In weniger als zwei Sekunden riss er das Steuerrad bis zum Anschlag nach rechts
und beschleunigte. Ein hässliches Schrammen ertönte,
als er mit voller Kraft den Kantstein herunterfuhr und
zahlreiche lose Gegenstände im Fahrzeuginneren durch-
einanderwirbelte. Mit quietschenden Reifen wechselte er
auf die rechte Spur, nur um sofort eine Notfallbremsung
einzulegen, als eine Fahrradfahrerin zu spät auf die Sirene reagierte und beinahe eine Kollision herbeiführte. Die
wenigen Teile, welche den holprigen Start vom Kantstein

unbeschadet überstanden hatten, lagen spätestens jetzt auf sämtlichen Armaturen und Sitzen verstreut. Fluchend legte er erneut den ersten Gang ein. Mit dröhnendem Motor raste er geradewegs auf den Kreisel nahe der Fritz-Reuter-Schule zu, die Beschleunigung des Wagens zwang ihn dazu, im Sekundentakt hochzuschalten, nur um nach wenigen Sekunden kurz vor dem Kreisel erneut abzubremsen.

Seine Finger bohrten sich verkrampft in das Lenkrad, als er mit der höchstmöglichen Geschwindigkeit den Kreisel nahm und um die Kontrolle über das Fahrzeug kämpfte. Mit einem weiteren schnellen Einschlagen des Lenkrads nahm er die zweite Ausfahrt auf die Fritz-Reuter-Straße, die an diesem Samstagvormittag glücklicherweise kaum von Schülern gesäumt war. Ein kleiner Junge presste neugierig sein Gesicht gegen die Fensterscheibe, als Christopher einen entgegenkommenden SUV passierte. Der Zustand der engen Straße ließ das gesamte Fahrzeug vibrieren, die dicht aneinander gepflanzten und die Fahrbahn überragenden Bäume verhinderten, dass die Vormittagssonne ihn blendete. *Mord.*

Die meiste Zeit seiner siebenjährigen Karriere hatte darin bestanden, kleinere Drogendelikte, Fälle häuslicher Gewalt oder Schlägereien von Betrunkenen zu ermitteln. Er hatte es genossen, den Regionalteil aufzuschlagen und über die neuesten Entwicklungen des Muschelläuferkonflikts informiert zu werden, anstatt wöchentlich von Morden zu lesen, wie es während seines Schüleraustausches in den Vereinigten Staaten der Fall gewesen war. Die rauschenden, aufgeregten Stimmen im Polizeifunk drangen wie in einer Trance unwirklich an sein Ohr. Vereinzelt schnappte er Wortfetzen wie *hoher Blutverlust* und *holt den Gerichtsmediziner* auf. Ungläubig starrte er auf den strahlend blauen Himmel, die kleinen Kinder, die in den gepflegten Vorgärten der angrenzenden Häuser spielten, und die Selma-Lagerlöf-Schule. *Schickt die Forensik rein.*

Bühls Blick fiel auf das Straßenschild des Wulfsdorfer Weges. Dies war nicht seine einstige Austauschstadt Tulsa. Während er das Gaspedal weiter Richtung Boden drückte, erschlug ihn das Gefühl der zerstörten Idylle, in welcher er sich zuvor gesehen hatte. Schon Montag würden die regionalen Zeitungen nicht länger über den Pannenbahnhof Gartenholz berichten, sondern in allen Einzelheiten über das Gewaltverbrechen schreiben und die Öffentlichkeit in Schockstarre versetzen. Im Augenwinkel sah er einen jungen Fahrschüler panisch eine Vollbremsung hinlegen und sein Einbiegemanöver ruckartig beenden, während er mit über hundert Kilometern pro Stunde an der Rantzaustraße vorbeifuhr.

Als er sich dem Weißdornweg näherte, bremste er scharf ab. Während sein Oberkörper beinahe auf das Lenkrad gedrückt wurde, setzte er den Blinker und überprüfte die anliegenden Wege auf Passanten und vorbeifahrende Autos. Nachdem er eingebogen und der Blinker mit einem Klacken zurück in die neutrale Position gefallen war, beschleunigte er erneut und hielt auf das Meer an blauen Lichtern zu. Nur knapp verfehlte er den Seitenspiegel eines parkenden Autos, als er unsanft auf einen kleinen Parkstreifen fuhr und den Polizeiwagen unsanft zum Stehen brachte. Mit einem hechtähnlichen Sprung erreichte er den Kofferraum und zog sich ein Paar medizinische Handschuhe, Haarnetz und Maske an, um den Tatort nicht durch seine DNA-Spuren zu verunreinigen. Im Lauf verriegelte er das Fahrzeug und hielt auf das Absperrband zu, das von seinen Kollegen gespannt worden war.

„Chris!", hörte er seinen besten Freund und Kollegen Michael Linz rufen.

„Michael, wisst ihr schon irgendetwas?", kam Bühl schnaufend zum Stehen.

Gemeinsam folgten sie einem weiteren Beamten, welcher auf ein neues Haus mit großzügigem Garten zuhielt.

„Nicht viel. Der Finder der Leiche war um halb zehn mit dem Opfer verabredet, um wie jedes Wochenende um den Bredenbeker Teich zu gehen und danach gemeinsam zu essen. Als er mehrmals geklingelt hatte und keine Antwort kam, sah er, dass die Tür offen stand, und hat wenig später die Leiche gefunden", klärte Linz ihn über den Ermittlungsstand auf.

Vorsichtig traten sie auf den steinernen Weg, der zur robusten Eingangstür führte.

„Sieht ziemlich stabil aus, gab es irgendwelche Einbruchsspuren?"

„Bisher konnten wir nichts in diese Richtung finden, wir suchen jetzt den Rest des Hauses nach zerstörten Fenstern ab. Aber es scheint so, dass der oder die Täter reingelassen worden sind."

„Dann ist der Täter sehr wahrscheinlich aus dem Bekanntenkreis des Opfers", stellte Bühl fest.

„Entweder das, oder der Täter ist sehr gut darin, seine Absichten zu verstecken", entgegnete Linz mit düsterer Miene.

Kapitel 2

Christopher Bühl verlangsamte seine Schritte, als er in den warmen Vorraum des Hauses trat. *Dirk Beck* stand in geschwungener Schrift auf einem Schild über der Klingel.

Sorgfältig sah er in jede Ecke des Zimmers und stellte vor jedem Schritt sicher, nicht auf ein mögliches Beweisstück zu treten. Im weißen Schuhregal standen ein Paar Wanderschuhe, deren Sohlen von einer leichten Schlammkruste bedeckt waren. Ein warmes Licht erfüllte den Raum und würde unter normalen Umständen für ein Gefühl des Willkommenseins sorgen. Über dem Regal im Landhausstil hing ein Schwarz-Weiß-Foto des Ahrensburger Schlosses. Vorsichtig arbeitete er sich zum Holzflur vor.

Der Parkettboden knarrte leise, als Bühl sich der Haupt-
treppe näherte. Während er sich in das erste Geschoss begab, fiel sein Blick auf die zahlreichen Fotos des Opfers.
Die unteren Stufen wurden von Bildern aus seiner Kindheit und Jugend begleitet, während mit jeder Stufe der Al-
terungsprozess auf den Bildern fortschritt. Auf den ersten
Stufen lächelte ein kleiner Junge mit weißblonden Haaren ein zahnloses Grinsen in die Kamera und präsentierte
stolz seinen Schnuller. Wenige Schritte später sah er einen
etwas älteren Jungen mit Sonnenbrille und Rennfahrer-
fahrradhelm auf einem roten Laufrad vor dem Kindergarten sitzen. Auch wenn es von professionellen Ermittlern
anders erwartet wurde, konnte Bühl nicht anders, als aufgrund seiner Ähnlichkeit zu dem Mordopfer eine emo-
tionale Bindung mit dem Mann herzustellen. Bilder von
dem ersten Stadionbesuch des Hamburger Sportvereins,
dem Lieblingsverein Bühls, dem Verbrennen der Ma-
theunterlagen nach bestandener Abiturprüfung und des
ersten eigenen kleinen wie heruntergekommenen Autos
erinnerten den 42-Jährigen stark an seine Kindheit. Seine
Sohle kam laut auf der nächsten Stufe auf.

Etwas war anders. Die Bilder zeigten nicht länger nur
den Mann. Stattdessen hielt ein überglücklicher junger
Erwachsener ein wenige Monate altes Baby strahlend in
die Luft. Für die nächsten zwanzig Jahre bis nur Monate
vor dem Mord war nahezu jedes weitere Foto ein gemein-
sames Bild von Vater und Sohn.

„Wissen wir irgendetwas über die Mutter? Die scheint auf keinem der Bilder zu sein", bemerkte Bühl mit einem suchenden Blick.

„Es gab vor mehreren Jahren eine sehr hässliche Trennung, wahrscheinlich haben sie einander komplett aus ihrem Leben verbannt", klärte sein Kollege ihn auf.

Ein Zucken ging durch Bühls Körper. Auch er war nach einer gescheiterten Ehe alleinerziehender Vater und hatte minimalen Kontakt zu seiner einstigen Frau. Er wusste um den inneren Schmerz und betrachtete das erfüllte Lächeln nun in einem völlig anderen Licht. Wie viele der Fotos waren lediglich eine aufgesetzte Fassade, um das eigene Kind vor Sorgen zu schützen? Betroffen näherte er sich mit jeder weiteren Stufe den letzten Bildern aus dem Leben des Dozenten. Erste graue Haare wurden sichtbar, während die Falten Bild für Bild tiefer wurden. Allein das Lächeln war es, das stets gleich blieb und ein Gefühl von Willkommensein und Vertrautheit in jedes Bild brachte. Er machte das Rinnsal aus frischem Blut aus, welches sich beinahe symbolisch bis kurz vor die letzte Stufe zog und unter dem letzten Bild zum Stehen gekommen war.

Angespannt folgte er der tiefroten Spur in das Arbeitszimmer. Seine Maske zog sich an sein Gesicht, als er vor Grauen tief einatmete. Das ganze Zimmer war verwüstet worden. Mehrere aufgestellte Stühle waren umgeworfen worden, Blutspritzer hatten sich im ganzen Raum verteilt und die weißen Möbel befleckt. Mit einem Blick nach oben stellte er fest, dass der Täter so brutal vorgegangen war, dass selbst die Glühbirne der Deckenlampe Spritzer abbekommen hatte und so ein abgeschwächtes Licht auf die brutale Szene warf. Kleine Schilder waren strategisch vor Beweisstücken platziert, um zu verhindern, dass jemand auf sie trat. Er schaute auf einen blutigen Schuhabdruck, der in Richtung Treppe zeigte. Der hochwertige Sekretär wies mehrere Schnittmuster auf, zahlreiche Papiere hatten sich im Zimmer verteilt und waren teils blutgetränkt. Auf der von der Forensik markierten Türklinke zeichnete sich ein rötlicher Abdruck einer Handfläche ab.

Abgestoßen richtete sich sein verkrampfter Blick auf den großen Körper in der Mitte des Raumes. Das für das Opfer so typische warme Lächeln war nicht länger zu erkennen. Stattdessen hatten ein Ausdruck des blanken Entsetzens und der Todesfurcht das zerstochene Gesicht des Mannes zu einer unwirklichen animalischen Fratze verkommen lassen.

Blutiges Rot unterbrach den sanften Grauton des Bartes des Opfers und hatte das robuste Haar aufgeweicht. Ein tiefer Schnitt durchzog nahezu den gesamten Hals, in seiner Verzweiflung hatte der Mann seine Hand auf den Schnitt gelegt, um den Blutverlust zu stoppen. Mehrere Stiche hatten die Hand durchbohrt.

Die Abwehrverletzungen ließen auf einen Kampf schließen. Neben der aufgeschnittenen Kehle und den Einstichen an Kopf und Händen zählte Bühl mehr als zwei

Dutzend Stichwunden im Bereich der Brust-, Seiten- und Magengegend.

„Das kann kein Zufallsmord sein", stammelte Bühl erschüttert vor sich hin.

„So ein brutales Vorgehen würde kein Raubmörder an den Tag legen, die töten das Opfer mit wenigen gezielten Schüssen oder Stichen und verschwinden sofort. Das hier hat etwas Persönliches", stimmte Linz zu.

Mit einem Mal fiel sein Blick auf einen hüllenartigen Gegenstand, welcher fast vollständig unter dem heruntergefallenen Drucker begraben lag. Vorsichtig hob er das ramponierte Gerät an und brachte zwei Messerscheiden zum Vorschein.

„Jackpot!"

„Die Messer fehlen. Wahrscheinlich wurden die Scheiden in der Panik vergessen."

„Das glaube ich auch. Außerdem können wir jetzt mit sehr großer Sicherheit von zwei Tätern ausgehen", folgerte Bühl.

„Ich hole die Forensik, bleib du hier", wies sein Freund ihn an.

Nickend drehte der 42-Jährige eine der Nylonscheiden in seinen zitternden Händen. Sofort sprang ihm das Logo des Herstellers in die Augen. *BlackField*. Umgehend aktivierte er sein Walkie-Talkie.

„Überprüft alle Waffengeschäfte im Umkreis von zweihundert Kilometern auf Käufer von Messern der Marke

BlackField in den letzten drei Monaten und stellt mir eine Liste zusammen. Vermutlich wurden zwei Stück auf einmal gekauft, solche Käufer haben höchste Ermittlungspriorität. Falls keine Auffälligkeit vorhanden ist, weitet die Suche auf eine größere Zeitspanne und auf einen breiteren Radius aus, ich werde die Listen durchgehen", ordnete Bühl geistesgegenwärtig an.

Als er zurück ins Erdgeschoss ging, hielt er vor dem Foto des Ermordeten, das ihn im Alter von etwa vier Jahren vor seinem Dreirad zeigte.

„Wir finden deine Mörder", schwor er leise und ballte die Faust, bis seine Handschuhe zu zerreißen drohten.

Kapitel 3

Das Knirschen der kleinen Steine unter seinen Schuhen begleitete Bühl bei jedem Schritt, den er tätigte. Um neun Uhr morgens hatte er den Bredenbeker Teich mit Ausnahme einiger Hundebesitzer und Jogger ganz für sich allein. Vereinzelte Tannen durchbrachen die Monotonie der kahlen Laubbäume und sorgten für ein Mindestmaß an Grün in den kalten Wintermonaten. Tief atmete er aus und verfolgte, wie die verbrauchte Luft wolkenförmig zur milden Vormittagssonne aufstieg. Ein leises, anhaltendes Rauschen ertönte, als eine sanfte Brise die wenigen hellbraunen Blätter an den Ästen durchwehte. Träge ließ er sich auf die hölzerne Bank in der Mitte des kleinen Hügels fallen und ließ seinen Blick über die gefrorenen Felder streifen. Erneut musste er an den Mordfall Beck denken. Nach fast einer Woche Ermittlungen hatten alle vielversprechenden Spuren ins Nichts geführt.

Da die Obduktion den Todeszeitpunkt auf zwischen acht und neun Uhr morgens festgelegt hatte, schieden zentrale Verdächtige wie der Sohn und Alleinerbe des Ermordeten aus, weil dieser bis in die späten Abendstunden in der Universitätsbibliothek im viele Hundert Kilometer entfernten Zürich gesehen wurde. Andere Angehörige wie die geschiedene Ehefrau gaben bereitwillig ihre Handys zur Untersuchung und wurden ebenfalls gestrichen, da weder die Anrufsprotokolle noch Chatverläufe Anlass zum Verdacht gaben.

Mittlerweile begannen die Ermittler die Theorie einer persönlichen Bindung zwischen Täter und Opfer zu hinterfragen und verstärkten die Ermittlungsbemühungen außerhalb des Bekanntenkreises. Bühl zog mit seinen von der Kälte erröteten und tauben Fingern mehrere Papiere aus seinem Rucksack hervor. Die Messerscheiden waren ihre einzige Spur zu den Tätern, sofern es sich tatsächlich um eine Zufallstat handelte. Analysierte Hand- und Fingerabdrücke der mutmaßlichen Täter wiesen keinerlei Übereinstimmung mit der DNA-Datenbank der Polizei auf, welche sämtliche Straftäter des Landes erfasste. Entweder wurden die Täter bei anderen Verbrechen nie gefasst, oder der Mord stellte ihre erste Tat dar.

Bühl wusste, dass keine dieser beiden Optionen besonders beruhigend auf die Bevölkerung der Schlossstadt wirken würde.

Mit einem Seufzen hob er den vordersten Zettel an und begann die erst kürzlich finalisierte Liste der Käufer des Messers durchzugehen, dessen Scheide sie eine Woche zuvor aufgefunden hatten. Zunächst übersprang er sämtliche Einträge mit lediglich einem verkauften Messer und markierte Käufe zweier oder mehrerer Produkte. Ein weiteres Mal ging er die präzisierte Liste durch und beschränkte sich im zweiten Durchgang auf die Regionen Stormarn und Hamburg.

Da jeder Käufer von Waffen seine Adresse angeben musste, analysierte er seine nun wenige Dutzend umfassende Zusammenstellung auf Kunden aus Ahrensburg und dessen Umgebung. Adrenalin schoss durch seinen Körper, als er auf zwei Treffer in Ahrensburg stieß. Umgehend löste er sich von der Bank und joggte zurück in Richtung Parkplatz. Vielleicht hatte er gerade den Namen des Mörders ermittelt.

Kapitel 4

Schnaufend riss Bühl die mit Schlammspritzern bedeckte Tür seines veralteten Opel auf. Über beide Vordersitze liegend holte er sein Handy aus dem Handschuhfach und wählte die Nummer seines besten Freundes Linz. Frustriert schlug er auf das Polster, als seine von der Kälte gefrorenen Finger die dünnen Felder verfehlten und er mehrere Male hintereinander eine falsche Nummer eingab. Nach mühsamer Präzisionsarbeit ließ er sich schließlich in den Sitz sinken und wartete ungeduldig ab.

„Moin Chris, was gibt's?", meldete sich die schläfrige Stimme seines Freundes.

„Zwei potenzielle Verdächtige, wäre das was für dich?", gab Bühl mit sarkastischem Unterton zurück.

„Natürlich, ich habe keine Lust, jeden Tag in der Zeitung an die Arbeit erinnert zu werden. Lass uns diesem Stress ein Ende setzen."

„Ich habe zwei Käufer von jeweils zwei Messern ausfindig gemacht, die beide in Ahrensburg wohnen. Lukas Döhl, Straße Dänenheide im Stadtteil am Hagen, und Markus Harris, wohnhaft im Helgolandring", gab er die Adressen der beiden Verdächtigen an seinen Kollegen weiter.

„Ich übernehme Döhl, ich war schon lange nicht mehr im Tunneltal", fügte er hinzu und startete den Motor nach langem Stottern.

Den zahlreichen Schlaglöchern zum Trotz fuhr er schnell an und stieß sich beinahe den Kopf an der Decke des Wagens. Während er mit überhöhter Geschwindigkeit Richtung Ahrensburg West fuhr, rief er sich den

Tatort mental vor Augen. Mit einem Messer als Tatwaffe war es nicht unwahrscheinlich, dass die Täter sich versehentlich selbst eine Verletzung zugefügt hatten, falls die Klinge beim Einstechen abgerutscht war, weshalb er auf unerklärliche Wunden zu achten hatte. Falls er wirklich dem mutmaßlichen Täter gegenüberstand, würde er den Besuch als reine Routine ohne konkreten Verdacht bezeichnen, um den Verdächtigen in Sicherheit zu wiegen und von einer Flucht oder einem Angriff abzuhalten.

Da die Presse auf Anweisung der Mordkommission der Öffentlichkeit elementare Informationen, wie den aufgenommenen Handabdruck oder das blutige Schuhmuster des vermeintlichen Täters vorenthalten hatte, war es wahrscheinlich, dass der Täter nicht um seine hinterlassenen Spuren wusste und keinen Verdacht schöpfen würde, wenn Bühl die entsprechenden Proben vollzog.

Entschlossen bog er in die Dänenheide ein und betrachtete die groß geschnittenen Häuser. Vereinzelt parkten Familienwagen auf der Straße. Kein einziges hohes Mehrfamilienhaus störte das Bild der ruhigen, abgelegenen Siedlung am Rande der Stadt. Bühl verlangsamte sein Fahrzeug auf Schrittgeschwindigkeit und suchte nach der Hausnummer des Käufers. Jede Wohnung verfügte über einen Vor- und Hintergarten, oft schirmten Hecken die Bewohner vor neugierigen Blicken ab. Sein Blick fiel auf einen Wintergarten, welcher durch die kahle Hecke von der Straße aus einzusehen war. Er konnte eine junge Familie ausmachen, die mit einem üppigen Frühstück in den kalten Wintertag startete und das Panorama genoss.

Nicht unbedingt die Adresse, die man bei einem Mordverdächtigen erwartet hätte, dachte Bühl, als ein kleiner Junge auf seinem Tretroller mit einem Nicken stehen blieb, um ihn vorbeifahren zu lassen, bevor er die Straße überquerte. Zum Dank lächelnd schlug er leicht ein und brachte seinen Opel hinter einem neuwertigen Seat zum Stehen. Leicht verlegen betrachtete er sein heruntergekommenes und verdrecktes Fahrzeug, welches unter den penibel gepflegten Mittelklassewagen unangenehm auffiel. Die kritischen Blicke der Anwohner im Rücken spürend, ging er auf das Haus des Verdächtigen zu.

Ein geräumiger Vorgarten samt Carport lag zwischen Fußweg und der weißen Eingangstür. Rauch stieg aus dem Schornstein empor und ließ ihn innerlich die Wärme des Kamins spüren, die ihn gleich empfangen würde. Hinter dem Dach machte er eine Baumkrone aus, welche in heißen Sommertagen angenehmen Schatten spendete. Das Rauschen der Äste übertönend, drang metallenes Federn eines Trampolins in Kombination mit Kinderlachen an sein Ohr. Unter der Klingel hing ein hölzerner Schneemann, der ein Schild mit der Aufschrift *Familie Döhl* trug. Noch bevor das melodische Klingen endete, hörte er, wie hektische Schritte laut wurden. Ein um wenige Jahre als er älterer Mann öffnete verwundert über den plötzlichen Besuch die Tür.

273

„Guten Tag, mein Name ist Christopher Bühl. Ich bin von der Polizei Ahrensburg und würde gerne Herrn Lukas Döhl sprechen", stellte der Ermittler sich vor und präsentierte seinen Polizeiausweis.

Die Verwunderung des Mannes wich einer tiefen Besorgnis.

„Meinen Sohn? Ist alles in Ordnung?", fragte der Mann mit bleichem Gesicht zurück.

„Ich muss ihm nur ein paar Fragen stellen, wir ermitteln in einem wenige Tage zurückliegenden Mordfall und haben sämtliche Käufer der Messer verfolgt, mit denen das Opfer ermordet wurde. Wir haben unzählige Adressen und wollen alle Möglichkeiten ausschließen", informierte ihn Bühl. „Das ist reine Routine, es besteht kein konkreter Verdacht", versicherte er zusätzlich, als sich die Augen des Vaters weiteten.

Seine Worte waren nicht länger eine strategische Lüge, sondern entsprachen nunmehr auch seiner eigenen Auffassung. Das teure Haus ließ keine Schlüsse auf eine finanzielle Notlage zu, welche zu einem Raubmord führen könnte. Die Sorge des Vaters um seinen Sohn deutete auf ein stabiles familiäres Verhältnis hin, das elementar für Kriminalitätsprävention war. Höflich zog er seine Schuhe aus, während der Sohn auf die Rufe des Mannes antwortete und sich ins Erdgeschoss begab. Bühl warf einen Blick auf den Teenager. Mit seiner sportlichen Statur und einem vergleichsweise von Hautunreinheiten verschonten Gesicht sah er um einiges reifer aus als die gängigen Jugendlichen seiner Altersgruppe. Die vielen Stunden sportlicher Aktivität an der frischen Luft hatten für einen angenehmen Farbton seiner Haut gesorgt, welcher auch im Winter anhielt. Ohne Aufforderung seines Vaters streckte ihm der Junge seine Hand entgegen und verließ die letzten Stufen.

„Guten Morgen, ich bin Christopher Bühl", stellte er sich erneut vor.

„Freut mich. Weshalb wollen Sie mich sprechen?"

„Wahrscheinlich hast du schon von dem ermordeten Dozenten gelesen."

Der Teenager hielt betroffen inne und senkte seinen Blick.

„Ja, das war für uns alle wie ein Schlag. Vor allem für uns Schüler, weil das Opfer Leute in unserem Alter unterrichtet hat."

„Meine Kollegen und ich ermitteln in dem Fall und verfolgen jede Spur. Am Tatort haben wir Messerscheiden der Marke BlackField gefunden. Momentan verfolgen wir alle Käufer zurück, um sie als Verdächtige auszuschließen. Die Liste hat ergeben, dass du zwei Stück vor etwas über einem Monat gekauft hast, sind die noch in deinem Besitz?"

„Nein, ich hatte die ursprünglich als Werkzeug gekauft, um mit meinem besten Freund Richard campen zu gehen und etwas im Wald zu bauen, aber wir haben dann gemerkt, dass die Teile viel zu schwer und gefährlich sind.

Also haben wir sie direkt wieder an einen Mann in Hamburg verkauft."

„Wie sah der Mann aus? Weißt du noch seinen Namen oder eine Adresse?"

„Leider nicht. Ich habe ihn zufällig getroffen, und er meinte, er hat eine Messersammlung und würde uns die Messer für den halben Preis abkaufen. Er hatte eine schwarze Jacke und eine Baskenmütze, mehr kann ich nicht sagen. Das war so gegen Mittag am Samstag vor drei Wochen nahe dem Hauptbahnhof, falls Ihnen das hilft", erklärte der Junge.

Bühl fluchte in sich hinein, als sich die vielversprechende Spur als immer unwahrscheinlicher herausstellte.

„Wir werden dem nachgehen, ermitteln aber in alle Richtungen. Ist es für dich in Ordnung, uns deine Schuhe zur Untersuchung zu leihen und deine Fingerabdrücke aufnehmen zu lassen? Das musst du nicht, es würde uns aber sehr helfen."

„Gerne, ich möchte helfen, wo ich kann. Dad, kann ich mir deine Schuhe leihen?", stimmte Lukas zu und warf einen fragenden Blick in Richtung seines Vaters, der nickend sein Einverständnis gab, bevor Bühl den Jugendlichen zu seinem Wagen führte und seinen Kollegen die Personaldaten von Richard durchgab, um den Freund des Verdächtigen verhören zu lassen.

Kapitel 5

Vor Schmerzen rieb Bühl sich die Augen, die die letzten Stunden damit verbracht hatten, im Dunkeln auf den Handybildschirm zu starren. Die Gedanken an seine neueste Spur hielten den 42-Jährigen wach und würden ihm einen schlechten Start in die kommende Woche bescheren. Nachdenklich fuhr er mit seinen tauben Fingern über das Display, bis er bei einem Bild von Lukas Döhl im vergangenen Sommer stehen blieb. Umringt von Freunden lachte der Sechzehnjährige in die Kamera und kämpfte darum, nicht von dem Kinderkarussell vor dem CCA zu fallen, an das sich die Gruppe gehängt hatte. Ein weiterer Beitrag im Social-Media-Profil des Teenagers zeigte ihn im Unterricht schlafend, während ein aufgestelltes Mathebuch die Sonnenstrahlen abschirmte. Unwillkürlich stieß er vor Lachen Luft aus, als er den Ansatz des grimmigen Blickes seiner Lehrerin am oberen Bildrand ausmachte.

Er wollte nicht glauben, dass ein derartig unscheinbarer Jugendlicher seine bisher vielversprechendste Spur darstellen sollte. Schon während seines ersten Treffens waren Bühl seine Manieren und die ungewöhnliche Reife für sein Alter aufgefallen. Mehrere Artikel lokaler Blogs und Schulzeitungen schrieben von guten Platzierungen in Sportwettbewerben, Innovationsprojekten oder Debattierwettbewerben.

Während er sich den Kopf über ein mögliches Motiv des Verdächtigen zerbrach, öffnete sich plötzlich mit einem schrillen Klingeln die Telefon-App seines Handys. Nachdem er das Gerät vor Schreck beinahe an die Wand geschleudert hätte, hob er ab, um zu hören, wer ihn um diese Zeit anrief.

„Tut mir leid, Sie um diese Stunde anrufen zu müssen, doch unsere forensische Analyse der Spuren am Tatort hat soeben einen Treffer auf den Namen Lukas Döhl ergeben. Die Fingerabdrücke auf der Messerscheide sind identisch, auch konnten wir ein Haar des Verdächtigen an der Kleidung des Opfers identifizieren."

„Ich mache mich sofort auf den Weg", unterbrach Bühl die Ausführungen des Laboranten und hechtete zum Kleiderschrank.

In wenigen Sekunden zwängte er sich in seine Dienstuniform und sprintete die Treppe hinunter in Richtung der Garage. Als er die Eingangstür mit einem wuchtigen Knallen schloss, konnte er den abgeschnittenen, verwirrten Ruf seines Sohnes hören, den er durch seinen eiligen Aufbruch geweckt hatte. Schlitternd kam er vor der Fahrertür seines Wagens zu stehen und sprang ins Fahrzeuginnere. Mit einem U-Turn zulasten des Blumenbeets wendete er sein Fahrzeug und raste zum Haus des Jugendlichen, der nun zum Hauptverdächtigen geworden war.

Nach weniger als zehn Minuten gefährlicher Fahrmanöver würgte Bühl mit einer Vollbremsung den Fahrzeug-

motor ab und sprintete den in kompletter Dunkelheit ge-
legenen Vorgarten entlang, den er wenige Stunden zuvor
ahnungslos über den weiteren Verlauf des Falls betreten
hatte. Obwohl es nach drei Uhr war, konnte er das Licht
im Hausinneren brennen sehen, als er mit seiner Handfläche auf die Klingel schlug. Mit nur wenigen Sekunden
Verzögerung öffnete der Vater des Jugendlichen, das Gesicht bleicher als das Weiß des Schneemannes, welcher
unter der Klingel hing.

„Herr Döhl, es geht um Ihren Sohn, ich muss ihn sofort
–“, brachte der Ermittler unter Keuchen hervor.

„Er ist weg. Als meine Frau sich ein Glas Wasser holen
wollte, haben wir seine Nachricht gesehen“, unterbrach
ihn der Familienvater und kämpfte, die Verzweiflung in
seiner Stimme zu unterdrücken.

Innerlich zerrissen wandte sich Bühl ruckartig ab und lief
zurück zum Wagen. Er wusste um die zusammenbrechende Welt des Mannes, jedoch hatte die Ergreifung des Täters eine höhere Priorität als tröstende Worte.

„Bühl an Zentrale, melde, der Verdächtige Lukas Döhl
im Mordfall Beck ist flüchtig. Mutmaßlich benutzt die
Zielperson ein Fahrrad, öffentliche Verkehrsmittel oder ist
zu Fuß unterwegs“, leitete er die Fahndung über den Polizeifunk ein, als er auf die geparkten Autos der Familie sah.

„Negativ, Christopher“, hörte er die vertraute Stimme
seines Kollegen Michael Linz. „Das Labor konnte sowohl

den Hand- als auch den Schuhabdruck auf Richard Wolf
zurückführen. Beim Zugriff haben wir festgestellt, dass der
Verdächtige ebenfalls flüchtig war, und eine Fahndung ein-
geleitet. Kurz darauf konnten die Beamten die beiden Tat-
verdächtigen noch am Bahnhof Ahrensburg festnehmen.
Ersten Befragungen zufolge wollten sie aus Langeweile mit
ihren bisherigen Leben durch Raubmorde genügend Geld
für einen Flug nach Australien zusammentragen, um dort
in der Wildnis als Gesetzlose zu leben. Sie haben angegeben, ein Interview für die Schule führen zu wollen, um in
das Haus des Opfers gelassen zu werden. Zumindest Döhl
gab an, in den Minuten vor der Tat einen Sinneswandel gehabt zu haben und von dem Vorhaben abzurücken, da der
Ermordete sehr gastfreundlich und entgegenkommend
war. Als dieser jedoch die schlechte Vorbereitung für das
angebliche Interview kritisierte, hat das etwas in Richard
Wolf ausgelöst, der Beck nur wenige Sekunden später in
rasender Wut attackiert hat. Wir werden in den nächsten
Tagen forschen, ob es Ereignisse in Wolfs Leben gab, die
den plötzlichen Gewaltausbruch erklären können", klärte
er ihn über den gescheiterten Fluchtversuch der beiden Jugendlichen auf.

„Danke Michael, wir sehen uns später", gab Bühl er-
schöpft zurück und legte auf.

Fassungslos wandte er sich erneut dem Haus zu und
ging in Richtung des verzweifelten Schluchzens, das durch
die angelehnte Tür die Nachtluft durchbrach. Als lieben-

der Vater konnte er den Schmerz und die zusammenbrechende Welt des nach Luft ringenden Mannes nur erahnen, als er sich mit schüttelndem Kopf und Tränen in den Augen auf den Weg machte, der Familie ihre schlimmsten Befürchtungen zu bestätigen.

Diese Geschichte wurde in Anlehnung an den Dartmouth-Doppelmord des Jahres 2001 geschrieben. Brutalität, Unberechenbarkeit der Täter und das Fehlen nachvollziehbarer Motive zerstörten vor mehr als 20 Jahren das Gefühl der Idylle, welches die kleine Gemeinde der Stadt Hanover, New Hampshire, auszeichnete.

Henry Riedl
„SCHEISSE MANN, ANDRESEN"

Prolog

Durch die trüben Fenster sandte die untergehende Sonne ihre letzten Strahlen in die Wohnung. Sie drängten sich durch das Wohnzimmer mit den verschlissenen Möbeln, brachen sich im tanzenden Staub und fluteten den schmalen Flur, wo sie einen Zettel in ein orangenes Licht badeten. Auf dem Zettel stand eine Nachricht.

Ich war's! Keine Polizei! Hau ab!
Andresen

Der Zettel wurde zusammengeknüllt und in die Tasche gesteckt. Jemand fluchte: „Scheiße Mann, Andresen."

Dann stieg ein Schatten über die Leiche am Boden, wich der Blutlache aus, die nach den Sneakers im Flur leckte, und hastete aus der Tür.

Kapitel 1

Hauke Peters bahnte sich seinen Weg durch die Menge an Schaulustigen und nickte einem Uniformierten zu, der die gaffenden Schiebermützen und Stolas auf Abstand zum Wohnblock am Waldrand hielt. Durch das Treppenhaus hallte das Scheppern der Trage, auf der der Tote abtransportiert wurde. Hauke Peters quetschte sich in den blutverschmierten Flur. Der Gestank zog ihm in die Nase, und er knurrte.

„Das Böse hat wieder einmal zugeschlagen", murmelte er mit Blick auf den Tatort.

Seine Kollegin Stefanie Miere kam ihm schwungvoll aus dem Wohnzimmer entgegen. Sie war in ihrem Element.

„Das Opfer ist nicht der Eigentümer der Wohnung", kam sie sogleich zur Sache.

Ihre Lippen bewegten sich kaugummikauend weiter, während sie ihren Notizblock aufschlug.

„Der Eigentümer heißt Andresen und lebt alleine. Ich habe die Personenbeschreibung und die Kleidung, mit der er zuletzt gesehen wurde, schon an die Streife gegeben."

Plopp!

Eine kleine, rosa Blase zerplatzte, als sie umblätterte.

„Das Opfer ist circa 55 Jahre alt, wir wissen noch nicht, wer es ist."

Plopp!

„Mehrere Stichverletzungen an Hals und Brust sowie eine Fraktur am Schädel. Todeszeitpunkt vor kaum mehr als einer Stunde. Die Tür stand sperrangelweit offen."

Plopp!

Mit der Zunge schleckte sie die zerplatzte Blase von den Lippen und begann wieder zu kauen.

„Keine Anzeichen für gewaltsames Eindringen in die Wohnung; Andresen muss den Mann also gekannt und eingelassen haben. Mehr wissen wir noch nicht."

PLOPP!

Die größte Blase zerplatzte mit dem Zuschnappen des Blocks. Hauke Peters hätte ihr den Kaugummi am liebsten aus dem Mund gefummelt, doch Stefanie Miere war bissiger als der schärfste Polizeihund. Ihre schweren Lider folgten ihm durch die zwei Zimmer der Wohnung.

„Andresen hat alleine gewohnt?", hakte er nach. Seine Spürnase witterte etwas. Stefanie Miere wiederholte zwischen zwei rosa Blasen die Fakten. Kopfschüttelnd stand Hauke Peters vor dem geöffneten Kleiderschrank aus billigem Pressholz und inspizierte den Inhalt.

„Der hat nicht alleine gelebt", murmelte er in die Unordnung hinein. Dann lauter: „Hat Andresen Kinder?"

Stefanie Miere, die im Türrahmen lehnte, zuckte die Schultern.

„Das hat keiner erwähnt."

Plopp!

„Wieso?", fragte sie.

„Hier, sieh dir diese Kleidung an." Hauke Peters zeigte auf die entsprechenden Teile. „Und noch etwas." Mit dem Finger lockte er seine Kollegin in den Flur, sie folgte wie ein treuer Hund.

„Hier, diese Turnschuhe."

Er deutete auf ein Paar bunter Sneakers.

„Ich habe solche Schuhe zuletzt vor zwanzig Jahren getragen", sagte er. „Die sind von keinem Erwachsenen."

„Also suchen wir außerdem nach einem Jugendlichen", folgerte seine Kollegin und wollte die Meldung sogleich durchgeben, da knackte ihr Funkgerät, und einer der Uniformierten, die unten am Streifenwagen gewartet hatten, meldete sich. Andresen, der Eigentümer der Wohnung, war am Bahnhof gesichtet worden. Hauke Peters sprang in seinen Wagen und jagte über das Kopfsteinpflaster in Richtung Stadtmitte.

Kapitel 2

„Scheiße Mann, Andresen", keuchte Fiete. Andresen hatte jemanden umgebracht, und nun war die Polizei hinter ihm, Fiete, her. Im Laufen sah er zur Seite. Einer der Polizisten, die ihn verfolgten, rannte parallel zu ihm auf der stadtabgewandten Seite der Gleise. Der Zweite war nicht mehr zu sehen. Fiete erreichte keuchend die schneckenförmige Unterführung, die unter der Bahnstrecke verlief. Der Polizist hatte seine Seite der Schnecke noch nicht erreicht, also hatte Fiete noch einen Vorsprung. Er ließ die Gleise hinter sich und wandte sich in Richtung Stadt. Andresen hatte wie immer recht gehabt. Er musste weg!

Blutrot versank die Sonne in der Schneise, welche für die breite Straße, die er nun überquerte, in den Stadtwald geschlagen worden war. Einige Hundert Meter vor ihm, vorbei an Geschäften, Post und Eisdiele, lag das Rondeel – das Zentrum der kleinen Stadt – mit seinen Cafés, Bäckereien, den Sonnenschirmen und kleinen Tischen, die nun aber weggeräumt waren, denn es war Winter.

Von hinten kam die Stimme des Polizisten. Er schien Fiete zu verwechseln, denn er rief laut nach Andresen. Doch Fiete floh trotzdem. Er wich von der Straße ab und nahm zwischen den Häusern eine Abkürzung zu einer der anderen Straßen, die sonnenstrahlenartig vom Rondeel abgingen. Dort schmiegte sich ein großes Kaufhaus zwischen die kleinen Läden und wartete geduldig auf seinen Feierabend. Fiete stürmte hinein, zwängte sich vorbei an Anoraks und Schals, die sich zwischen Ladentischen mit noch mehr Anoraks und Schals drängten, und verschwand in einer Umkleidekabine. Die Polizei würde ihn schon bald finden. Oder Andresen. Er wusste nicht, was schlimmer wäre.

Kapitel 3

Hauke Peters erreichte wenige Minuten nach seinen Kollegen den Eingang des Kaufhauses. Die Polizeimeute erwartete ihn bereits in der Mitte des Geschäfts. Er nickte ihnen zu.

„Ihr seid euch sicher, dass es Andresen ist?", fragte er in die Runde.

Ein Schnauzbart nickte.

„Wir haben sein Gesicht nicht gesehen, aber Kleidung und Statur passen."

Der Schnauzbart wackelte beim Sprechen.

„Wir haben den Anorak aus der Beschreibung auf dem Bahnsteig erkannt, doch bevor wir ihn hatten, ist er abgehauen."

Hauke Peters überlegte kurz, dann gab er Anweisungen.

„Bringt die Leute hier raus! Kontrolliert die Ausgänge!", bellte er. Andresens Flucht war so gut wie ein Schuldgeständnis. In diesem Kaufhaus versteckte sich ein Mörder.

„Lasst äußerste Vorsicht walten", setzte er hinzu. „Wir wissen nicht, ob Andresen …"

Die Diebstahlsicherung der Tür hinter ihnen begann zu klingeln und unterbrach ihn. Der Instinkt der Polizisten schlug an, und die Meute bewegte sich in froher Erwartung zum Klingeln. Dort stand eine Pudelmütze und wühlte bereits hektisch in ihrem Einkaufsbeutel. Sie förderte ein Paar Socken hervor und hielt sie wie einen Schild vor sich, die heranstürmenden Polizisten abwehrend.

Zu spät wurde Hauke Peters bewusst, dass keiner von ihnen mehr den Ausgang auf der anderen Seite sehen konnte. Und sosehr sie Andresen später auch suchten; sie fanden nur noch den Anorak und in ihm eine zerknüllte Notiz.

Kapitel 4

Drei Minuten bevor der Alarm losgegangen war: Andresen schob sich im ersten Stock vorsichtig hinter einer Säule hervor. Ein schneller Blick. Die Pudelmütze stand weiterhin an der Kasse. Und wo war der Kommissar? Andresen verfluchte Fiete dafür, dass der die Aufmerksamkeit der Polizei erregt hatte. Er hatte inzwischen den auffälligen Anorak beseitigt, den Fiete sich bei der hastigen Flucht übergeworfen hatte. In Andresens Hand knisterte eine neue Notiz. Noch war es nicht zu Ende. Er musste nur seinen Plan ändern. Er musste dafür sorgen, dass Fiete ihn nicht dabei behinderte. Er kratzte sich über die unrasierte Wange und überlegte. Die Polizei war versammelt. Sie mussten hier schnell weg. Sein stierender Blick verfolgte die Pudelmütze. Ihre Erwerbungen trug sie in einem Stoffbeutel. Hinter den brennenden Augen flammte eine Idee auf. Er grinste wölfisch.

Es gab für ihn keine Grenzen mehr, denn *Er* ist tot. *Er* bleibt tot. Und Andresen hatte *Ihn* getötet.

Kapitel 5

Das Schrillen der Alarmanlage brachte Fiete wieder zur Besinnung. Er stand im Freien, die kalte Luft brannte auf seinem Gesicht. Wie hatte er das geschafft? Er hatte keine Zeit zum Grübeln. Er war ein Lamm, verfolgt vom Wolf, und er musste sich verstecken. Er lief über den zugeparkten Marktplatz auf der dringenden Suche nach einem Versteck. Vor ihm hatten sich das Rathaus und die Bibliothek breit gemacht und sahen selbstzufrieden auf das Treiben. Erst als Fiete hinter den Gebäuden eine dunkle Ecke fand, begann er, wieder klar denken zu können. Er hatte wieder eine seiner Phasen gehabt. Wie aus einer Trance wachte er manchmal auf, ohne sich an die letzten Minuten, Stunden, manchmal Tage zu erinnern. Plötzlich blieb er stockstarr stehen, und wie in Zeitlupe bewegte sich seine Hand auf seine Tasche zu. Wann immer das passierte, fand er später eine Notiz von Andresen. Seine klammen Finger ertaste-

ten etwas, und ihm blieb das Herz stehen. Er faltete den
Zettel auseinander und las die Nachricht.

Wald bei Wohnung!
Andresen

Er war da gewesen! Fiete knüllte den Zettel hastig zusammen. Andresen hatte ihm wieder eine Notiz zugesteckt.
Fiete fuhr bei dem Gedanken daran, dass Andresen ihm
so nah gekommen war, ein Schauder über den Rücken.
Verängstigt sah er sich um. Beobachtete ihn Andresen
aus den Schatten? Fiete hielt es nicht mehr in seinem
Versteck. Er hastete zurück zur Straße und folgte ihr in
die der Wohnung entgegengesetzten Richtung. Was hatte Andresen vor? Wer war Andresen überhaupt? Fiete
wusste es nicht. Er wusste nur, dass er nicht in den Wald
wollte. Andresen hatte jemanden umgebracht, und Fiete
hatte Angst.

„Scheiße Mann, Andresen!"

Tränen schossen ihm in die Augen, seine Schritte wurden eiliger, dann begann er zu rennen. Er wusste nicht
mehr, wie lange er blind der Straße gefolgt war, doch irgendwann war er mit seiner Kraft am Ende. Ein Auto kam
ihm entgegen und blendete ihn. Konnte das die Polizei
sein? Er wusste, dass Andresen etwas Böses getan hatte.
Doch was bedeutete das für Fiete? Im grellen Licht fühlte
er sich entblößt, nackt. Ein Pfad zu seiner Rechten lockte

291

mit verbergenden Schatten, und er taumelte hinein. Seine Schritte wurden unsicher, die Tränen waren inzwischen versiegt. Vor ihm in den Schatten stand eine Bank, doch er erreichte sie nicht mehr. Andresens Notiz in seiner Faust konnte ihm keinen Halt mehr geben, als er stolperte und in die Dunkelheit stürzte.

Kapitel 6

Stefanie Miere kam aus der Küchenzeile des Präsidiums und stellte Hauke Peters einen Becher Kaffee auf den Schreibtisch.

„Die Streifenwagen haben noch nichts gesehen", berichtete sie.

Der Kommissar hob dankend die Tasse und nahm einen Schluck. Dann lehnte er sich seufzend im Stuhl zurück und rieb sich die Augen.

„So eine … dieser verdammte …" Der Ärger in ihm brach sich Bahn, und es ergoss sich eine Flut von Flüchen und wüsten Beschimpfungen, von der jeder andere als Stefanie Miere aus dem Büro gespült worden wäre.

„Gehen wir noch einmal alles durch?", fragte sie gelassen, als er sich beruhigt hatte. Er nickte und grabschte unwirsch nach seinen Zetteln, während Stefanie sich einen Kaugummi einwarf und ihren Notizblock hervorzog.

„Das Opfer zuerst?", fragte sie.

Plopp!

„In Ordnung." Er nahm zur Beruhigung einen Schluck Kaffee. „Männlich, weiß, an die 60 Jahre. Wir wissen nicht, wer es ist, denn …"

Sie nahm den Faden auf: „… denn das Opfer hatte keine Brieftasche bei sich. Kein Ausweis, kein Führerschein, kein gar nichts."

„Er starb an mehreren Messerstichen in die Brust. Die Tatwaffe lag im Wohnzimmer: ein Küchenmesser. Die improvisierte Waffe und die wilde Flucht lassen auf eine Tat im Affekt schließen", schloss er.

Plopp!

Hauke Peters leerte seinen Becher.

„Warum war Andresen am Bahnhof, als die Kollegen ihn gesehen haben?", fragte er sich nicht zum ersten Mal.

Plopp!

Er rief sich noch einmal die üblen Wunden in der Brust des Opfers in Erinnerung. Andresen war brutal.

Plopp!

Und im Kaufhaus war er clever.

Plopp!

Und doch war er zunächst in kindischer Naivität zum Bahnhof gelaufen. Das passte nicht zusammen.

PLOPP!

Mit einem strengen Blick versuchte er, Stefanie Mieres Blasenproduktion zum Stoppen zu bringen, doch sie war in ihre Notizen vertieft.

293

„Was ist mit diesem Jungen? Hast du etwas über ihn herausgefunden?", fragte er sie.

Sie schüttelte den Kopf. „Keiner der Anwohner wusste
etwas von einem Jugendlichen."

„Aber wie kann das sein?" Hauke Peters sprang vom
Stuhl auf. „Da lebt ein Junge zusammen mit einem
erwachsenen Mann in einer Wohnung. Keiner weiß,
wer der Junge ist, keiner hat ihn auch nur jemals gesehen."

Sie sah ihm dabei zu, wie er händeringend auf und ab
ging.

„Was das wohl mit den ganzen Zetteln soll, die wir zwischen den Sachen des Jungen gefunden haben", überlegte
sie laut. „Reden die nicht miteinander?"

Hauke Peters antwortete nicht. Er erinnerte sich gerade daran, dass sie so einen Zettel auch im Anorak von
Andresen gefunden hatten.

„Mir gefällt das auch nicht", unterbrach Stefanie Miere
seine Gedanken. „Mir gefällt der Gedanke nicht, dass wir
nicht wissen, wo dieser Junge ist, wieso er bei Andresen
war und wer er überhaupt ist."

Sie nahm ihre Jacke und kramte nach ihren Auto-
schlüsseln. „Ich fahre zur Wohnung und schnüffle noch
einmal herum. Vielleicht finde ich irgendetwas, was uns
weiterhilft."

Sie rauschte aus dem Büro und ließ Hauke Peters alleine vor seinem Rechner. Er hoffte, dass bei ihr dieser Opti-

294

mismus, dass sie etwas erreichen konnten, länger blieb als bei seinen Kollegen. Denn irgendwann fingen die meisten an, nur noch die dunkle Seite der Menschen zu sehen.

Im Erdgeschoss des Präsidiums schlug die Tür zu, und er drehte sich wieder zu seinem Computer. Andresen war vorstrafenfrei, doch Hauke Peters hatte vorhin in Andresens Akte einen Eintrag bemerkt, der ihn nun zu einem fast 25 Jahre alten Polizeibericht führte.

Beim Lesen des Berichts wurden seine Augen immer größer. Danach öffnete er eine weitere Personalkartei und besah sich genau das Foto, das dort eingefügt war. Dann grabschte er hastig nach seinem Handy, um Stefanie Miere anzurufen.

„Hey, ich bin gerade in der Wohnung ange…"

„Ich weiß, wen Andresen umgebracht hat", platzte er raus, „und wieso."

Und so berichtete Hauke Peters seiner Kollegin, was er in dem Polizeibericht über Andresen erfahren hatte.

Andresens Name tauchte in einem Bericht über Kindesmisshandlung auf. Als Andresen 10 Jahre alt war, starb seine Mutter. Sein Vater, Theo Andresen, zog ihn alleine groß. Theo Andresen war jedoch Alkoholiker und gewalttätig. Entdeckt wurde das erst, als ein Amt auf die Misshandlung aufmerksam gemacht wurde und den Jungen rettete. Doch zu spät.

Hauke Peters zögerte einen Moment. Beim nächsten Absatz stellten sich ihm die Nackenhaare auf.

„Ja, und weiter?", fragte Stefanie Miere am anderen Ende der Leitung.

„Andresen war danach wohl nicht mehr derselbe", erklärte er. „Hier wurde zumindest der Kommentar eines Kinderpsychologen eingefügt, der beschreibt, dass Andresen wohl psychisch noch schlimmer gelitten hatte als physisch."

Er räusperte sich und wartete, ob seine Kollegin etwas sagen wollte, doch an ihrem Ende blieb es still. Deshalb fuhr er fort: „Der Vater wurde schließlich verurteilt und war für den Rest von Andresens Jugend im Gefängnis. Ich habe in Theo Andresens Akte ein Foto gefunden. Er ist unser Opfer."

Statt einer Antwort raschelte es am anderen Ende der Leitung. Stefanie Miere kramte in etwas.

„Hier im Mülleimer sind noch mehr von den Zetteln", berichtete sie. „Notizen mit Anweisungen. Nein, eher Befehlen", korrigierte sie sich. „Und alle unterschrieben mit *Andresen*." Dann schnappte sie nach Luft. „Du glaubst nicht, was auf diesem Zettel steht."

Kapitel 7

Andresen setzte sich auf die Bank, vor der Fiete soeben noch gestürzt war. Es war kalt. Sein kurzer Atem produzierte kleine Wolken. Als ihm das auffiel, lehnte er sich zurück. Er stieß lange Nebelwolken in Richtung Mond aus. Wie schön es doch war zu atmen. *Er* konnte es nun nicht mehr. Die Messerstiche waren eine Erlösung gewesen. Andresens Katharsis. Jetzt konnte ihn nichts mehr zurückhalten. Er bleckte die Zähne.

Fiete war ein Problem. Fiete hatte seine Anweisung nicht befolgt. Das bedeutete eine Belastung. Wütend nahm er die Notiz und zerriss sie, sodass die Fetzen flogen. Zähneknirschend stand er auf und ging weiter den Weg entlang. Seine Schritte wurden langsamer. Er warf noch einen letzten Blick zurück auf den Boden vor der Bank. Er ging zurück. Er durfte keine Spuren hinterlassen.

Kapitel 8

Hauke Peters nahm auf der Treppe nach draußen mehrere Stufen auf einmal. Es hatte ihn nicht mehr im Büro gehalten. Es zog ihn hinaus, um Andresen zu suchen. Die Notiz, die Stefanie Miere gefunden hatte, war der Beweis, dass Andresen nicht so war wie andere Kriminelle. Und Hauke Peters hatte bereits viele Kriminelle erlebt und unter ihnen etliche mit tragischen Schicksalen. Das brachte sein Beruf mit sich. Doch wie die Straßenlaternen das Dunkel hinter der Windschutzscheibe immer wieder durchbrachen, so glaubte er fest daran, dass jeder Mensch zwei Teile in sich trug. Einen hellen und einen dunklen Teil. Und bei Andresen hatte nun der dunkle Teil die Oberhand.

Hauke Peters fuhr vorbei an Rathaus und Bibliothek, nahm eine Abzweigung rechts, dann links und ließ somit das Zentrum hinter sich. Vor ihm gaben die Häuser nach und nach den Blick frei auf das Wahrzeichen der Stadt. Scheinwerfer beleuchteten dezent die weiße Fassade des Renaissanceschlösschens. Das Wasser in den Schlossgräben war ebenso dunkel wie die Giebel der drei Langhäuser. Hauke Peters folgte dem sanften Schwung der Straße und führte seinen Wagen auf die Parallele des Schlosses, da wagte sich der Mond hinter einer Wolke hervor und ließ das Wasser sanft glitzern. Über die angrenzende Schlosswiese lief eine Gestalt, und Hauke Peters erschien es wie ein Wunder, als der Mond ihm Andresen offenbarte.

Kapitel 9

Folgt man dem dunklen Weg mit der Bank, so erreicht man schließlich eine Weggabelung. Zu der einen Seite folgt man dem Weg zur alten Wassermühle, auf dem anderen Weg kann man schon nach kurzer Zeit das Schloss durch die Bäume schimmern sehen. Tatsächlich ist die Tatsache, dass das Schloss als solches bezeichnet wird, nur bedingt berechtigt. Der damalige Landherr erbaute es als Herrenhaus. Er hatte die noch leeren Ländereien, inklusive einer Burg wenige Kilometer vom jetzigen Standort des *Schlosses* entfernt geerbt. Die Burg war verfallen, und so nahm der neue Herr die Überreste des zusammengestürzten Gebildes und errichtete daraus den herrlichen Wohnsitz, fortan Sitz der Gerechtigkeit und Entscheidungsgewalt.

Und nun bot das Schloss im fahlen Mondlicht die einzigartige Kulisse für den Moment, in dem sich der dunkle Schatten bewusst wurde, dass auf der Straße nur einige Meter weiter ein Wagen stehen geblieben war. Der Schatten zögerte, wie ein scheues Tier begutachtete er die schimmernde Lackierung im Mondlicht. In ihm tobte ein Kampf, denn es galt nun zu entscheiden, was zu tun war. Es war ein Kampf zwischen Freiheit und Gefangenschaft. Jenseits der Straße schlug eine Kirchturmuhr zur vollen Stunde. Hallend waberten die Schläge über die Wiese und fanden ihr Ende schließlich an der unumstößlichen Wand des Schlosses. Die Welt tauchte in einen Schleier aus Dunkelheit, als sich eine Wolke vor den Mond schob und der Schatten wieder mit der Dunkelheit verschmolz. Der Kampf in seinem Inneren war beendet, und eine Entscheidung war gefallen. Er hatte Freiheit gewählt.

Kapitel 10

Hauke Peters spähte angestrengt durch das Seitenfenster und versuchte, etwas zu erkennen. Mit dem Schwinden des Mondlichts verlor er jede Sicht auf die Gestalt. Er ließ den Motor laufen und stieg aus dem Wagen.

„Hey!", rief er in die Dunkelheit hinein. Er überquerte die Straße. „Ich weiß, was Ihr Vater Ihnen damals angetan hat." Er zögerte. „Ich weiß, warum Sie ihn getötet haben."

„Ich habe ihn nicht getötet."

Andresen stand mit einem Mal vor ihm. An seiner Stirn, etwas verdeckt von den wilden Haaren, war eine Schramme, Staub klebte an dem Blutfleck darum. Die Augen waren tränengerötet.

„Das war ich nicht", sagte der Mann noch einmal mit einer unpassend hohen Stimme. „Das war Andresen." Und dann fügte er wie zu sich selbst hinzu: „Scheiße Mann, Andresen."

Stefanie Mieres Stimme hallte in Hauke Peters' Kopf.

Du glaubst nicht, was auf diesem Zettel steht. Er ist adressiert an Fiete. Er hat ihn an sich selbst geschrieben!

„Bist du Fiete?", fragte Hauke Peters vorsichtig. *Andresen*, ergänzte er in Gedanken. *Fiete Andresen?*

Fiete Andresen nickte.

Nach und nach setzten sich in Hauke Peters' Kopf die Puzzleteile zusammen. Von dem Andresen, der damals so grausam aus dem Paradies der Kindheit vertrieben worden war, war ein kleiner Teil übrig geblieben: Er nannte sich Fiete – der Junge, der mit dem erwachsenen Andresen zusammenlebte, und das nicht nur in der Wohnung. Nur, warum kam Fiete nun zu ihm?

„Was ist mit Andresen?", fragte Hauke Peters behutsam.

„Er beobachtet mich. Ich weiß es." Fiete Andresen sah sich gehetzt um. „Er wollte, dass ich weglaufe, aber ich mache nicht mehr, was er sagt."

„Nein, das ist gut", beeilte Hauke Peters sich zu sagen. „Andresen ist kein besonders guter Mensch."

Aber du, Fiete, scheinst es zu sein, dachte er. *Und vielleicht bedeutete das Hoffnung auf ein glücklicheres Leben.*

Während sie zum Wagen gingen, hielt Fiete sich nun dicht an der Seite des Polizisten, wie ein Lamm, das beim Wachhund Schutz vor dem Wolf sucht. Zusammen fuhren die beiden über die Straße davon.

Sybille Röhrl

Ja

„Nej", „no", „non", „ne", „ei", „lo", „nem", „nao", „ohi", „ah-neo" – weltweit die erste Antwort, die Kinder mit Nachdruck sagen. Warum ist „Nein" eigentlich der Renner? Ein kurzes, fröhliches „Ja" würde das häusliche Zusammenleben deutlich erleichtern. Aber es sieht so aus, als müssten Eltern sich so viel Harmonie erst verdienen.

Mit diesem Gedanken bog die junge Polizeimeisterin Jessica Kahl in die kleine Sackgasse neben der Polizeistation Ahrensburg und parkte ihren Wagen. Schon als sie die Treppe zum Eingang hochlief, konnte sie die Hoffnung begraben, dass nach den vielen Kleinstkämpfen am frühen Morgen mit ihren Kindern jetzt ein ausgeglichener Tag begann. Eine offensichtlich sehr aufgebrachte Frau brüllte auf ihren Kollegen ein. Dirk Michelsen, mit dem sie gemeinsam die Polizeischule beendet hatte, versuchte verzweifelt, sie so weit zu beruhigen, dass ein Gespräch möglich war. „Ihr Bullen steht hier nur rum, macht euch einen Kaffee nach dem anderen, und sonst geht gar nichts!", schnaubte sie aufgebracht.

„Worum geht's? Kann ich Ihnen helfen?", versuchte Jessica Kahl, ihm zu helfen, die Situation zu entschärfen.

Die Frau drehte sich um, musterte die junge Polizistin von oben bis und unten, was ihre Laune aber nicht zu bessern schien. „Nette Uniform, gut geschminkt mit blond gefärbtem Pferdeschwanz. Wieder so eine Quotenpolizistin!", ihr vernichtendes Urteil.

„Nein!", war die spontane Antwort, „nicht Quotenpolizistin, sondern Polizistin aus Leidenschaft! Und weil ich das bin, möchte ich Ihnen gerne helfen. Worum geht es?"

„Um Niko. Ich weiß nicht, wo er ist", kam es kleinlauter von der Frau, die gleich viel weniger aggressiv wurde.

„Lassen Sie uns in Ruhe darüber sprechen, gehen wir in einen Nebenraum", schlug die Beamtin vor. Dirk Michelsen nickte seiner Kollegin dankbar zu, als sie ins Nebenzimmer gingen.

„Ich nehme an, Niko ist Ihr Sohn."

„Genau. Er war heute Nacht nicht zu Hause", begann sie zögernd. Er war nicht, wie man denken konnte, zwischen 16 und 18 Jahren, er war 5 ½ Jahre! Kein Alter, um eine Nacht außer Haus zu verbringen. An der Überraschung der Polizistin sah sie deutlich eine gewisse Fassungslosigkeit und den unausgesprochenen Gedanken: Wie konnte es sein, dass ein so junges Kind verschwand und die

Mutter es bis zum nächsten Morgen nicht merkte. Trotzig kam diese jeder Nachfrage zuvor: „Ist eben so."

„Ist das denn schon öfter so?", wollte Jessica Kahl wissen. Es war noch nie vorgekommen, darum trieb ihre Angst sie letztlich zur Polizei, von der sie eigentlich nichts wissen wollte.

Egal, was auch immer vorgefallen war, ganz sicher wussten die Kollegen schon von dem Vorfall und hatten das Kind irgendwo aufgegriffen. „Warten Sie bitte einen Moment, ich frage nach", sagte die Beamtin im Aufstehen.

Sie recherchierten, dass weder in Ahrensburg noch irgendwo in den umliegenden Gemeinden eine Meldung vorlag. Zurück im Nebenzimmer schien alle Wut der Mutter einer zunehmenden Angst gewichen zu sein. Zusammengesunken saß sie auf ihrem Stuhl und wirkte viel älter, als sie vermutlich war.

„Uns sind noch keine Meldungen durchgegeben worden, aber ich bin sicher, wir werden Niko schnell finden. Sind Sie bitte so gut, mir genau die letzten Stunden mit Ihrem Sohn zu schildern."

Frau Silke Schröder wohnte im Nachtigallenstieg in einem alten Häuschen direkt am Forst. Sie war alleinerziehende Mutter, 32 Jahre alt und arbeitete als Küchenhilfe in einem Senioren- und Pflegeheim, unweit des nahegelegenen U-Bahnhofs. Bis hierher fuhr sie täglich wenige Stationen mit dem Bus. Auf dem Fußweg zu ihrer Arbeit konnte sie Niko im Kindergarten abgeben. An diesem Tag war Niko alleine mit dem Bus gefahren, sie hatte Spätschicht und konnte ausschlafen.

„Ausschlafen!", brach es etwas zu laut aus Jessica Kahl heraus.

Das stachelte sofort Frau Schröders Aggression neu auf. „Ja, ausschlafen!", bellte sie. „Ich habe nun mal keinen tollen Mann, der die perfekten Kinder mit dem standesgemäßen SUV in den Kindergarten bringt. Ich bin alleine. Und mein Sohn ist selbstständig. Der kann alleine mit dem Bus fahren, der kommt alleine die paar Meter zu mir in die Arbeitsstelle und wartet da auch, wenn ich noch nicht fertig bin. Das finden Sie natürlich unverantwortlich, ich aber nicht!"

In all dieser Selbstständigkeit gab es aber mehrere Haken, denn viele Fragen blieben unbeantwortet. War Niko wirklich im Kindergarten angekommen? Hatte die Mutter ihn dann am Nachmittag in ihrer Arbeitsstelle gesehen? Wie lange war sie selbst dort? Sollte er alleine nach Hause gefahren sein, warum hatte sie ihn dort nicht gesehen und seine Abwesenheit erst am nächsten Tag bemerkt? Schritt für Schritt musste das mit Frau Schröder geklärt werden, ohne dass sie sich voller Aggression und vielleicht auch Angst wieder in ihr Schneckenhaus zurückzog. Die junge Polizistin bot ihr deshalb erst einmal einen Kaffee an und verband damit die Ankündigung, ihren Kollegen hinzuzuziehen.

Sie schaute kaum hoch, als Dirk Michelsen den Raum betrat. Seine erste Frage, um das Verschwinden des Jungen eingrenzen zu können, war, ob sie mit dem Kindergarten gesprochen hatte. Niko war gestern bis etwa 16.30 Uhr dort gewesen, hatte sich dann verabschiedet und war, wie die Kindergärtnerin annahm, zur Arbeitsstelle seiner Mutter gegangen.

„Ist er dort angekommen?", wollte Dirk Michelsen wissen. Nach längerem Zögern gab die Mutter zu, das nicht zu wissen. Das ließ die beiden jungen Polizisten aufhorchen und schärfer werden im Ton. Selbstständigkeit hin oder her, das war mit Sicherheit zu viel von einem Fünfjährigen verlangt.

„Sie wissen es nicht, und es hat Sie auch nicht weiter interessiert. Ihr Kind war da oder nicht, alles egal, wird sich schon finden." Was war das denn für eine Einstellung? „Schildern Sie uns doch bitte, wie für Sie der gestrige Tag weitergegangen ist", bat der Polizist und nahm sich so viel wie möglich zurück.

„Das war so, weil Dieter plötzlich aufgetaucht ist", begann sie. Und in der Hoffnung, dass sie besagten Dieter weiter erklären würde, ließ man sie ohne Zwischenfrage erzählen. Dieter stellte sich als wirklich netter Freund heraus, den sie lange nicht gesehen hatte. Er lud sie in das kleine Restaurant am U-Bahnhof ein. Es gab ja viel zu erzählen, von alten Zeiten und so. Da kann man schon mal die Zeit und das eigene Kind vergessen.

„Wann etwa sind Sie dann zu Hause angekommen?",
wollte Michelsen wissen.

„Eben etwas später", meinte sie vage und gab auf
Nachfrage zu, dass Dieter es so schön gefunden habe,
noch einen Spaziergang zu machen, und da seien sie gemeinsam durch den Forst zu ihrem Haus gegangen, das
man auch vom Wald aus betreten konnte.

„War Niko da schon zu Hause angekommen? Sie sagten ja, er war sehr selbstständig."

Eben genau das wusste sie leider nicht, denn es war
zwischen ihnen zu einem Schäferstündchen gekommen, das ganz entspannt bis morgens dauerte. Dieter
hatte sich dann erst nach dem Frühstück verabschiedet.

Die Zeit drängte. „Wir fahren jetzt gemeinsam erst einmal zu Ihrem Haus." Vielleicht fand man Niko dort oder
in der direkten Umgebung. Der Nachtigallenstieg endet in
einem Sackgassenteil, dessen Häuser der einen Straßenseite direkt an den Wald grenzen. Eine beschaulich gepflegte
Villengegend, in der Frau Schröders Haus wie eine Gar-
tenlaube wirkte. Keine Spur von Niko, er war offensichtlich auch nicht in der Zwischenzeit zu Hause gewesen.
Die unmittelbare Nähe des Waldes und die Möglichkeit,
das Grundstück auch auf der hinteren Seite zu verlassen,
machten das Haus sehr schwer einsehbar. Die Frage, ob er
eventuell bei Nachbarn sein könnte, verneinte Frau Schröder vehement. Ein Zeichen, dass sie wohl wenig bis gar
keine Kontakte zu ihrer Umgebung hatte. Um möglichst

schnell Zusatzinformationen zu bekommen, fragten die Polizisten dennoch bei den umliegenden Nachbarhäusern, ob jemand den Jungen innerhalb der vergangenen 24 Stunden gesehen hätte. Niemand konnte hilfreiche Angaben machen.

Eine groß angelegte Suchaktion kam ins Rollen. Der Erste Polizeihauptkommissar der Ahrensburger Wache benachrichtigte die Polizeidirektion in Ratzeburg, die sofort Unterstützung zusagte. Bevor sie eintraf, suchten Jessica Kahl und Dirk Michaelsen Frau Schröder noch einmal zu Hause auf, um weitere Einzelheiten zu klären. In ihrer heimischen Umgebung wirkte sie ganz anders als auf der Polizeiwache. Alle Angriffslust, die sie wohl grundsätzlich beim Anblick von Polizisten aufbaute, war aus ihr gewichen. Sie saß auf der Couch und hatte sich offensichtlich zur Beruhigung den Teddy ihres Sohnes geholt, den sie gedankenverloren hin und her bewegte.

„Wir brauchen noch wichtige Angaben", begannen die Beamten vorsichtig. „Wie heißt der Vater von Niko, und könnte es sein, dass er bei ihm ist?"

Wortlos schüttelte sie den Kopf. „Bestimmt nicht", war ihre kurze Antwort nach einer Weile. „Ich habe vor mehr als sechs Jahren einen Mann bei einer Party kennengelernt, hatte einen schönen Abend und eine tolle Nacht. Er verschwand auf Nimmerwiedersehen. Ich habe zu spät entdeckt, dass ich ein Kind erwartete." Und wieder mit Trotz in der Stimme: „Sie werden es mir sowieso nicht glauben, aber ich wollte das Kind. Ich liebe Niko. Zu Anfang war es schwer, aber dann bekam ich durch Bekannte die Arbeitsstelle. Die war super für mich, da ich Niko mitnehmen konnte. Es gibt da eine Krippe für die Kinder unter drei Jahren, die extra für die Angestellten ist. Und auch das Wohnen hier in dem kleinen Holzhaus hat geklappt."

Auf Bitten der Beamten nannte Frau Schröder noch Namen und Adresse von Dieter, den sie ja zufällig an dem Tag, an dem Niko verschwand, wiedergetroffen hatte. Sie war sicher, dass er von gar nichts wusste.

Zurück in der Wache, wollte Jessica Kahl die Zeit bis zum Eintreffen der Kollegen aus Ratzeburg nutzen, um eventuell zusätzliche Informationen über Frau Schröder aus dem Rathaus zu holen. Sie ging die wenigen Schritte von der Wache hinüber. So oft war sie hier ein und aus gegangen, nie war ihr die Skulptur aus weißem Marmor bewusst aufgefallen, die hier schon lange direkt links neben der Eingangstreppe aufgebaut ist. Heute blieb sie erschrocken vor der Darstellung stehen. Die Skulptur zeigt ein kleines Kind, das den Betrachter verzweifelt anschaut. Sein Oberkörper ist in Ketten eingeschnürt. Wie die Tafel besagt, steht dieses Kunstwerk hier schon seit 2009. Zwölf Jahre! Nie hatte sie dieses in Stein gehauene Bild mit Bewusstsein angeschaut. Voll Schreck verband sie heute die Darstellung mit dem gesuchten Niko. Der unglückliche Blick und die Ketten verfolgten sie. Wo war er? Musste er leiden? Jessica Kahl konnte sich nicht von der Skulptur abwenden. Ein Kind, das auch noch wie in einer Höhle dargestellt war. Sein Kopf schient von Steinen niedergedrückt zu werden.

Wo sollten sie anfangen zu suchen? Ahrensburg ist nicht groß, aber groß genug, ein kleines Kind zu verstecken. Doch wer hatte daran ein Interesse? In so vielen Häusern der Stadt wohnen begüterte Familien, von denen man Geld erpressen könnte. Bei Nikos Mutter ganz sicher nicht. Eilig ging sie in das Einwohnermeldeamt, und man bestätigte ihr die bereits bekannten Daten. Zu dem Vater von Niko waren keine Angaben vorhanden. Auch sonst war die Nachfrage unergiebig.

Die Kollegen aus Ratzeburg kamen zu sechst. Dirk Michelsen reichte das Bild von Niko herum, mit dem sie bereits die Bewohner der Nachbarhäuser des Kindergartens aufgesucht hatten. Gemeinsam beschlossen sie, dass der naheliegendste Ansatz für die Suche die Umgebung des Kindergartens war. Hier wurde er zuletzt gesehen. Hinter der direkt angrenzenden U-Bahnlinie erschwerte das historische Tunneltal die Nachforschung. Von den Massen der Eiszeit angeschobene, bewaldete Hügel und morastige Ebenen waren schwer zu durchdringen. Eine zusätzliche Möglichkeit war auch die Überprüfung der Kameras auf dem Bahnsteig ab 16.30 Uhr. Vielleicht war Niko mit jemandem gemeinsam abgefahren. Eine Hundestaffel begleitete das Team, doch die Chancen waren wegen des

starken Regens in der Nacht sehr gering. Es gab zwei Möglichkeiten, vom Kindergarten zur Arbeitsstelle der Mutter
zu gelangen. Die eine auf der Straße, die andere führte auf
einem Wanderweg durch ein kleines Waldstück. Beide
Strecken nicht länger als fünf bis zehn Minuten.

Als die Polizeifahrzeuge vor dem Kindergarten hielten,
verwandelte sich die sonst so ruhige Fahrradstraße im Nu.
Wie auch immer sie informiert worden waren, Journalisten überall. Sie hefteten sich mit endlosen Fragen an die
Polizisten. Kindesentführung – ein Thema, das in Ahrensburg bislang noch nie vorgekommen war! Die Beamten
schwächten die Woge der Aufregung ab und wiederholten
mit Nachdruck, dass noch nicht von einer Entführung gesprochen werden konnte. Aber einmal in der Welt, wollte
sich dieses Gerücht nicht mehr vertreiben lassen. Die Situation lief aus dem Ruder, denn in der Grundschule neben dem Kindergarten hatte sich die Polizeiaktion auch
schon herumgesprochen. Besorgte Eltern eilten herbei,
um ihre Kinder abzuholen. Wer weiß, ob nicht irgendwo
ein Entführer lauerte. Es wurde immer unmöglicher, die
Suche nach Niko wie geplant zu beginnen.

Kriminaloberkommissar Paulsen griff zum Megafon
und forderte Eltern, Journalisten und alle Schaulustigen
auf, sofort hinter die eingerichteten Absperrungen zu gehen. „Ihre Kinder sind in Schule und Kindergarten sicher
aufgehoben. Bitte bewahren Sie Ruhe. Sie behindern unsere Arbeit."

312

„Mein Kind könnte aber Angst bekommen." „Meine Tochter zittert immer, wenn sie viele Polizisten sieht." „Mein Sohn braucht mich in so einer Situation", gaben perfekte, allzeit besorgte Mütter zu bedenken, die unbedingt durchgelassen werden wollten. Dirk Michelsen schob sie sanft, aber entschlossen zurück.

„Sie wären doch auch froh darüber, wenn Ihr Kind schnell gefunden werden würde. Bitte lassen Sie uns unsere Arbeit machen."

Jessica Kahl holte inzwischen Zusatzinformationen von der Kindergärtnerin. „Niko ist ein Kind, das man gleich ins Herz schließt", versicherte sie, und man sah deutlich, wie sehr sein Verschwinden sie in Unruhe versetzte. „Er ist immer ein recht ruhiges, zurückhaltendes Kind, das sich nie in den Vordergrund drängt. Niko spielt sehr intensiv, aber eigentlich eher alleine. Ganz sicher ist er nicht mit irgendeinem Freund mitgegangen."

Genau wie Frau Schröder sagte, machte Niko auch im Kindergarten einen sehr selbstständigen Eindruck. Das war der Grund, warum die Kindergartenleitung eingewilligt hatte, dass er den kurzen Weg nach dem Kindergarten schon seit einem halben Jahr alleine gehen durfte. Es lag eine schriftliche Zustimmung vor.

„Mir fällt nur noch ein, dass Niko ab und an erzählte, dass er gerne mit seiner Mutter die Enten am Teich füttert, der etwas weiter hinter dem Sportplatz der Schule liegt. Vielleicht könnte man da noch suchen", meinte die Kindergärtnerin zitternd. Jessica Kahl benachrichtigte sofort ihre Kollegen.

Die beiden möglichen Wege zu Frau Schröders Arbeitsstelle wurden von allen Polizisten und der Hundestaffel ergebnislos abgesucht. Das Team verlagerte die Nachforschungen sofort an den kleinen See, der ursprünglich als Wasserrückhaltebecken nahe der Hauptverkehrsstraße gedacht gewesen war. Er war über die Jahre zum Zentrum eines kleinen Parks geworden, mit einer Brücke und Steg, mit Bänken und lang ins Wasser reichenden Weiden. Nicht selten ließen sich hier Kraniche nieder, wenn nicht im Sommer ein Verein mit selbst gebauten ferngesteuerten Booten ihn nutzte. Ein idyllischer Platz, der jetzt Zentimeter für Zentimeter von dem Polizeiaufgebot abgesucht wurde. Keine Spur von Niko, die Hunde konnten keine Witterung aufnehmen. Genauso ergebnislos war auch die Suche im historischen Tunneltal jenseits der Bahnlinie.

Unter der Leitung von Kriminaloberkommissar Paulsen berieten die Beamten einen neuen Ansatz. Die Kollegen auf der Wache hatten bereits die Bänder der Überwachungskameras auf dem U-Bahnhof abgespielt. In der fraglichen Zeit und auch den darauffolgenden Stunden war Niko dort nicht zu sehen.

Eine kleine Chance war vielleicht die Befragung von Dieter, den die Mutter an diesem Tag zufällig – oder auch nicht – getroffen hatte. Um keine Zeit zu verlieren, bat

Paulsen die Hamburger Kollegen in der Wache nahe seinem Wohnort in Rahlstedt um Amtshilfe. Doch es dauerte nicht lange, bevor sie die Benachrichtigung erhielten,
dass Dieter mit an Sicherheit grenzender Wahrscheinlichkeit in keinem Zusammenhang mit Nikos Verschwinden
stand. Er hatte ihn ja noch nicht einmal gesehen. Seine
Mutter hatte kaum von ihm gesprochen.

Inzwischen hatten viele Kinder Schulschluss, und einige sollten vom Kindergarten abgeholt werden. Die Gruppe der Eltern drängte nun immer aufgeregter, durchgelassen zu werden. Der Unmut wurde lauter. Es entstand
ein Menschengedränge, in dem ein Vater sich lauthals zu
Worte meldete: „Ich will sofort zu meinem Sohn. Ich bin
Anwalt und kenne meine Rechte." Die Journalisten waren
gleich zur Stelle, fotografierten und interviewten ihn.

Jessica Kahl versuchte, beruhigend auf die Menschen
einzuwirken. Von allen Seiten laute Beschwerden. Sie
merkte deshalb nicht gleich, dass wiederholt jemand an
ihrer Jacke zog.

Sie drehte sich um und sah vor sich eine alte Frau,
die einen kleinen Jungen fest an der Hand hielt. „Das ist
Niko", sagte sie leise.

Der Junge presste sich ängstlich an sie. Fassungslos
starrte die Polizistin auf die beiden. Sofort erkannte sie
das Kind, dessen Bild sie ja mehrfach gezeigt hatte. Fast
hätte sie die Beherrschung verloren und ganz unprofessi-
onell vor Glück aufgeschrien. Während des ganzen Vor-

mittags hatte ihr die Vorstellung, eines ihrer Kinder sei verschwunden, die Kehle zugedrückt. Und dann noch das Bild von dem Kind in Ketten, das sie so überraschend zum ersten Mal mit Bewusstsein neben der Treppe des Rathauses gesehen hatte! Sie konnte die quälende Angst nicht loswerden. Und plötzlich stand er vor ihr. Unfassbar.

Mit einer schnellen Bewegung tauchte sie unter dem Absperrband durch, griff nach der Hand des Kindes und der Frau. Bevor jemand es bemerkte, schleuste sie die beiden durch die Menschenmenge zu einem Mannschaftswagen der Polizei. Vehement schlug sie die Tür hinter ihnen zu und sagte atemlos in ihr Sprechfunkgerät: „Er ist da!"

„Wer ist wo da?", war die genervte Antwort von Kriminaloberkommissar Paulsen, der intensiv mit seinen Kollegen nach neuen Ansätzen ihres Vorgehens suchte. Sollte man eine Taucherstaffel anfordern, um eventuell den kleinen See abzusuchen? War es vielleicht sinnvoll, mit einer Reiterstaffel den Wald hinter dem Haus der Mutter zu durchforsten?

„Niko sitzt im Mannschaftswagen", sagte Jessica Kahl jetzt schon gefasster.

„Das ist doch nicht möglich, wo kommt der denn her?", wollte Paulsen wissen.

„Das weiß ich nicht, aber er ist es wirklich", gab sie zurück.

Die ganze Polizeimannschaft stürzte zum Fahrzeug, was bedauerlicherweise auch Presse und Zuschauer aufmerksam machte. Alle starrten in den Wagen, in dem der kleine Junge sich ängstlich an die alte Frau drückte. Paulsen setzte dem Ganzen mit Nachdruck ein Ende: „Gehen Sie vom Fahrzeug zurück, wir fahren zur Wache", war seine Ansage, die sofort ausgeführt wurde.

Missmutig packte ein Journalist seine Sachen zusammen und sagte verärgert zu seinen Kollegen: „So was Blödes, das hätte doch mal eine tolle Titelstory werden können. Mit ‚Verhuschte Alte entführt Kind und gibt es gleich wieder zurück' komme ich gerade mal mit einem Fünfzeiler auf die hintere Lokalseite." Niemand widersprach. Irgendwie war das wirklich nicht so spektakulär, wie mancher Zuschauer im Stillen gehofft hatte. Die Sensation hielt sich im Rahmen.

Jessica Kahl führte die alte Dame und Niko in ein abgelegenes Zimmer der Wache, in dem die Kollegen durch eine einseitig durchsichtige Scheibe dem Gespräch folgen konnten. Die beiden ließen einander nicht los und saßen wortlos vor den Getränken, die für sie gebracht wurden.

„Könnten Sie uns schildern, was seit gestern passiert ist?", begann die Beamtin. „Vielleicht erst einmal Ihre persönlichen Daten."

Die alte Dame gab sich sichtlich einen Ruck, und mit fester, klarer Stimme erzählte sie ihre Sicht der letzten Stunden.

„Mein Name ist Grete Kleinschmitt. Ich bin 87 Jahre alt und wohne in unmittelbarer Nähe des Kindergartens.

Mein Häuschen, in dem ich seit meiner Geburt wohne, wird in den nächsten Wochen abgerissen, und ich komme in ein Heim. Ich habe niemanden mehr. Diese Situation hat mich seelisch total aus dem Lot gebracht. Gestern ging ich wieder eine meiner gewohnten Runden den Wanderweg gegenüber vom Kindergarten entlang, setzte mich auf eine Bank und weinte. Es ist im Augenblick wohl alles zu viel für mich. In diesem Moment kam Niko an mir vorbei, blieb stehen und fragte freundlich ‚Bist du traurig, kann ich dir helfen?‘ und setzte sich zu mir. Sie glauben nicht, wie gut das tut, einen Menschen so was sagen zu hören, noch dazu so ein entzückendes Kind. Ich antwortete ihm, dass mich niemand mehr braucht, das macht mich so traurig. Er streichelte meine Hand und meinte: ‚Das geht mir genauso‘. Wir sind dann zu mir nach Hause gegangen und haben einen Kakao getrunken. Danach haben wir noch etwas gespielt, und Niko ist auf meiner Couch, an mich angelehnt, eingeschlafen. In dem Augenblick hätte ich ihn wecken müssen, hätte nach seiner Mutter forschen müssen, hätte ihn nicht bei mir behalten dürfen. Dass ich es nicht machte, ist sicherlich eine Straftat. Ich ließ ihn schlafen und beschloss, ihn am nächsten Morgen in den Kindergarten zu bringen. Als wir aber heute die vielen Menschen und Polizei überall sahen, bekamen wir beide Angst. Es war uns schon klar, dass wir etwas falsch gemacht hatten, vor lauter Schreck haben wir erst einmal abgewartet, bis wir dann den Mut fanden, zu Ihnen an der Absperrung zu gehen.“

Die Polizeibeamtin war sprachlos. Sie hatte gelernt, Emotionen so weit wie möglich aus ihrem Beruf herauszuhalten, doch das war fast zu viel für sie. Mit einem „Bitte warten Sie einen Augenblick", flüchtete sie aus dem Raum, um sich Hilfe für das weitere Vorgehen zu holen.

Kriminaloberkommissar Paulsen hatte das Gespräch im Nebenraum mitgehört und kam jetzt herein. Mit warmer Stimme erklärte er Frau Kleinschmitt, dass sie Nikos Mutter bereits verständigt hätten und den Jungen so schnell wie möglich zu ihr bringen wollten.

„Würden Sie bitte noch hierbleiben, damit wir ein Protokoll aufnehmen können."

Niko umarmte die alte Dame und fragte voller Hoffnung: „Kannst du nicht meine neue Oma sein, die ich immer mit meiner Mama besuche?"

Unfähig zu antworten, besiegelte Frau Kleinschmitt das Bündnis mit einem innigen Kuss.

Jessica Kahl und Dirk Michelsen fuhren den Jungen in den Nachtigallenstieg, wo seine Mutter bereits an der Tür wartete. Mit rot verweinten Augen rannte sie auf ihren Sohn zu und nahm ihn in den Arm, als wollte sie ihn erdrücken. Ganz leise flüsterte sie ihm ins Ohr: „Ich hab dich so lieb. Kannst du mich auch noch lieb haben?"

Ohne zu zögern kam seine Antwort: „JA!"

Jens Westermann
DER TOD AUF DER TERRASSE

1. Kapitel

Abend war es geworden, als Studienrat Doktor Hagen Bruckmann nach Hause gehen konnte. Der Weg war nicht allzu weit, hatte er doch nach seiner kürzlichen Versetzung von Meldorf in Dithmarschen zum Schulleiter nach Ahrensburg schon bald ein künftiges Zuhause gefunden. Ein Makler war dabei hilfreich gewesen. Er selbst wollte diesen Wechsel nach dem katastrophalen Ende seiner Ehe mit Cornelia. Das Gerede hinter seinem Rücken, die endlosen Anwaltsbriefe und die vielen Termine bei Gericht mussten auch mal ein Ende finden. Jetzt war er also der Leiter eines Gymnasiums in der größten Stadt im Kreis Stormarn und hoffte, sich bald die nötige Reputation zu verschaffen. Sein Empfang durch die neuen Kollegen jedenfalls war vielversprechend. Der vereinbarte Vorstellungsunterricht bei den Schülern der 9. Klasse war eigentlich nur noch Formsache.

Die Wohnung in dem modern umgebauten alten Hotel ‚Fasanenhof‘ und die Stormarnschule waren nur wenige Minuten voneinander entfernt. Er musste nur noch frei werden von der unsäglichen Vergangenheit und durfte seiner Ex nicht mehr begegnen, geschweige denn ihrem neuen Liebhaber, der das alles wohl angerichtet hatte. Der war doch wie ein Dieb bei Nacht eingebrochen in seine Ehe mit Cornelia. Bis zu ihrer schweren Erkrankung war alles zwischen ihnen in Ordnung gewesen. Aber die Schuldfrage spielt in Ehescheidungsprozessen ja keine Rolle mehr!

In der neuen Wohnung standen die noch ungeöffneten Umzugskartons. Nur die wichtigsten Bücher waren schon in die Regale gestellt worden, wenn auch noch nicht nach einem geordneten Schema. Griffbereit nur die, die er für seine neue Aufgabe häufig brauchen würde. Allen voran Heinrich Heine, aber auch Hebbel. Dessen Geburtsort lag ja nicht weit von seiner bisherigen Wirkungsstätte in Meldorf entfernt. Wie oft hatte er aus den Nibelungen zitiert, wenn er mal aus der Haut zu fahren drohte: „ … ei Hagen, mäßge Dich …“ Immer wieder eben auch sein Lieblingsdichter Heinrich Heine. An ihm konnte er wunderbar zeigen, wie auch Juden die deutsche Literatur bereicherten und noch bereichern. Eines von Hagen Bruckmanns Lieblingsgedichten war immer wieder Heine:

Ich hatte einst ein schönes Vaterland,
Der Eichenbaum wuchs dort so hoch,
Die Veilchen nickten sanft.
Es war ein Traum
Das küsste mich auf Deutsch
Und sprach auf Deutsch,
Man glaubt es kaum wie gut es klang,
Das Wort: ‚Ich liebe Dich!‘
Es war ein Traum!

Wie oft hatte er das zu Cornelia gesagt. Er musste schlucken.

Neben der Abiturarbeit hatte er auch seine Doktorarbeit darüber geschrieben und ein ‚summa cum laude‘ bekommen. ‚Der Einfluss jüdischer Dichter in der deutschen Literatur‘. Bei seiner Bewerbung hier in Ahrensburg und bei seinem Debüt vor einer 9. Klasse gebrauchte er sogar das Wort ‚segensreich‘. Heinrich Heine hatte er dabei den ‚deutschesten der jüdischen Dichter‘ genannt. Nicht bei allen Kollegen und auch späteren Schülern war er damit gut angekommen. Fast wäre sein erster Kontakt mit der neuen Schule außer Kontrolle geraten. Auf jeden Fall wurde damit eine interessante Diskussion angestoßen, um Vorurteile abzubauen. Zwei Schüler – gänzlich anderer Meinung – würden ‚harte Brocken‘ werden, aber das traute er sich zu. Einer davon rief sogar dazwischen: „Glauben Sie etwa auch an Auschwitz?“ Hagen Bruckmann spürte, dass da eine ganz große Aufgabe auf ihn wartete. Dieser verflixte Antisemitismus, sollte das denn schon wieder losgehen? Er war auf alles vorbereitet, nahm sich vor, dieses Thema zum Mittelpunkt im Unterricht und bei den Diskussionen mit seinen künftigen Schülern zu machen. Das musste doch in einer auch gerade musisch so hochangesehenen Schule möglich sein!

Jetzt trat er auf die Terrasse hinaus, lehnte sich an den Gartenstuhl und zündete sich eine Zigarette an, und die tat ihm gut. Zwar hatte er das Rauchen weitgehend eingeschränkt, aber ab und zu verschaffte es ihm doch Erleichterung. Es war eben wie eine Droge und somit auch nicht gerade ein Vorbild für die Jugend. Was für ein herrlicher Sonnenuntergang. Lange würde das nicht mehr so sein. Er begann in seinem Inneren wieder Glück zu spüren und rezitierte halblaut sein Lieblingsgedicht von Heinrich Heine vor sich hin. Ja, ja – es war ein Traum, der da begann!

Da fiel ein Schuss und traf ihn direkt in die rechte Brustseite. Er fiel zurück, schlug mit dem Kopf auf einen Pfeiler, oder war es der Gartenstuhl oder das Gitter, das seine Terrasse von der des Nachbarn abgrenzte? Wer weiß worauf? Er spürte nur kurz einen stechenden Schmerz, dann wurde er bewusstlos ...

324

2. Kapitel

Als Haupkommissar Helmut Lodders, Leiter der Mordkommission, morgens sein Büro betrat, bellte das Telefon
wie ein bissiger Hofhund. Das kannte er nur zu gut, was
er aber dann erfuhr, ließ selbst ihn erschauern. Eben erst,
vor ein paar Tagen, hatte der Bürgermeister ihm und anderen wichtigen Personen der Stadt in einer Art Empfang
den neuen Leiter der Stormarnschule vorgestellt – da wurde ihm gemeldet, dass dieser ganz offensichtlich ermordet
worden sein sollte. Tatsache? Scherz? Sachen gibt es, die
gibt's gar nicht! Eine Verwechselung war nicht möglich,
dessen Putzfrau meldete es, und die kannte schließlich die
neuen Mieter in der Wohnanlage ‚Fasanenhof‘ – benannt
nach dem alteingesessenen Hotel, das da mal gestanden
hatte.

„Ja, wir kommen – wo ist das noch gleich?“ Er legte auf und ging ins Nebenzimmer: „Leute, es geht wieder los! Ein neuer Fall!“ Seine Meldung war hier nicht
überraschend. Nur wer war es denn dieses Mal? Ohne
weiter darauf einzugehen, zeigte Lodders auf die junge
Janina May, die ihm erst vor ein paar Tagen als Nach-
wuchskraft zugeteilt worden war. Bei dem erfahrenen
Hauptkommissar Lodders war sie in den besten Händen. „Nina, Sie kommen bitte gleich mit!“ Junge An-
fänger ins ‚kalte Wasser‘ zu stoßen, hielt er für die beste Art zu schulen. Schließlich hatte sie sich den Beruf

selbst ausgesucht und in der Polizeischule schon so manches gelernt!

Als ihr Wagen den kleinen Tunnel unter der Eisenbahn durchfuhr, sagte er: „Wir sind gleich da! Haben Sie überhaupt schon mal einen Toten gesehen, Nina?"

Sie zuckte leicht zusammen: „Ja schon … meinen Opa … als er gestorben war!"

Lodders lachte. „OK, aber das hier ist eine andere Nummer!" Dann waren sie am Ziel.

Auf der Terrasse war schon die KTU am Werk: „Na Doktor, schon was rausbekommen?", fragte Lodders. Er kannte den alten Militärarzt, der seit einigen Jahren hier in Ahrensburg für die Polizei arbeitete und auf dessen Können Verlass war.

Doktor Paulus erhob sich von dem vor ihm liegenden Toten und sagte: „Glatter Durchschuss … aber der Tod kam wohl durch den Sturz danach." – „Todeszeit, Doc?", fragte Lodders. – Der Arzt: „Zaubern kann ich nun weiß Gott auch nicht, aber ich schätze, ein paar Stunden ist das schon her. Vielleicht um Mitternacht! Wie gesagt, Näheres kann ich erst sagen, wenn ich den Mann auf dem Tisch hatte!" – „Wann also, Doc?" – „Wie ich schon sagte, Kommissar, ein Zauberer bin ich nicht, und sicherlich wollen Sie doch genaue Angaben – oder?"

Lodders legt ihm die Hand auf die Schulter: „Ist schon gut, Doc, aber Sie wissen ja, wir Kriminalen wollen den Täter immer möglichst schon vor der Tat!" – Doktor Paulus:

„Und wir KTU-ler alles möglichst genau, aber heute Nachmittag haben Sie meinen Bericht!"

Ehe Lodders zu seinem Wagen zurückkehrte, ging er
durch Bruckmanns Wohnung. Da meldete sich sein Handy. Kollege Oldag war dran, eine Zeugin habe sich gemeldet. Er solle gleich zurückrufen. Die Adresse sei ganz in
der Nähe, und so könnte Lodders auf dem Rückweg gleich
vorbeifahren. Nein, das wollte er dann doch nicht, das war
zu früh! Draußen auf dem Parkplatz hielt er noch kurz
inne: „Übrigens Doc, das hier ist unser neuer Zugang." Er
zog Janina May in den Vordergrund: „Kriminalkommis-
sarin-Anwärterin, frisch von Segeberg importiert: Janina
May. Ihre erste Leiche, die sie eben sah!" Und zu Janina
gewandt: „… wenn wir Ihren Opa mal vergessen!" – Darauf die junge Frau: „Herr Lodders, meinen Opa kann ich
nicht vergessen. Den habe ich sehr geliebt!"

Lodders lachte: „Das ist auch gut so! Das muss es neben unserem harten Beruf auch noch geben!" Wäre sie ein
Mann gewesen, hätte er sich einen freundlichen Klaps auf
den Oberschenkel erlaubt. Aber er wusste, was sich gehört.

3. Kapitel

Im Büro angekommen, ging es sofort an die Arbeit, wenn
alles Bisherige nicht schon Arbeit gewesen wäre. Ein Be-

such bei der angeblichen Zeugin würde im Augenblick sowieso nichts ergeben, außer dass sie einen Knall wie aus einer Pistole gehört hatte. Mal sehen, was im Bericht von Doktor Paulus steht, um was für ein Projektil es sich z. B. gehandelt haben muss. Hatte der überhaupt eins gefunden?

Zunächst also informieren und delegieren. „Sobald ich den KTU-Bericht habe, bitte alle zu mir!", ließ er verlauten. Eines war für ihn sicher: Er selbst würde nach Meldorf reisen, um das bisherige Umfeld des Opfers zu erkunden. Lodders hielt es für dienlich, das selbst zu machen. Ihm würde man am ehesten Auskünfte erteilen. Dort musste doch etwas zu finden sein. Das Motiv konnte natürlich auch aus der hiesigen Schule kommen. Manch einer hatte sich vielleicht auf den Posten gespitzt – und dann kam da jemand von außerhalb. Neid und Mord sind Geschwister, hatte er in seinem Leben ja gelernt. Aber deswegen jemanden umbringen? Eher unwahrscheinlich – und dann in der hochangesehenen Schule, fast undenkbar! Jedoch. Wie hatte er einstmals gelernt: ‚Das Undenkbare denken, das ist eine der Hauptaufgaben eines guten Kriminalisten.'

Womit fangen wir an? Was gab es schon inzwischen? – Ja, die Zeugin, die sich gemeldet hatte, würde als Erstes nach der Belohnung fragen, noch ehe sie überhaupt etwas gehört haben wollte, mehr aber auch nicht, und das war wenig. Vom Zeitpunkt war da noch nichts gesagt.

Der aber ist wichtig! Doktor Paulus hatte beim ersten Zusammentreffen diesen als ‚gegen Mitternacht' angegeben. Den Knall aber hatte die Frau erst am Morgen vernommen. Doch warum sagte sie dann so was? Fragen über Fragen.

„Ach, da sind Sie ja, Doc!", reichte Lodders dem eintretenden Doktor Paulus die Hand. „Da können wir ja gleich anfangen …!" Er war tatendurstig. „Womit beginnen wir also?"

Doktor Paulus begann: „Also, ob es ein Mord ist, ist noch gar nicht raus!" – „Wieso das denn nicht?", fragte Lodders zurück, während Janina May und Oberkommissar Ludwig Oldag eintrafen. Auch Doktor Paulus blieb. Er sollte, ehe die Sache losging, seinen Bericht erläutern: „Also, der Schuss war nicht unbedingt tödlich. Die Wunde am Kopf kann durch den Aufprall des Opfers auf die Pfeilerkante entstanden sein … oder durch einen Schlag mit einem harten Gegenstand. Da kommen wahrscheinlich mehrere Möglichkeiten infrage." – „Kann, kann, kann, Doktor, ich brauche Fakten!" Lodders war eine gewisse Ungeduld nicht abzusprechen.

„Wollen Sie nun, dass wir zum Erfolg kommen, Herr Hauptkommissar?", wurde Doktor Paulus förmlich, obgleich sie sich ansonsten auch schon mal duzten.

Da meldete sich Janina May: „Die ersten zwei haben wir ja schon gemacht …!" – „Wie, schon gemacht, Frau Kollegin?", fragte Lodders.

Janina wurde rot. Es war das erste Mal, dass ihr Vorgesetzter sie so anredete. War sie zu voreilig gewesen? Aber dann: „Ich meine von den sechs großen W's!" Großes Fragezeichen ringsum, aber Janina May kam gerade von der Polizeischule, dies war ihr erster Einsatz. Dann sagte sie nicht ohne einen gewissen Stolz in ihrer Stimme: „Was, Wann, Wo, Wer, Wie, Warum?" Als unerfahrenste Jüngste war sie plötzlich der Mittelpunkt. Jedoch gerade von solchen Kollegen kam oft ein entscheidender Hinweis, die waren ansonsten eben auch unbelastet.

Janina May wuchs förmlich über sich hinaus: „Was passiert ist, wissen wir. Wann auch. Und Wo, na ja, auf der Terrasse in der … der … Mannheimer Allee …" – „Manhagener Allee", half ihr Lodders. Er war gespannt, wie das weiterging.

Dann wieder Janina: „Der Tote ist der neue Direktor vom Gymnasium!", sagte sie schnell. „Das ‚Wie' scheint ja noch offen zu sein, wie es eben der Doktor sagte, und das ‚Warum' wissen wir auch noch nicht."

Lodders nickte anerkennend. „Wo haben Sie denn diese Weisheiten her?" – Janina darauf: „Aber Herr Lodders, das lernt man doch als Erstes auf der Polizeischule, wenn man Kriminalbeamter werden will." Das war bei Helmut Lodders schon lange her und damals wohl noch nicht bekannt.

„Was haben wir denn bis jetzt an Fakten?", fragte er, um die Regie zu behalten. „Janina hat ja recht. Einiges ist bekannt …!" – „Nicht alles …!", wandte der Doktor ein und legte das Handy und die Brieftasche des Toten zu seinem Bericht. „Das hier müsst ihr auch noch auswerten. Sieht so aus, als habe das Opfer seinen Wagen hier irgendwo in die Werkstatt gegeben." Er zog einen Quittungsbeleg mit einem nicht mehr lesbaren Werkstattnamen aus dem Portemonnaie. „Und auch das mit dem Schuss. Kann ja sein, dass es auf Totschlag hinausläuft … Vielleicht hat ja der Täter geschossen, um dann zu erkunden, ob das Opfer auch wirklich tot ist, und mit einem harten Gegenstand nachgeholfen. Alles ist möglich!"

Lodders nickte mit dem Kopf. Ja, seine langjährige Erfahrung hatte ihn gelehrt, dass man nichts unbeachtet lassen darf. Er hörte noch den alten Berliner Kriminalrat sagen: „Die kleinsten Hinweise sind oft der Schlüssel vons Janze!"

„Also, an die Arbeit, Leute. Wenn ich morgen zurück bin, wissen wir vielleicht schon mehr … und …", an Ludwig Oldag gewandt: „… du klapperst mal die Nachbarn ab … und nimm unsere Jüngste gleich mit, kannst ihr nachher ja die Perlen von Ahrensburg zeigen, die Schlosskirche mit den Gottesbuden und das Schloss mit der alten Wassermühle und den Marstall. Na, du kennst dich ja aus …!" Hauptkommissar Lodders schloss das erste Treffen. Jeder wusste, was zu tun war, und mehr war jetzt nicht drin.

„Dann dauert das aber länger …", sagte Oldag, und fragte: „… ist das Besichtigen auch dienstlich?"

4. Kapitel

Eigentlich wollte Hauptkommissar Helmut Lodders schon am nächsten Tag die Reise nach Meldorf machen, doch er blieb zunächst mal am Ort. Obgleich er zu der Meinung gelangt war, dort an der Westküste, wo das Opfer gelebt und gearbeitet hatte, konnte der Grund für den Mord liegen. Aber dann sagte er sich: Eins nach dem anderen. Mochte der Grund auch dort zu finden sein, die Tat war hier geschehen. Also in der Schule recherchieren, und alles kombinieren mit dem, was die Kollegen herausfanden. Vielleicht auch bei der Verwaltung der neuen Wohnanlage, nochmals mit dem Bürgermeister sprechen, der die Menschen hier von einer ganz anderen Seite her kennt. Zwar war er schon lange bei der Ahrensburger Polizei, aber eben in anderer Weise Bürger der Stadt.

Dann immer wieder die Kleinarbeit am Schreibtisch, die manchmal so störte und doch notwendig war. Die Frage, ob der Tote schon Kontakte hatte in der Stadt: Schloss, Kirche, Restaurants, Bahnhöfe, sowohl Fernbahn als auch die beiden U-Bahnhöfe der Hamburger Hochbahn. Alles waren Begegnungsstätten, und beobachtet wurde man überall. Ein Verbrechen aufzuklären ist eben ein Puzzlespiel. Vielleicht hatte irgendjemand etwas gesehen oder gehört.

In einer Aufführung der ,Ahrensburger Speeldeel', also der plattdeutschen Bühne in der Alfred-Rust-

332

Schule, hatte es in einem Kriminalstück mal ‚Inspektor Tofall‘ geheißen. Ja, der Zufall ist immer ein brauchbarer Helfer, das wusste Helmut Lodders auch – und schon meldete sich dieser: Sein Handy schnarrte in der Jackentasche. Kommissar Zufall sagte sich bei ihm an. Es war Doktor Paulus. Er berichtete, was bisher noch mit einem Fragezeichen versehen war: sie hatten das Projektil gefunden.

„Wieso das Projektil?“, fragte Lodders und hörte gleich die Antwort: „Wieso nicht, Kommissar?“ Sie waren quitt, und Lodders sagte nach einer Verschnaufpause: „Wir waren uns doch schon einig, dass es ein Karabiner 98 war – oder?“ – „Das ist richtig – oder nun auch wieder nicht! Es war eine Walther 9 mm“, so der Gerichtsmediziner, und dann: „Ich hatte doch schon gesagt, ich muss den Mann erst auf dem Tisch haben – und das war heute Mittag. Schneller geht es nun wirklich nicht.“ Lodders beendete das Gespräch und ahnte, dass er wieder bei null angekommen war.

„Ich gehe mal zur Königstraße rüber …!“, rief er ins Nebenzimmer, während er schon den Anorak überstreifte. „Wo sind Oldag und die Kleine?“, fragte er noch.

„Chef …ich glaube, sie mag das nicht so gern, wenn du immer ‚die Kleine‘ sagst“, bemerkte Jensen, der noch am PC arbeitete. Lodders lachte nur. ‚Soll sich nicht so anstellen‘, dachte er, ist doch nur liebevoll gemeint‘. Dann war er weg.

Die Königstraße, wo sich auch die Pathologie befindet, war fußläufig zu erreichen. Von der Reitbahn war es doch nur ein Katzensprung über das Rondeel. Ein bisschen frische Luft konnte auch nicht schaden. Vielleicht sogar noch schnell einen Kaffee im ‚Nur Hier'. Irgendwie war er froh, dass das Möbelgeschäft jetzt ein Café war. Wer kauft schon Möbel in der Fußgängerzone?

„Man riecht es, du bist einer von denen, die immer eine Leiche im Keller haben!", begrüßte er den Gerichtsmediziner. In seiner Schutzbekleidung war er fast nicht wiederzuerkennen. Doktor Paulus ging nicht darauf ein, kannte er doch den Humor des Polizeihauptkommissars. Er kam gleich zur Sache.

„Schau mal hier …!", er ging zum Schrank und entnahm ihm einen Kasten, wie er ihn für die Utensilien eines Toten während der Untersuchung nutzte.

Lodders fragte: „Darf ich …?", und Doktor Paulus nickte: „Nur zu! Du musst sogar!" In einer kleinen Plastikhülle lag das besagte Projektil. Lodders kannte so was zur Genüge. „Sie haben recht, Doc. Das ist eins von einer Pistole."

Lodders überlegte: „Doktor! Wann ist denn der Tod nun wirklich eingetreten – möglichst genau!"

Paulus lachte: „Das ist es ja gerade, vom Auffinden des Toten zurückgerechnet etwa zehn bis zwölf Stunden zuvor." Ihn interessierte vielmehr das Schlüsselbund, das auch gefunden wurde. „Fällt dir was auf, Kommissar?", fragte Paulus offiziell.

Der schaute noch genauer hin. „Diese Marke am Schlüsselbund, was hat das zu bedeuten?"

Lodders berichtete von dem Fund eines Quittungsbeleges.

„Hast du da schon recherchiert?"

Nein, Lodders hatte das noch nicht, würde aber auf dem Rückweg zur Dienststelle schon mal bei seinem Freund Holger reinschauen. Holger Rosten, der sinnigerweise das Autohaus am Woldenhorn hatte. ‚Soll's wenig kosten, geh zu Rosten' ist ja dessen Spruch. – Konnte ohnehin nicht schaden. Seit Jahren spielten sie beim ATSV Tennis, und ein Doppel stand an.

Der Chef kam ihm schon auf dem Vorplatz entgegen: „Hab' schon gehört, Helmut. Aber warum kommst du da zu mir?" Er streckte ihm die Hand hin.

„Ja, weißt du, wir suchen ein Fahrzeug mit einer Nummer von der Westküste. HUS oder MEL, vielleicht auch noch IZ oder NF. Hast du so was in Arbeit?"

Nein, Holger Rosten hatte das nicht. Er führte das Autohaus schon in der dritten Generation und kannte alles aus dem Effeff. Trotzdem fragte er auch noch nach Marke und Typ, aber das wusste der Hauptkommissar nun wieder nicht. So blieb es bei dem üblichen kleinen Talk zwischen den beiden Tennisfreunden.

Am Ausgang drehte er sich nochmals um: „Denk an mich, wenn du so was reinkriegst!", und noch schnell: „Erkundige dich doch mal so nebenbei bei deinen Kollegen und sag mir Bescheid – ok?" Damit war er auch schon wieder fort.

Auf dem weiteren Weg knurrte ihm der Magen. Es war schon gegen Mittag, und das Frühstück war lange her. Der Kaffee bei Freund Holger Rosten hatte ihm zwar gutgetan, konnte aber für einen ausgewachsenen Mann, wie er es war, kein Ersatz sein. So wählte er im ‚Nur Hier' Chili con Carne mit einem Softdrink. Ganz hinten, direkt vor der umstrittenen Plastik ‚Der Muschelläufer', wurde gerade ein Platz bei einer einzelnen Dame frei. Glück gehabt, dachte er. Die Dame telefonierte und nickte, als er fragte, ob er den Platz nehmen dürfe. So bekam er natürlich Gesprächsfetzen mit. Ein Kriminalbeamter muss immer das legendäre ‚3. Ohr' haben. Er hörte den Satz: „… da hättest du gleich zur Polizei gehen müssen …!" ‚Müssen' hatte sie gesagt, das klang wie ein Befehl! Er schaute zu ihr hinüber, und schon begegneten sich ihre Blicke, sodass Lodders es wagte, sich ganz ihr zuzuwenden und zu sagen: „Zur Polizei? Die ist zur Stelle, junge Frau!"

Die Frau war etwas verwirrt und sagte: „Das geht Sie gar nichts an …!" Dann aber doch: „Wieso? Sind Sie von der Polizei?", und erzählte, dass ihr Sohn vorgestern beim Überqueren der Straße beinahe überfahren worden wäre, „…von einem Raser!", wie sie mit Nachdruck betonte.

Lodders spitzte die Ohren. Ein Raser ..., ging es ihm durch den Kopf. Warum rasen manche Autofahrer: Entweder, weil sie zeigen wollen, was für tüchtige Kerle sie sind – oder, weil sie es eilig haben. Da kommt so einiges zusammen.

Er fragte, wie das denn mit ihrem Sohn passiert sei, und sie berichtete nur zu gern: „Meinem Sohn gehört die Tankstelle in der Manhagener Allee, und er wollte vorgestern Abend nach Hause in die Hansdorferstraße ... da kommt doch so ein Verrückter vom Parkplatz dieser neuen Wohnanlage, und ohne sich um den Verkehr zu kümmern, rast er in Richtung Vierbergen – aber Sie kennen ja die Örtlichkeiten ...! Mein Sohn konnte sich gerade noch mit einem Sprung zur Seite retten ...!" Die Frau schaute auf die Uhr: „Ach herrje, ich muss weg, habe noch einen Arzttermin ...!"

Lodders legte seine Hand auf die ihre und sagte: „Ich kümmere mich darum, hier ist meine Karte, damit Sie wissen, mit wem Sie es zu tun hatten!"

Je mehr Hauptkommissar Helmut Lodders sich in den Fall vertiefte, desto mehr kam er zu dem Ergebnis, das Motiv muss im privaten Umfeld des Mordopfers liegen. Wenn es denn überhaupt Mord war, denn nach dem, was Doktor Paulus ihm gerade berichtet hatte, war der Tod gar nicht durch den Schuss erfolgt – ja, das auch –, aber doch vor allem durch die Wunde am Kopf. Schädelhirntrauma – und das wäre dann Totschlag. Aber auch da war er sich nicht ganz sicher. Lag es aber im privaten Umfeld, was zum Tod des Opfers führte, dann wahrscheinlich nicht hier in Ahrensburg. Dessen Privatleben spielte sich in der Vergangenheit ab, und die wiederum war in Meldorf. Fragen über Fragen, die es zu klären galt. Wieso hatte ein Mann in diesem Alter und in dieser Position keine Familie, keinen Freundeskreis? Lehrer waren sehr oft in Heimatvereinen, Musik- und Literaturkreisen, manchmal auch im Round Table oder so was Ähnlichem, vielleicht auch bei den Johannitern. Da musste ermittelt werden, um von dem Opfer ein vollständiges Bild zu erhalten. Er würde um eine Dienstreise nach Meldorf nicht herumkommen.

5. Kapitel

Während Hauptkommissar Lodders die Reise nach Meldorf machte, befragten seine Mitarbeiter die Nachbarschaft am Tatort. Noch nicht alle Wohnungen waren bewohnt. Damit kannten sich die Leute noch nicht. Niemand hatte etwas gehört oder gesehen – aber das konnten auch Schutzbehauptungen sein.

Oberkommissar Oldag hatte außerdem ja den Auftrag, der jungen Kollegin auch etwas von den Schönheiten der Stadt zu zeigen. Das tat er nur allzu gern. Er machte sie mit einem Stadtplan an der Wand auf den Grundriss aufmerksam. Es gab in der Mitte nicht, wie in den meisten Städten, einen Marktplatz mit wichtigen Gebäuden, um die sich dann allmählich die Stadt ansiedelte. Ahrensburg war ja aus einer hochherrschaftlichen Anlage gewachsen. Das Schloss war damals das eigentliche Zentrum gewesen. Von dort führte ein schnurgerader Reitweg in den auch für Jagdzwecke geeigneten Forst Hagen mit Forsthaus. Seitlich dieses Weges befand sich – auch heute noch – die Schlosskirche mit den vor ihr links und rechts aufgereihten sogenannten Gottesbuden. Wohnungen für die in der Gesamtanlage beschäftigten Tagelöhner zu einem geringen Mietpreis unter einem Euro. Die Zeiten haben sich geändert, der Mietpreis hier nicht. Das war altes gräfliches Dekret. Etwas abseits dann die Wirtschaftsgebäude und der Marstall. Pferde waren immer mit dabei. Selbst ein Weinberg soll einmal dazugehört haben. Es heißt noch heute ‚Am Weinberg‘, auch wenn sich an dem Platz jetzt das große moderne Rettungszentrum mit Feuerwehr befindet. Das Torhaus zum Schloss wurde schon vor Jahren abgebrochen. Historiker trauern deshalb noch heute.

Ein Rathaus hatte Ahrensburg bis lange nach dem Zweiten Weltkrieg nicht. Graf Peter von Rantzau, der ja als Gründer der Stadt gilt, wandelte das Dorf Woldenhorn in seine Residenz um und benannte sie frei nach der alten Burg Arnesvelde in Ahrensburg um. Von einer Burg im eigentlichen Sinn gibt es im Forst Hagen allenfalls nur noch einen irdenen Ringwall. „Aber den besuchen wir später einmal“, so Oldag zu der jungen Kollegin.

Janina May war aus lauter Respekt vor der Geschichte ihres künftigen Arbeitsumfeldes ganz still geworden. Fragen nach Freizeitmöglichkeiten, nach Schwimmbad und anderen Sportstätten, geschweige denn nach einer Disco, stellte sie zunächst nicht. Die kamen erst später, als sie dann auf dem Weg waren und bei der kleinen Pause in einem Kaffeegarten. Hier besprachen sie auch, was inzwischen schon erfahren und erledigt wurde, Oldag hörte ihre Meinung zu Motiv und den nächsten Schritten.

„Warum tut jemand so was?“, fragte sie, und Oldag nickte zustimmend. „Ja, warum tun Menschen, was sie tun?“, war seine Gegenfrage. Zurück im Büro, machten sie noch ein Protokoll über den Tag. „Morgen geht's weiter. Gute Nacht.“

6. Kapitel

Der Regionalexpress von Hamburg nach Sylt machte fast pünktlich in Meldorf halt. In der kleinen Empfangshalle wartete Hauptkommissarin Imke Andresen schon auf ihren Kollegen aus Ahrensburg. „Moin! Moin! Freut mich, dass wir uns kennenlernen, Herr Kollege!“, sagte sie und reichte ihm die Hand. „Wenn's recht ist, zeige ich Ihnen zunächst mal die Perle unserer Stadt. Ich hörte, in Ahrensburg gibt es reichlich davon!!"

Lodders lachte hell auf: „Oh ja doch!" Dann leiser: „Na ja, so viele sind es nun auch wieder nicht – aber das Schloss ist schon ein Schmuckstück!" – „Ja, mit einem Schloss kann ich hier schwerlich dienen …!" Nun wieder Imke Andresen. Damit waren sie schon auf dem Weg zum Dom, der nun wahrlich eine ‚Perle' war. „Übrigens war Doktor Bruckmann ein hervorragender Kenner der hiesigen Kultur! Sehr, sehr schade um ihn. Ein großer Verlust!"

Lodders, der mit Kirchen nicht viel ‚am Hut' hatte, war von der Baulichkeit überrascht und beeindruckt. „Wie kommt es, dass eine so kleine Stadt – pardon, wenn ich das so despektierlich sage – eine so große Domkirche hat?" – „Bruckmann könnte Ihnen einen langen Vortrag darüber halten. – Aber das ist ja nun unmöglich!"

Lodders wurde unruhig, wollte er doch gern schon zum eigentlichen Thema kommen, aber da schien seine Kollegin keine Eile zu haben. Trotzdem wagte er danach zu fragen. „Ja, …", antwortete sie: „… da habe ich schon alles vorbereitet. Örtlichkeiten müssen wir ja nicht unbedingt aufsuchen. Wie ein Gymnasium aussieht, wissen Sie ja."

Es entstand eine Pause, während sie das altehrwürdige Gebäude verließen. Draußen blieben sie kurz stehen, als Imke Andresen dann doch auf das Verbrechen zurückkam. „Wenn es Ihnen recht ist. Ich habe Frau Doktor Winde eingeladen, mit uns heute zu Abend zu essen. Sie sind beide natürlich eingeladen. Frau Winde ist Oberstudienrätin hier am Gymnasium und kennt die ganze Tragödie mit Bruckmann."

„Tragödie?", fragte Lodders, und Imke Andresen wiegte den Kopf vielsagend hin und her.

„Lassen Sie sich nur überraschen, Herr Kollege, Sie werden noch Bauklötze staunen! Frau Winde kennt das ganze Wieso, Warum, Weshalb!"

Lodders dachte an seine junge Assistentin daheim in der Dienststelle. „Wo Sie das gerade sagen. Kennen Sie die fünf großen W's der Mordermittlung?" – „Nein, aber Sie werden sie mir gleich erklären!"

Lodders fand die kurze Unterbrechung willkommen und brachte den Hauptgrund seines Hierseins in Fahrt. „Was, Wo, Wie, Wer, Warum?" – „Wo haben Sie das denn her?", fragte Imke Andresen, „lernt man so was heute auf der Polizeischule? – Na ja!" Sie waren vor dem ‚Hotel Deichgraf' angekommen, in dem für Lodders schon ein Zimmer reserviert war. „Hier werden Sie wohnen und wir heute Abend zusammen essen."

An und für sich war Lodders kein Freund davon, dienstliche Angelegenheiten in einem öffentlichen Lokal zu besprechen. Einmal, weil Wände immer Ohren haben und man gerade als Kriminalbeamter vorsichtig sein musste. Zum anderen diese ewigen Störungen durch das Personal. Dienst gehört eben in Diensträume, warum heißen die sonst so? Heute nun war er Gast und musste sich fügen. In

Ahrensburg ging er gerne mal essen, und da waren es dann eben Privatgespräche. Seine Frau und er waren gern im ‚Danske Kro', diesem urgemütlichen altdänisch gehaltenen Lokal in der Großen Straße. Vielleicht war der Name noch ein Relikt aus der Schimmelmann-Zeit. Der war schließlich einmal Schatzmeister des dänischen Königs gewesen und war nach Peter Rantzau Herr auf dem Schloss.

Wie dem auch sei, Lodders erfuhr an diesem Abend so manches, was ihm bei der Ermittlung in ‚seinem' Mordfall behilflich sein konnte. Wichtig wurde die Frage, ob er denn dem Anruf einer Zeugin genügend Bedeutung geschenkt hatte. Wieso rief die Frau am Morgen danach so früh an, obgleich noch nichts darüber berichtet worden war? Hatte er eigentlich den Zwischenruf des Schülers richtig eingeschätzt? Junge Menschen bilden ihre Meinung zum großen Teil durch die Meinung der Eltern – auch wenn sie das nicht zugeben! War die Anruferin vielleicht die Mutter? Er war immer von Eifersucht ausgegangen – was ja hier in Meldorf auch bekannt war, aber war die Lösung des Falles wirklich da zu suchen? Hatte er das alles ausreichend erwogen oder zu früh ad acta gelegt? Er würde gleich morgen die Suche neu ansetzen. ‚Eifersucht ist eine Leidenschaft, die mit Eifer sucht, was Leiden schafft!' Den Spruch kannte er schon von seiner Großmutter. Das musste bitterer Ernst für Kriminalisten sein.

Frau Dr. Winde, die Studienrätin am Meldorfer Gymnasium, war dann wirklich genau die Person, die Lodders

brauchte. Sie war nicht nur eine Kollegin von Dr. Bruckmann gewesen, sondern eine enge Freundin jener Frau,
deretwegen die ganze Bruckmann-Affäre hier in Meldorf
ja ihren Lauf genommen hatte. Es war Tagesgespräch in
der ganzen Stadt gewesen und letztlich der Grund für seine Scheidung. Daher also auch seine ‚Flucht‘ aus Meldorf.
Wenn man das so nennen darf.

Vor dem Schlafengehen noch ein Telefongespräch mit
Oldag, und er erfuhr, was in Ahrensburg inzwischen geschehen war. Es ergab sich auch hier, dass die telefonische
Zeugin doch wohl mehr unter die Lupe genommen werden musste. ‚Kleine Dinge sind manchmal der Schlüssel
zu großen Erfolgen‘, hatte die Kollegin beim Abendessen
so treffend gesagt. Das hatte er in diesem Falle nicht in
Erwägung gezogen. Gleich morgen wollte er sich darum
kümmern. Ein direktes Ziel vor Augen ermuntert immer
sehr!

7. Kapitel

Es war nur zu gut, dass Helmut Lodders für diesen neu-
en Fall beim Polizeipräsidenten Verstärkung angefordert
hatte, denn es zeigte sich, dass sich mehr hinter dem Mord
an Studienrat Bruckmann verbarg als zunächst angenommen. Als er von der Meldorf-Reise zurückkam, waren so-

344

wohl Kollege Oldag als auch die junge Anwärterin damit beschäftigt.

„Ich weiß jetzt, wo das Auto ist!", platzte die junge Kollegin förmlich heraus, als Lodders ihre Arbeit anschaute. Er wurde neugierig. Sollte diese ganz neu im ‚Geschäft‘ tätige junge Frau sie alle überholt haben?

„Na, dann lass' mal die Katze aus dem Sack!", forderte Lodders sie auf, und Janina tat geheimnisvoll: „Gestern war ich mit meiner Freundin in Bargteheide im Kino, und da sind wir am Autohaus ‚Car tip-top‘ vorbeigekommen ..." Lodders kannte das Haus, dort hatte er selbst schon zu tun gehabt.

„Die kaufen alte Autos, möbeln sie auf und verkaufen sie dann mit Gewinn ... und, und ...?", fragte er ungeduldig.

Janina tat geheimnisvoll: „... da stand auf dem Freigelände ein VW, älteres Modell mit HUS-Nummer ... ich habe heute früh schon angerufen ... Der Halter ist Dr. Bruckmann aus Wesselburen ..., der Wagen soll wie gesagt: tiptop gemacht und beim Verkehrsamt umgemeldet werden."

Beim Hauptkommissar läuteten alle Alarmglocken, auch wenn ihn das vorerst nicht einen Schritt weiterbrachte. Das Mädchen wird noch mal eine ganz Große, dachte er bei sich und lächelte ihr freundlich anerkennend zu.

Dann sagte er: „Ich habe da auch so eine Idee – bin vielmehr in Meldorf darauf gebracht worden – wir beide gehen noch mal zu der Anruferin. Vielleicht ist da doch mehr drin!"

Janina freute sich, dass ihr eigener Instinkt doch richtig war und anerkannt wurde. Es zeigte sich, wie gut es ist, wenn kriminalistische Erfahrungen sich mit neuem Schulwissen mischen und zu neuen Erfolgen führen.

„Wird gar nicht so leicht sein, da fündig zu werden!", sagte er im Hinausgehen, „aber wollen mal sehen, ob nicht Kommissar Zufall wieder mitspielt!" – „Wer?" fragte Janina, und er lachte auf. „Das ist ein wichtiger Kollege, junge Frau, aber das werden Sie auch noch lernen!" Dabei blieb es zunächst.

Der Ahrensfelderweg verbindet den Stadtteil Ahrensfelde mit dem Zentrum. Noch nicht lange her, war das ein selbstständiges Dorf gewesen. Seinen Namen hatte es wohl von der alten Burg Arnesvelde, die Lodders nachher noch seiner jungen Assistentin zeigen wollte. Von hier müsste also der Schuss – Wenn überhaupt – gehört worden sein.

Hauptkommissar Lodders parkte den Wagen am Straßenrand und bat Janina zu warten. Dann trat er an einen der Gartenzäune, hinter dem ein älterer Mann den Rasen kehrte. „Hallo! Guten Tag!"

Der Mann horchte auf, kam näher: „Ja bitte?" – Lodders war gleich beim Thema: „Ich suche die Frau, die einen Schuss gehört haben will. Sie wissen wohl von dem Mord drüben im ‚Fasanenhof'?"

Natürlich hatte der Mann davon gehört, musste aber passen, denn er war erst in der Nacht von einer Reise zurückgekehrt. Wenn das so war, konnte der Anruf nicht aus diesem Haus gekommen sein.

Gerade wollte er seine Arbeit wieder aufnehmen, kam er nochmals zurück: „Herr … Herr …!"

Lodders korrigierte: „Hauptkommissar!"

Dann der Mann etwas verwundert. „Also, Herr Hauptkommissar! Fragen Sie mal nebenan …!" Er zeigte auf das Nachbarhaus, „die Leute waren zwar die Tage auch nicht da, haben aber eine Aufwartefrau!"

Lodders horchte auf. Genau das wollte er wissen. Eine Frau hatte angerufen, und seine jahrelange Erfahrung sagte ihm: Hier bestand ein Zusammenhang. Dann erfuhr er den Namen und dass sie in der Siedlung am Hagen wohnt. Mehr wusste der Mann auch nicht. Hauptkommissar Lodders aber spürte, dass er auf dem richtigen Weg war. Er ging zu seinem Wagen zurück.

Janina fragte gleich: „Na, haben Sie den Täter schon verhaftet, Herr Hauptkommissar?"

Sie war schon ganz im Fahrwasser ihres Vorgesetzten, und das gefiel Lodders, so ging er darauf ein: „Nein, ist er hier irgendwo?" Dann wurde er amtlich: „Wahrscheinlich können wir unsere Ermittlungen erst später fortsetzen. Jetzt ist niemand zu erreichen – aber ich habe da was ganz anderes vor." Er machte eine geheimnisvolle Pause:

„Wir fahren inzwischen mal ins Tunneltal und zur alten Burg …!"

Janina lachte: „Wohin? Das klingt ja direkt unheimlich!" – „Bangesein gilt nicht in unserem Beruf, junge Frau!", konterte Lodders und fuhr los. „Wir schauen uns mal Ahrensburger Geschichte an!" – „Über Wolden …, Wolden … habe ich schon was gehört, da war ich gestern mit Herrn Oldag", sagte sie und war stolz, es zu wissen.

„Ja, Woldenhorn meinen Sie … aber ich meine etwas anderes … Wir gehen noch weiter zurück … Nehmen Sie mal den Stadtplan da drüben, da sehen Sie unser Wappen: eine Burg und ein Geweih. Beides passt zu dem, wohin wir jetzt fahren!" Janina war gespannt.

Am Beginn des Forstes lenkte Lodders den Wagen auf einen ausgefahrenen Parkplatz. Spaziergänger hätten denken können, sie seien Vater und Tochter, so, wie sie da den Waldweg entlanggingen und sich unterhielten.

Janina fragte: „… und wo ist die Burg?" Sie hatte natürlich etwas Ähnliches wie auf dem Wappen erwartet und nicht nur einen irdenen Ringwall.

Lodders lachte: „Ja wenn man bedenkt, heute mit Bomben und Raketen – wie einfach man sich damals verteidigte …!"

Jetzt lachte Janina: „Aber eine Burg ist das trotzdem nicht!"

Ehe sie sich auf einen umgestürzten Baum setzten, blieb Lodders stehen. Sein Handy meldete sich in der Jackentasche: „Hier haben wir als Jungs mit unseren Fahrrädern viele Runden gedreht!" Er zeigte auf die Reifenspuren im Inneren des Burgwalles: „Das war immer unsere Avus! Ach, waren das schöne Zeiten damals für uns Jungen … und die scheinen das heute nicht anders zu machen!"

„Na, was gibt's, Doc?", fragte er ins Handy.

„Sitzt du gut?", gab Dr. Paulus zurück.

„Es geht so …!", war die Antwort, und dann Doktor Paulus: „Also! Dein Toter von der Terrasse wurde tatsächlich nicht erschossen!"

Lodders fiel fast das Handy runter. „Wie das denn … er ist aber doch tot, oder?" – „Das schon, hat aber wohl noch einige Stunden gelebt, ehe er in die großen Jagdgründe Einzug hielt, Herr Kollege!" – „Sind Sie ganz sicher?" Jetzt wieder der Kriminale.

„Absolut! Ich habe mich noch vergewissert und Professor Henson von der Lungen-Klinik Großhansdorf hinzugezogen, ehe ich so was behaupte! … Gestorben ist er erst nach Mitternacht … an einem Schädel-Hirntrauma … wohl durch den Aufprall am Boden. Wir waren extra noch mal am Tatort! Kein Zweifel mehr möglich!"

Mit der Bitte, bald vorbeizukommen, schloss das Gespräch. Lodders verschlug es die Sprache, dass Janina fragte, was los sei. „Wir können noch mal ganz von vorn anfangen …!" Dann machten sie sich trotzdem auf den Weg zur Siedlung am Hagen. Das könnte evtl. schon so ein Anfang sein. Unter Umständen würde am Ende nicht ein Mörder festgenommen werden, sondern ‚nur' ein erboster Mensch, der aus dem Affekt heraus gehandelt hatte. Das Opfer würde zwar nicht wieder lebendig, tot bleibt tot!

Wieder im Wagen, sagte Lodders: „Schade, ich wollte Ihnen gerade mal das berühmte ‚Ahrensburger Tunneltal' zeigen, aber das muss nun warten!"

Janina konnte sich darunter nichts vorstellen. Ja, Kollege Oldag hatte schon mal so was erwähnt, aber ein Tunnel, hier, ja wo denn?

Am kleinen Supermarkt gleich am Beginn der Siedlung machte Lodders halt: „Ich frage mal schnell nach, warten Sie einen Augenblick!" Kam dann tatsächlich kurz darauf zurück. Ja direkt hier ganz in der Nähe, in der Schützenstraße, wohnte eine Frau Stanjek.

Janina wurde hellhörig: „Stanjek?", fragte sie. Lodders nickte. „So heißt doch auch der Junge in der Schule, mit dem Sie wegen des Zwischenrufs nachher noch diskutiert haben! Das ist vielleicht seine Mutter, Chef!"

Bei Stanjeks kam gleich die Frau an die Tür. „Mein Name ist Lodders, Kriminalhauptkommissar Lodders, und das hier ist meine Kollegin – Sie haben bei uns angerufen, Frau Stanjek. Darf ich reinkommen?"

Frau Stanjek war ein Zögern anzumerken, damit hatte sie wohl nicht gerechnet. Ein Kriminalkommissar merkt so was sofort. Er folgte der Frau ins Wohnzimmer.

„Hier mein Ausweis, damit Sie beruhigt sind!" Das Angebot, Platz zu nehmen, lehnte er dankend ab. „Nur ein paar Fragen, dauert nicht lange!" Dann, kurz darauf – immer die Frau im Blick: „Sie haben also einen Schuss gehört? – Wann war das genau: Können Sie sich noch er- innern?"

Frau Stanjek war unsicher geworden. Einen Kriminal- hauptkommissar hatte sie bisher nur bei Fernsehkrimis im Haus gehabt. Dann antwortete sie: „Wie ich schon sag- te, um acht Uhr …!"

Sie schien jedes Wort mehrmals umzudrehen, ehe sie Antwort gab. Lodders beließ es dabei, obgleich ihn brennend interessierte, ob es nun abends um acht Uhr gewesen war oder unmittelbar vor dem Anruf am Mor- gen. Das würde er später ‚herauskitzeln'. Jetzt durfte die Frau nicht verunsichert werden. „Wo war Ihr Mann zu der Zeit?" Schweigen. „Haben Sie es ihm nicht gleich be- richtet?"

Frau Stanjek war aufgeregt. „Der ist oft im Vereinsheim … bei den Schützen hier in Ahrensburg!"

Lodders überhörte es geflissentlich, fragte nicht noch- mals nach, wiewohl in seinem Kopf ein Signal vernehmbar wurde. ‚Schützenverein‘? Ja, ums Schießen handelte es sich auch in seinem Fall. Er schob der Frau seine Visitenkarte über den Tisch und sagte so amtlich wie möglich: „Er möchte sich morgen früh – sagen wir, um 10 Uhr – bei uns im Revier melden.“

Als sie kurz darauf auf dem Weg zum Wagen waren, fragte Janina: „Warum haben Sie nicht nach dem Jungen gefragt, nach dem Jungen mit dem Zwischenruf?“

Lodders lachte hell auf: „Ja, an einen hübschen Jungen, da erinnern Sie sich gern – oder?“

Janina blieb sachlich. „Aber das gehört doch jetzt zu unserer Aufgabe?“

Lodders dachte: Die Deern ist aber auch überhaupt nicht zu verwirren! Hatte er selbst ihr nicht mal gesagt: ‚Das Undenkbare zu denken‘ ist eine der wichtigsten Eigenschaften für einen Kriminalbeamten. Und so undenkbar war der Zusammenhang doch gar nicht. Auch ihm war das schon aufgefallen, und er würde noch darauf zurückkommen. Zunächst mal zu Dr. Paulus, um die wirkliche Ursache für diesen Todesfall zu erfahren.

8. Kapitel

In Lodders' Dienstzimmer waren alle Mitarbeiter versammelt, als Kriminalhauptkommissar Lodders einige Minuten nach neun Uhr etwas später hinzukam. „Moin!“, war kurz seine Begrüßung. Er legte Jacke und Mütze ab und kam zur Sache. „Also, gestern war ich dann doch noch bei der Frau ... wie hieß sie noch gleich? ..."

Janina kam ihm zur Hilfe: „Stanjek", sagte sie mit nicht wenig Stolz in der Stimme.

„Danke! Ja, wenn ich Sie nicht hätte!", seine Antwort. – „Also, es ist doch immer wieder dasselbe: Die unscheinbarsten Dinge sind oft der Schlüssel zur Lösung eines Problems!", sagte er weiter. „Mein Eindruck ist, die Frau verbirgt etwas, hat irgendwie Angst vor ihrem Mann. Ihn müssen wir mal näher unter die Lupe nehmen ..." Er schaute auf seine Uhr: „Ich habe ihn für zehn Uhr herbestellt – und der wird kommen, da bin ich ganz sicher! Der ist schon in unsere Nachforschungen so tief verstrickt, dass er versuchen wird, den Hals aus der Schlinge zu ziehen." Er räusperte sich kurz, dann: „Schaut mal, die Frau konnte mir keine eindeutige Antwort geben, wann sie irgendwas gehört hat – war völlig durch den Wind und stand verdammt unter Druck. – So was weiß man doch, aber sie hatte den Schuss wahrscheinlich gar nicht gehört, war nur der Einflüsterung ihres Mannes gefolgt. Doktor Paulus hat mich noch gestern Nachmittag angerufen und gemeint, nicht der Schuss in die Schulter sei der Grund für den Tod, sondern das SHT. Also das Schädel-Hirntrauma durch den Aufprall des Getroffenen auf den Boden – oder auf sonst was. Er habe noch Staub von Erde und Kalk in der Lunge gefunden – und das kann bei einem Neubau wie dem ‚Fasanenhof' leicht vorhanden sein."

„Also Leute, was haben wir bisher erreicht?" Wenn einer von ihnen hätte antworten müssen, wäre es vielleicht mit einem Wort gesagt: ‚Nichts.' Aber so war das nicht, nur ob es sich nun um Mord oder Totschlag handelte, das musste noch herausgefunden werden. „… Also, wo stehen wir jetzt?", fragte er nochmals, und die Anwesenden berichteten kurz, was sie inzwischen im Einzelnen vorzuweisen hatten. Die Autowerkstätten waren abgeklappert. Das mit Bruckmanns Wagen in Bargteheide war in Ordnung und lieferte ihnen keine Erkenntnisse zu den weiteren Ermittlungen. Lodders' Freund Rosten hatte nichts weiter in Erfahrung bringen können. Auf jeden Fall nicht mehr als schon bekannt. Offen blieben die Fragen mit dem Raser, der den Tankwart fast ins Jenseits befördert hatte, und die angebliche Zeugin, die abends und morgens nicht zu unterscheiden wusste. Auch hatte Oldag nochmals in der Schule einige Lehrkräfte speziell befragt, und die Namensgleichheit zwischen dem Schüler Jonas Stanjek und den Leuten in der Siedlung am Hagen klärte sich. Es waren seine Eltern. Aber alles das waren ja keine Motive für einen Mord, wie man jetzt wusste.

„Vielleicht wissen wir mehr, wenn ich mit Herrn Stanjek gesprochen habe", warf Lodders ein. Damit konnte sich Lodders dem weiteren Vorgehen widmen: „Frau

May, Sie kommen bitte mit!", sagte er zu der jungen Kollegin. „Haben Sie schon mal eine persönliche Vernehmung mitgemacht?", fragte er, und sie konnte nur berichten, was sie hierzu auf der Polizeischule gelernt hatte.

Im Treppenhaus hielt er sie zurück: „Es handelt sich bei dem da unten nicht um den Täter – noch nicht!", belehrte er sie, und dann: „Achten Sie einmal darauf, wie ich Fragen stelle. Zunächst ist er eben nur ein Zeuge – wenn überhaupt!", bekräftigte er, und dann: „... wenn man auch dem übelsten Täter menschlich begegnet, zu erkennen gibt, dass man ihn irgendwie und -wo auch versteht, kommt man meistens viel weiter und schneller zu einem Geständnis."

Im Vernehmungszimmer saß Pavel Stanjek gelangweilt am Tisch. Als Lodders mit Janina May eintrat, sagte er – und eine gewisse Empörung lag unverkennbar in seiner Stimme: „Na endlich! – Wie lange wollen Sie mich hier eigentlich noch festhalten?" Er schaute auf seine Uhr, „Ich war für um zehn Uhr bestellt ... und habe auch noch anderes zu tun!"

Lodders überhörte das und gebot auch Janina, nicht darauf einzugehen. Dann saßen sie Stanjek gegenüber. Lodders ordnete die Akte und überflog die letzten Seiten, die er nach dem Besuch in der Siedlung am Hagen anfertigen ließ.

„Herr Stanjek, ist das hier Ihr Sohn?" Er schob ein Foto über den Tisch.

Der so Angesprochene schaute erstaunt auf: „Wieso? Hat er was ausgefressen? Woher haben Sie das?", und Lodders griff das sofort auf.

„Die Fragen, Herr Stanjek, stellen wir. Sie brauchen nur kurz und wahrheitsgemäß darauf zu antworten",

Stanjek war ärgerlich: „Als Vater muss ich das doch wohl fragen dürfen!" Er schaute das Bild an, als erkenne er seinen Sohn nicht gleich. Dann nickte er mit dem Kopf: „Jonas ist ein anständiger Junge."

Lodders erklärte dienstlich: „Na ja, immerhin hat er den jetzt ermordeten Lehrer gefragt, ob er ‚etwa auch an Auschwitz glaube'." – „Ja und? Ist das verboten?" – Lodders griff das Wort auf: „Wenn wir gerade von Verboten sprechen, Herr Stanjek, hatten Sie ihm verboten, an der Klassenreise nach Polen teilzunehmen? Wir haben da mal nachsehen lassen." – „Ja, das ist richtig …!", nun wieder Stanjek, „… schließlich bin ich als Vater für seine Erziehung verantwortlich, und ich möchte nicht, dass er mit all den Lügen vollgestopft wird!"

Auch das ließ Lodders zunächst einmal im Raum stehen, auch wenn er ein ‚Na, na, na!' nicht unterdrücken konnte. Seine Vermutung, dass dieser Mann oder sein Sohn etwas mit dem Tod auf der Terrasse zu tun hatten, wurde immer stärker. So stellte er darauf eine Fangfrage: „Aber deshalb müssen Sie den Lehrer ja nicht gleich umbringen!"

Stanjek zuckte zusammen, kam aus der Bahn, begriff vielleicht nicht den Ernst seiner Lage. Aus seiner nächs-

ten Antwort konnte schon die Möglichkeit eines Geständ-
nisses herausgehört werden. Trotzdem: „Das wollte ich
ja auch gar nicht! … Nur, nur, nur … einen Denkzettel
verpassen, mehr nicht!" Stanjek wusste, dass es ein fata-
ler Fehler gewesen war, nach dem rassistisch-motivierten
„Schreckschuss" auf die Terrasse von Bruckmann zu klet-
tern, um nach seinem Zustand zu sehen. Diesen Umstand
konnte er nicht mehr rückgängig machen.

Lodders wusste, dass er dem Täter gegenübersaß. Er
brauchte die Falle nur noch zuschnappen zu lassen, und
der Fall war gelöst. Aber so leicht war das nun auch wieder
nicht. Er holte einen Prospekt in Hochglanzpapier aus der
Akte hervor und ließ sie Stanjek sehen: „Sie interessieren
sich ja sehr für Handfeuerwaffen, Herr Stanjek. Waren Sie
auf dieser Veranstaltung?"

Stanjek nickte, wollte den Prospekt der Firma Heckler
und Koch für eine ganz neue, kleine und leichte Pistole an
sich nehmen, aber Lodders war schneller, nahm sie ihm
aus der Hand und legte sie wieder in die Mappe und sagte:
„Immerhin haben wir hier Ihren Fingerabdruck und können ihn mit denen auf der Rücklehne des Gartenstuhls am
Tatort vergleichen, und dann sind Sie dran, Herr Stanjek,
ist Ihnen das überhaupt klar?"

Stanjek ließ den Kopf auf die Tischplatte sinken. Nein,
das war ihm nicht klar. Ja, Pistolen interessierten ihn,
mussten ihn interessieren, war er doch 2. Vorsitzender im
Schützenverein, aber ein Mörder war er nicht. Wie er so

dasaß, tat er Lodders direkt leid. Aus dem Mann war ein Häufchen Elend geworden.

Eine menschliche Regung durfte Lodders jetzt nicht zeigen, würde sie aber in seinem Bericht an die Staatsanwaltschaft berücksichtigen.

Ohne weitere Fragen zu stellen oder Stanjek die Zusammenhänge aufzuzeigen – es war alles gesagt –, wandte er sich mit den schon fast stereotypen Worten an den Mann: „Herr Stanjek, ich nehme Sie fest wegen Körperverletzung mit Todesfolge!" Dann ließ er ihn abführen.

Auch wenn noch einiges hinzukommen würde, mehr musste im Augenblick nicht gesagt oder veranlasst werden. Er hätte ihn gern noch gefragt, wieso er seinem Sohn einen Namen aus dem Alten Testament gegeben hat, wo er doch etwas gegen Juden hatte – jedoch ließ er es. Sehr wohl war ihm allerdings bei alledem nicht, aber es wurde ihm wieder einmal klar, dass eben auch Polizisten ein menschliches Herz in der Brust haben.

Karin Schattmann
Constanzes Fall

Scheinwerferlicht, Kameras klicken, Männer in weißen Anzügen umringen eine Schönheit im Abendkleid auf der Marmortreppe einer eleganten Villa – nur, dass es sich nicht um das Foto-Shooting für die neue „Bachelorette" handelt und die Anzugträger nicht die Kandidaten, sondern die Experten der KTU sind. Die Frau liegt mit den Füßen nach oben auf den Stufen und ihr Kopf in einer großen Blutlache. Als Hauptkommissarin Gitta Rantzau und ihr Kollege Bastian Krüger am Unglücksort in der Bismarckallee eintreffen, sind die Spezialisten schon fleißig mit der Sicherung der Spuren beschäftigt. Der Gerichtsmediziner hockt neben der Leiche und betrachtet sie intensiv. Krüger gibt ein Zeichen, dass er sich das Haus ansehen will.

„Hallo, Dr. Englund, können Sie schon sagen, wann und wodurch sie gestorben ist?"

„Frau Rantzau! Ich grüße Sie. Tja, auf den ersten Blick ist sie die Treppe runtergefallen und mit dem Kopf auf die Kante der untersten Treppenstufe aufgeschlagen. Constanze Wiegand. Noch nicht lange tot. Vermutlich Schädel-Hirn-Trauma mit Todesfolge. Genaueres kann ich ..."

„... erst nach der Obduktion sagen", fällt die Kommissarin ihm ins Wort. „Klar, weiß ich doch. Lag sie auch so da, als sie gefunden wurde?"

„Ja, als ich kam, lag sie so da. Irgendwo da hinten ist der Ehemann – hat, wie er sagt, einen ‚Schock' und lässt sich von seinem Hund im Wohnzimmer trösten. Er hat die 112 angerufen, als er seine Frau da gefunden hat. Ach ja, der Hund hat sie gebissen, und es gibt ein Video aus der Überwachungskamera."

Der Mann im Morgenmantel steht zitternd in der Terrassentür und raucht. Zu seinen Füßen liegt ein hässlicher, weißer Köter, ein Kampfhund, mutmaßt Gitta Rantzau. Sie stellt sich kurz vor und beginnt die Befragung.

Er sei gegen zehn Uhr aufgewacht und aufgestanden, dann hätte er zu seinem Entsetzen seine Frau dort unten auf der Treppe liegen sehen und sofort den Notarzt gerufen. „Der nur noch ihren Tod feststellen konnte", jammert er. „Sie war so voller Lebensfreude und Energie. Ich kann es gar nicht fassen, dass sie nicht mehr da sein wird. Was für ein schrecklicher Unfall!"

Wiegand riecht nach Alkohol und kann sich anscheinend nicht koordiniert bewegen. Auf Nachfrage erzählt
er, dass er und seine Frau gestern auf der Hochzeit eines Freundes waren: Trauung im Schloss, anschließen-
de Feier im Hotel gegenüber. Erst in den frühen Mor-
genstunden seien sie nach Hause gekommen. Er hätte
auch irgendwo einen Taxibeleg. Er sei sofort nach oben
ins Schlafzimmer gegangen und ins Bett gefallen. Seine
Frau wollte sich in der Küche noch etwas Herzhaftes zu
essen holen, nach all den Garnelencocktails, Fingerfood
und Mousse au Chocolat. Dass der Hund sie gebissen
hat, kann er sich nicht vorstellen und vermutet, es sähe
nur so aus, als ob. Und sie hätten eine gute, sehr har-
monische Ehe geführt, mit gegenseitiger Achtung und
den nötigen Freiräumen, was auch immer das bedeuten
mochte.

Gitta trifft Bastian im Obergeschoss wieder. „Sie schlafen getrennt", berichtet er. „Er schläft offenbar mit dem
Hund, also der Hund mit in seinem Bett." Ansonsten habe
er nichts Auffälliges gefunden, nur die üblichen Utensili-
en, Kleidung, Handy, Schmuck.

In der Garage stehen zwei teure Autos. Die Eheleute
Wiegand sind Rechtsanwälte in derselben Kanzlei, die
dem Vater der Ehefrau gehört.

„Okay, Basti, lass uns für heute Schluss machen. Ist immerhin Sonntag, und wir wissen nicht mal, ob es ein Fall
ist oder nicht. Sieht ja eher nach bedauerlichem Unfall

aus. Ich werde noch die Eltern aufsuchen, dann hör ich auch auf."

Die Eltern wohnen in der Waldstraße, also kaum fünf Minuten entfernt. Die Nachricht vom Tod eines Angehörigen zu überbringen ist immer unangenehm und bedrückend. Gitta Rantzau steht eine Weile stumm neben der weinenden Mutter und dem versteinert dreinblickenden Vater.

„Und es war tatsächlich ein Unfall?", fragt Dr. Müller.

„Soweit wir es im Moment beurteilen können. Wenn das Ergebnis der Obduktion vorliegt, werden wir mehr wissen. Gibt es einen Grund, dass Sie das anzweifeln?"
Betretenes Schweigen.

„War Ihre Tochter glücklich verheiratet?", fragt Gitta.

„Ach, was heißt schon ‚glücklich'? Wer ist das schon?", meldet sich Frau Müller zu Wort und wischt sich die Tränen aus dem Gesicht. „Sie hat viel gearbeitet …"

„… und er hat es auch versucht", ergänzt ihr Mann bissig.

„Hatte sie Feinde?", bohrt Gitta weiter.

„Sie war sehr beliebt, sie hatte keine Feinde. Aber als Anwältin, da gibt es immer Leute, die sich mit einem Richterspruch nicht abfinden können … und vielleicht auf Rache sinnen. Verehrte Frau Kommissarin, wir warten am besten die Obduktion ab", beschließt Dr. Müller schnell das Gespräch. „Wir möchten jetzt gern allein sein, auf Wiedersehen."

Gitta lässt ihre Karte da.

Am nächsten Tag trudelt gegen Mittag der Bericht des Pathologen ein: Todeseintritt ca. 5 Uhr, Schädel-Hirn-Trauma mit Todesfolge durch einen Sturz auf den Hinterkopf. Ein paar Hämatome am Torso und der rechten Hand, die vermutlich beim Sturz entstanden sind. Blutalkohol 1,4 Promille. Die Frau wurde zum selben Zeitpunkt von einem Hund kräftig von hinten ins linke Bein gebissen, durch das lange Seidenkleid hindurch.

Gitta schaut sich die Fotos von der Unglücksstelle noch einmal an. Constanze Wiegand liegt auf dem Rücken, das dunkelblaue Kleid schmiegt sich an ihren Körper und bedeckt ihn bis zu den Waden, das unverletzte Bein ist abgewinkelt und zum größten Teil entblößt.

Constanze geht die Treppe hinauf, der Hund hinterher, beißt in ihr Bein, sie verliert das Gleichgewicht und stürzt, will sich vergeblich irgendwo festhalten und knallt auf den Hinterkopf. Exitus. So könnte es gewesen sein. Doch warum greift ein Hund sein Frauchen an? Gitta winkt Bastian zu, dass sie aufbrechen können, und erklärt kurz den Sachverhalt.

„Constanze mochte Xerxes nicht", räumt Julius Wiegand ein. „Vielleicht hat sie nach ihm geschlagen oder getreten. Aber Bullterrier sind ausgesprochen freundliche und sensible Tiere. Ich hab ihn ja täglich um mich. Und dass er sie gebissen hat – das sieht man richtig auf dem Video?"

„Er schläft bei Ihnen, Ihre Frau nicht. War der Hund ein Problem zwischen Ihnen?"

„Nein. Ja, doch. Sie wollte, dass ich ihn wieder abschaffe. Sie war irgendwie immer ängstlich, wenn er in der Nähe war. Grundlos."

„Aber Sie lieben Ihren Hund, vielleicht sogar mehr als Ihre Frau?"

Wiegand weist das als infame Unterstellung zurück. Er kann sich immer noch nicht vorstellen, dass der Hund gegenüber seiner Frau aggressiv geworden sein könnte, außer sie habe ihn provoziert.

„Hunde empfinden es als Aufforderung, hinterherzurennen, wenn man davonläuft. Aber man muss nur deutlich ‚AUS!' sagen", erklärt Wiegand ärgerlich, „dann ist Xerxes brav. Das wusste Constanze, und wir haben es auch immer wieder geübt." Er streichelt dem Rüden sanft über den Kopf.

„Und, hat es geklappt?"

„Na ja, Xerxes hat sie nicht immer ernst genommen, ihre Stimme klang bei ihm eher zaghaft. Vor Gericht war sie knallhart, so hätte sie auch mit dem Hund sprechen müssen."

„Das Ordnungsamt wird sich wegen aggressiven Verhaltens des Hundes sicherlich bald mit Ihnen in Verbindung setzen."

Die Kommissare machen sich auf den Weg zu den Eltern und konfrontieren sie mit den Ergebnissen der Leichenschau.

„Diese Misttöle! Warum musste Julius sich nur so einen widerlichen Kampfhund zulegen? Er hat ihn eines Tages einfach mitgebracht und unsere Tochter damit überrumpelt. Sie hat Angst vor Hunden und erst recht vor so einem, der sieht ja schon gemein und hinterhältig aus." Frau Müller kriegt sich kaum wieder ein und bricht in Tränen aus.

„Es ist nicht auszuschließen, dass er sie loswerden wollte", konstatiert ihr Gatte. „Sie war ihm immer über, vor allem die bessere Anwältin. Seit ich verlautbart habe, dass ich sie zur Partnerin machen werde, gab es immer öfter Streit, sogar in aller Öffentlichkeit. Ich habe Constanze bereits geraten, sich zu trennen."

„Sie meinen, der Mann Ihrer Tochter, Julius Wiegand, hat sie umgebracht?"

„Den Hund auf sie gehetzt, ihr vielleicht vorher was ins Glas getan – was weiß ich?" Dr. Müller gerät in Wallung. „Ich werde ihn zur Rechenschaft ziehen, ich mach ihn fertig …" Dann besinnt er sich: „Hat er ein Alibi?"

„Das klären wir noch. Auf dem Video ist er nicht zu sehen. Hatte Ihre Tochter Vermögen?"

Der Vater erklärt, dass Constanze das Haus zur bestandenen Juristenprüfung von ihm geschenkt bekommen habe, dass sie ein gutes Einkommen habe. Leider hätte sie sich geweigert, einen Ehevertrag mit dem ‚Versager' zu schließen, weil die Liebe sie blind gemacht hat und sie ihm grenzenlos vertraute. Die Frage, ob es eventuell einen anderen Mann im Leben ihrer Tochter gäbe, machte die Eltern fassungslos. Niemals, sie sei ein so loyaler Mensch, und das würde sie schon aus Prinzip nicht machen.

„Ist der Körper freigegeben, ich meine zur Beerdigung?", erkundigt sich Dr. Müller.

„Wir informieren Sie, wenn es so weit ist."

Die Kommissare machen sich auf den Weg und überdenken die neuen Aspekte. Sie müssen weiter Fakten und Hinweise sammeln. Bastian macht sich auf den Weg, um ein paar Nachbarn zu befragen. Gitta ruft einer Eingebung folgend das Tierheim in Großhansdorf an.

„Ja, vor ca. zwei Monaten kam einmal einer im Sportwagen und interessierte sich nur für Bullterrier und Ähnliche. Leider haben wir davon mehr als genug, denn viele Halter überschätzen sich und sind den Tieren nicht gewachsen. Dann bringen sie sie zu uns." Die Leiterin des Heims ist sehr freundlich, darf aber aus Datenschutzgründen keinen Namen nennen. ‚Jemand' hat also vor einiger Zeit einen hellen, fast rosafarbenen Bullterrier hier erworben. Damals galt der Hund als ausgesprochen friedlich und verhaltensunauffällig.

Die Nachbarschaft in der Bismarckallee ist nicht besonders gut auf die Wiegands zu sprechen. Kritikpunkte sind lautstarke Streitereien, Rasenmähen nach 20 Uhr, Partys mit viel Alkohol, arrogantes Benehmen. Den Hund empfindet niemand als Bedrohung, eher als eine Geschmacklosigkeit. Julius Wiegand verbringt den Aussagen nach viel Zeit mit dem Hund im Garten, lockt ihn mit einem Hundespielzeug, lässt ihn daran kräftig zerren und belohnt ihn dann mit einem Leckerli – und das immer ausgesprochen ruhig und freundlich. Man hat auch beobachtet, dass die Frau des Hauses mit dem Hund nichts am Hut hatte, sie ging ihm aus dem Weg und auch niemals mit ihm Gassi. Dafür kam ab und zu, wenn ihr Mann nicht da war, ein ausgesprochen gut aussehender Mann zu ihr ins Haus. Nein, ob dass ihr Liebhaber war, kann niemand genau sagen.

Für ein Tötungsdelikt gibt es keinerlei Anhaltspunkte. Wenn es doch eins ist, dann hätte der Täter – für den ja nur Wiegand infrage kam – Xerxes für seine Zwecke einspannen müssen. Aber welches Motiv hatte er dann? Gitta und Sebastian diskutieren die üblichen Gründe, jemanden aus dem Weg zu schaffen: erkaltete Liebe, Geld, Eifersucht, Neid, Rache ... und können von vornherein nichts ausschließen, alles konnte dahinterstecken.

Gitta Rantzau will auf keinen Fall, dass die Sache einfach mit dem Vermerk „natürliche Todesursache" abgelegt wird, bevor sie nicht sicher ist, dass keine Straftat begangen wurde. Da kommt auch noch der Dienststellenleiter gerade wie zufällig um die Ecke und fragt, ob das mit der Leiche aus der Villa schon geklärt sei.

„Wir warten noch auf den Bericht der KTU." Damit gibt er sich zum Glück vorerst zufrieden.

Eine Stunde später ruft jemand aus dem Labor an, sie sollen sich mal etwas Interessantes ansehen. Der Staatsanwalt unterschreibt daraufhin den Durchsuchungsbeschluss. Eine weitere Stunde später wird Julius Wiegand abgeholt und in einen Verhörraum gesetzt. Sein Anwalt ist bereits unterwegs.

Gitta Rantzau hat das Mikrofon eingeschaltet und belehrt den Verdächtigen gerade über seine Rechte, als ein hochgewachsener Schlipsträger den Verhörraum betritt und sich als Dr. Mollhagen vorstellt, den rechtlichen Vertreter.

„Mein Mandant wird keine Aussagen machen. Er ist unschuldig. Wenn Sie keine schlüssigen Gründe für eine Befragung vorweisen können, werden wir gleich wieder gehen." Die übliche Anwaltsansage. Gitta lässt sich davon nie beeindrucken.

Bastian kommt mit Marvin, dem Videospezialisten herein, der einen Laptop dabeihat und ihn an den Beamer anschließt.

„Wir werden Ihnen jetzt beweisen, Herr Wiegand, dass Sie den Tod Ihrer Frau mutwillig herbeigeführt haben. Es war für uns sehr nützlich, dass Ihre Überwachungskamera alles aufgezeichnet hat."

„Aber da kann man doch sehen, dass ich gar nicht ..."

Der Anwalt fasst Wiegand am Arm an und unterbricht: „Bitte, Julius, halt dich zurück. Du kennst doch diese Abläufe." Und zu den Polizisten gewandt: „Na, dann zeigen Sie uns doch mal Ihren ‚Beweis'!"

„Sie sehen hier im oberen Teil den Film, der während der Tat aufgezeichnet wurde. Direkt darunter ist der dazugehörige Ton eingeblendet. Die Geräusche werden als Amplituden dargestellt. Passend zum Bild bewegt sich unten eine Positionsanzeige, ein senkrechter Strich, von links nach rechts." Marvin startet die Wiedergabe. Wiegand und sein Anwaltsfreund schauen gelangweilt zu.

„Ja und, was soll das Ganze? Das wissen wir doch alles. Xerxes hat Constanze gebissen, und sie ist die Treppe hinuntergestürzt", konstatiert der Anwalt.

„Gut", sagt Gitta, „dann zeigen wir es Ihnen noch einmal in Zeitlupe. Achten Sie bitte auch auf die Tonaufzeichnung."

Der Film läuft statt 70 Sekunden jetzt 6 Minuten. Und sie merken noch immer nichts.

„Der Hund hat gebellt, und Frau Wiegand hat laut geschrien. Wir können nicht glauben, dass Sie davon nichts mitbekommen haben. Sie sind doch gerade erst nach oben gegangen?!", stellt Kommissar Bastian Krüger fest.

„Mein Mandant", der Anwalt beugt sich etwas vor und lächelt mitleidig, „war betrunken, um nicht zu sagen ‚sturzbetrunken', ist auf sein Bett gefallen und sofort eingeschlafen. Deshalb hat er nichts gemerkt. Er ist erst Stunden später wieder aufgewacht." Wiegand nickt heftig.

„Dann wollen wir Sie jetzt mal aufklären", meint Gitta Rantzau und kann sich ein Schmunzeln nicht verkneifen. Während der Film ein drittes Mal läuft, erläutert Marvin die Kurven der Tonaufzeichnung.

„Ich zeige jetzt nur die entscheidenden Stellen langsamer. Hier geht Herr Wiegand allein die Treppe rauf zu seinem Schlafzimmer. Frau Wiegand geht in die Küche. Jetzt kommt sie wieder heraus – mit einem Würstchen in der Hand. Und genau in diesem Moment", er verlangsamt die Aufzeichnung, „gibt es zusätzlich zu den bisherigen Geräuschen eine kurze hohe Oberwelle. Haben Sie gesehen?" Wie so oft bei seinen technischen Vorführungen spürt Marvin förmlich die große Ahnungslosigkeit.

Direkt danach hört man Xerxes bellen, was die Kurve nur etwas zucken lässt. Aber dann wieder ein hoher Ausschlag. Xerxes kommt ins Bild. Frau Wiegand ist auf der Treppe, bemerkt den Hund und geht schneller. Xerxes hechtet hinterher und beißt zu. Sein Opfer schreit, strauchelt, versucht noch, irgendwo Halt zu finden, und stürzt dann nach hinten. Xerxes tappt hinterher, schnappt sich die Wurst. Die Messung zeigt eine letzte steile Spitze. Xerxes läuft die Treppe hoch, und der Film ist aus.

„Sie konnten hier auf eindrucksvolle Weise beobachten, dass die Aktionen des Hundes in direktem Zusammenhang mit einem hochfrequenten Signal geschahen. Er hat erst gebellt, dann zugebissen und hat sein Leckerchen genommen, so wie Sie es ihm beigebracht haben."

Wiegand sieht etwas käsig aus. Der Anwalt wirkt längst nicht mehr so souverän wie zuvor und bringt noch ein klägliches „Alles nur ein dummer Zufall" hervor.

„Herr Wiegand", erklärt Gitta, „Sie standen oben vor Ihrem Schlafzimmer und haben den Tod Ihrer Frau mithilfe einer Hundepfeife herbeigeführt, die wir natürlich inzwischen sicherstellen konnten. Sie ist auf eine Frequenz von fast 20 000 Hertz eingestellt und somit für das menschliche Ohr nicht zu hören. Sie dachten vielleicht, dass die Aufzeichnung der Videokamera Ihnen ein überzeugendes Alibi geben würde. Sollte wohl das perfekte Verbrechen werden, oder?"

„Das beweist gar nichts", spielt der Anwalt die Fakten herunter, „auch wenn mein Mandant den Hund zu sich nach oben gepfiffen hat. Es ist ein bedauerliches Unglück, dass Xerxes auf Frau Wiegand losgegangen ist und sie gebissen hat."

„Nun gut, aber wir haben auch das hier gefunden, draußen im Gartenhäuschen", Gitta knallt ein etwa 30 cm langes Gummihuhn auf den Tisch. „Es ist mit der Körperlotion Ihrer Frau präpariert worden, die oben in ihrem Bad steht. Und weil das kein Zufall mehr sein kann, nehme ich Sie hiermit fest, Herr Wiegand."

Marlis und Philipp Schwanenberg
MORD AM MÜHLENREDDER

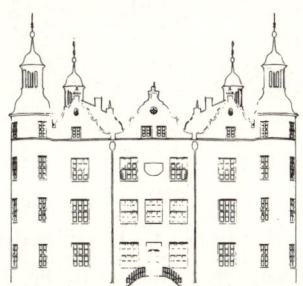

„Aber dort hat sie gelegen, genau da, wo Sie jetzt stehen."

„Und die Leiche, die junge Frau, war in etwa wie alt, sagten Sie? Und wie haben Sie festgestellt, dass sie tot war?" Die Polizistin sah mich fragend an.

„Also, das sah man doch. Die aufgerissenen, starren Augen, der verdrehte steife Körper!"

„Sie haben das also nicht überprüft?"

„Oh Gott, nein, ich sagte doch …, ich wusste es eben. Man sah es halt."

„Und wie alt, sagten Sie?"

„Also das ist schwer zu sagen. So lange mochte ich da nicht hinsehen. Sie war jung, ja, jung war sie."

Die Polizistin blickte mich kritisch an. „Hm, und plötzlich war sie weg, die Leiche, während Sie an Ihrem Fahrrad vorne an der Straße standen und auf uns gewartet haben?"

Ich zuckte mit den Schultern. Mir war immer noch speiübel. „Ich habe bisher trotz meiner 71 Jahre noch nie eine Leiche in echt gesehen, immer nur im Film."

„Okay, und was haben Sie eigentlich hier im Garten gemacht?", wollte der junge Polizist wissen, der fleißig meine Antworten in sein Protokollheft schrieb und mich dabei ziemlich zweifelnd taxierte.

„Ja, ich sagte doch bereits, ich wollte den Rasen sprengen und ganz besonders den Rhododendron gießen. Der sieht doch schon ganz schlapp aus. Kein Wunder bei dieser animalischen Hitze zurzeit. Das ist nun mal meine Aufgabe. Und sehen Sie, der Wasserhahn ist schon aufgedreht, der Schlauch angeschlossen, und hier stehen die gefüllten Gießkannen."

„Also, Sie können sich nicht erklären, wo die Leiche abgeblieben ist?", fragte die Polizistin leicht frustriert. „Wir konnten hier keine Schleifspuren oder überhaupt irgendwelche Spuren entdecken – und getrunken haben Sie auch nicht, oder?"

„Ich bitte Sie, ich war noch nie so nüchtern!", reagierte ich empört.

„Wissen Sie, die Spusi, äh die Spurensicherung, hätte etwas entdeckt, wenn es etwas zu entdecken gegeben hätte, das können Sie uns glauben! Und somit können wir hier nun wirklich nichts mehr tun, Frau Frigge. Alles Gute für Sie und ‚Kopf hoch'."

374

Ich war zu perplex; das ging mir alles viel zu schnell. Ich murmelte noch „Auf Wiedersehen", worauf die Polizistin mit einem „Das lieber nicht" widersprach. Sie ging lächelnd mit ihrem Kollegen zur Gartenpforte und von dort vorbei am Haus des Bürgervereins zurück zur Schulstraße. Der kleine Weg mit dem außergewöhnlichen Namen ‚Bagatelle' führte direkt am Graben des Ahrensburger Schlosses entlang und bot den Polizisten auf den gut hundert Metern eine kleine schattige Abkühlung unter den hohen, dicht gewachsenen Birken.

Nebenan im Bienen-Lehr- und Schaugarten summten die fleißigen Honigproduzenten passend zum Summton in meinem Kopf. Was war passiert? Ich hatte eine Leiche gesehen. Eine junge Frau. Der Körper war verdreht, und die Kleidung war richtiggehend getränkt von einer großen Menge Blut. Das kann ich mir doch nicht eingebildet haben!? Mir war immer noch übel; aber was sollte, was konnte ich jetzt noch tun? Die Polizei hatte ja alles untersucht, hatte selbst drinnen nachgesehen, obwohl ich die Haustür für sie erst aufgeschlossen hatte. Zwei Polizisten und eine Dame von der Spurensicherung in Zivil waren vor Ort gewesen und hatten aufgrund meiner Hinweise alles untersucht. Dort, wo ich die Leiche gesehen hatte, waren keine Beete, nur Rasen – alles war makellos. Noch nicht einmal ein Hundebeutel oder anderer Unrat, geschweige denn Fuß- oder Schleifspuren waren zu erkennen. Ich konnte es nicht verstehen! Meine Nerven lagen blank.

Ich goss noch eben die Gießkannen leer, und dann hielt es mich nicht mehr an diesem unheimlichen Ort. Ich machte mich mit noch immer zitternden Knien auf den Heimweg. Ich wollte so schnell wie möglich weg von hier und mich von diesem Riesenschreck erst einmal erholen. Mein Fahrrad stand noch seitlich an der Eingangstür des Bürgervereins; der freundliche Polizist hatte es ordentlich auf den Ständer gestellt. Der warme Fahrtwind tat gut. Und obwohl alles grünte und blühte und ich am Mühlenredder sonst immer die Kühle im Schatten der großen Bäume entlang des Sportplatzes genoss, fuhr ich wie von Furien gehetzt dahin. Von der Tennisanlage hörte ich die Schläge von Bällen, aus dem angrenzenden Freibad viele fröhliche Kinderstimmen. Ich jedoch sah nur immer wieder das gleiche Bild vor meinem inneren Auge: die junge tote Frau im Halbschatten des Rhododendrons.

Zu Hause im Birkenweg angekommen, sah ich vor der Garage das Fahrrad meiner Tochter Britt, gut zu erkennen an dem knallroten Fahrradkorb. Es versperrte – wieder einmal – das Garagentor. Wie ärgerlich. Ich stellte mein Fahrrad daneben, ging seitlich um das Haus und hörte schon die Stimme meiner Tochter, bevor ich sie sah.

„Ehrlich, Papa, drei Löffel Zucker und Kuhmilch? So bekommst du deinen dicken Wanst nie weg. Das hat Dr. Schütte doch ziemlich eindeutig gesagt, oder?"

Mein Mann Heinz stand mit seinem Lieblingskaffeebecher mit der verblassten Aufschrift „Oldtimer, kein Rost, nur leichte Gebrauchsspuren" seiner Tochter, unserem einzigen Kind, lächelnd gegenüber und ergab sich der ökotrophologischen Belehrung.

„Dr. Schütte hat gesagt, dass meine Blutwerte für einen Mann in meinem Alter völlig in Ordnung sind. Und mein Bauch ist ein Anfängerbauch!", erwiderte Heinz mit einem Grinsen und fasste sich mit der freien Hand auf selbigen. Und mit einem Blick auf mich ergänzte er noch: „Oh, da kommt deine Mutter, dann kann ich mich ja um meine Geliebte kümmern. Wilga ist nämlich ganz alleine und vermisst mich bestimmt schon. Die mag mich übrigens, so wie ich bin."

Sprach's und verschwand durch die offene Kellertür, die hinter ihm mit einem sanften „Klack" ins Schloss fiel. Wilga ist Heinz' neuestes Modellbauprojekt. Er beschreibt das 3,20 m spannende Modellflugzeug vom Typ ‚Wilga‘, das zum Hochschleppen von Segelflugzeugen dient, als seine attraktive polnische Begleiterin, die regelmäßig seine Flugkameraden abschleppt. Männerfantasien!

Britt funkelte mich schauspielernd an, verdrehte die Augen und sagte so laut, dass Heinz es auch im Keller noch hören konnte: „Mama, warum hast du deeen bloß geheiratet?"

Da fiel ihr auf, dass ich nur müde grinste und nichts zu Heinz' Verteidigung entgegnete, wie ich es sonst immer tat. Ein kleines Ritual zwischen uns beiden.

„Mama !? Was ist los?", fragte Britt, die mich plötzlich sorgenvoll ansah. Ich antwortete nicht sofort, nahm die Wasserkaraffe mit den süßen, kleinen Johannisbeeren und deutete ihr an, mir mit Gläsern zu unserem kleinen, schattigen Gartentisch zu folgen. Dort schilderte ich Britt, was mir passiert war. Ganz in Ruhe, fast chronologisch und kaum unterbrochen von Zwischenfragen. Britt war kurz still, und dann sah ich, wie es hinter den Augen meiner schlauen Tochter ratterte. Sie fing an, Theorien aufzustellen, Szenarien checklistenartig abzuklopfen, und nach nur kurzer Zeit fühlte ich mich wie im Kreuzverhör.

Ich bremste sie: „Britt, hör bitte auf. Dein gesammeltes Serienwissen von Netflix, Amazon, NCIS, Inspector Barneby und Dr. House kann nicht erklären, was ich heute erlebt habe. Natürlich habe ich die gesamte Heimfahrt lang mein Hirn gemartert, was passiert sein könnte und ob und wie und wann die Leiche vom Täter entfernt wurde. Ich wäre fast abgebogen und doch noch einmal zur Polizeidienststelle gefahren, um zu bitten, dass die gesamte Umgebung doch noch einmal besser untersucht werden sollte. Und vielleicht auch Straßensperren eingerichtet werden." Aber dann stockte ich. Und es kam mir selber surreal vor, was ich gerade formuliert hatte. Und die Selbstzweifel wurden stärker. Hatte ich das vielleicht doch nicht erlebt? War es ein Tagtraum, ein projiziertes Bild?

Britt unterbrach meine Pause und formulierte laut, was ich bisher nur zu denken gewagt hatte. „Mama, bist du dir w i r k l i c h ganz sicher mit dem, was du gesehen hast?", sagte sie mit leiser Stimme. „Kann es sein, dass du … Ist es möglich, dass … Hast du gestern Abend eventuell einen ähnlichen, äh, Krimi im Fernsehen gesehen? Oder dein aktuelles Buch …", sie blickte in Richtung meines E-Book-Readers, der noch auf der Terrasse lag.

Ich schüttelte traurig den Kopf und erwiderte ebenso leise: „Britt, ich glaube nicht. Aber ich weiß es nicht." Mein Smartphone unterbrach die folgende Stille mit einem Erinnerungsgeräusch. Ohne Lesebrille, die noch auf dem Küchentresen lag, hielt ich Britt das Gerät hin, die vorlas, dass ich in 30 Minuten einen Termin bei Dr. Schütte hätte. Da blieb nicht mehr viel Zeit zum Frischmachen. Zum Glück war die Praxis nur wenige Laufminuten entfernt.

„Mama, frag doch Dr. Schütte mal …", wollte Britt noch ansetzen. Ich wusste genau, was sie wollte, aber so weit war ich nicht. Ich wollte heute nur meine Medikamente abholen, Blutdruck messen lassen und die Ergebnisse der gestrigen routinemäßigen Blutabnahme erfahren. Britt radelte die wenigen Meter zu ihrem Haus in den Ulmenweg. Ich ging zu Fuß in die Praxis.

Nach der Tagesschau sprach Heinz mich vorsichtig
auf mein Erlebnis an. Es war offensichtlich, dass Britt
ihn damit beauftragt hatte. Ich lächelte ihn über meine
Fernsehbrille hin an und gab ihm zu verstehen, dass ich
das Erlebte erst verarbeiten müsse, Dr. Schütte meine
mentale Gesundheit ähnlich gut einschätzte wie seine
Blutfettwerte und er sich wirklich keine Sorgen machen
müsse. Außerdem verpassten wir sonst womöglich was
Wichtiges in unserem gerade im NDR gestarteten ‚Kieler Tatort‘, auch wenn es nur eine Wiederholung war.

„Guck, da ist schon Kommissar Borowski.“

Heinz warf mir einen liebevollen Blick zu und korrigierte mich kurz: „Hauptkommissar Borowski“ – und
war wenige Minuten später in seinem Fernsehsessel
eingeschlafen. Wilga hatte ihm anscheinend viel abver-
langt.

Erst am nächsten Tag fiel mir auf, dass ich meine auf
dem Hinweg zum Bürgerverein gekauften Garten-
und Strickzeitschriften samt Stoffrucksack gestern im
Garten vom Bürgerverein vor lauter Aufregung liegen gelassen hatte. Und da es laut Wetterprognose am
Nachmittag Gewitter geben sollte, machte ich mich
notgedrungen noch einmal auf den Weg zum Bürgerverein, um die schönen, teuren Zeitschriften zu holen.
Der Himmel war schon arg bedeckt, die Straßen aber
noch trocken.

Ich nahm das Auto, um hinterher noch Einkäufe im neuen Supermarkt im Neubaugebiet erledigen zu können. Ich parkte ungefähr dort, wo am Vortag der Streifenwagen gestanden hatte, und ging die letzten hundert Meter zur ‚Bagatelle‘, zu deutsch ‚Kleinigkeit‘, zum Vereinshaus des Ahrensburger Bürgervereins zu Fuß. Vor über 200 Jahren hatte Graf Schimmelmann an dieser Stelle ein kleines Nebengebäude abseits seines Schlosses errichten lassen, in dem er seine Tochter mit dem angeheirateten Schwiegersohn untergebracht hatte. Ähnlich haben wir das mit Britt auch gemacht, schmunzelte ich.

Was mir seltsam vorkam: Das Gartentor stand etwas offen. Hatte ich es gestern in der Aufregung vergessen zu schließen? Ich war angespannt. Mich erfasste ein Unbehagen. Ich ging mit zögernden Schritten auf das Haus zu. Da ich aber nun schon mal da war, schloss ich den Schlauch an, füllte die Gießkannen und trug sie hinters Haus. Als ich um die Ecke kam, stockte mir der Atem! Ich wollte schreien, kriegte aber keinen Ton raus. Da lag keine dreißig Meter entfernt von mir, auf dem Plattenweg eine junge Frau, blutbesudelt mit verrenktem Oberkörper, die Arme unnatürlich abgewinkelt! Ich wollte sofort davonstürzen. Wieder eine Leiche! Ich war geschockt und starr vor Schreck! Konnte kaum einen Schritt vor den anderen tun. Musste aber noch einmal hinschauen, um mich zu vergewissern, dass ich eine Leiche gesehen hatte. Schrecklich, vor meinem inneren Auge sah ich parallel die gestrigen Bilder!

In diesem Augenblick übernahmen Hormone mein Handeln: Ich stieß einen Schrei aus und stürzte davon, durchs Gartentor zurück zu meinem Auto. Mit zitternden Händen griff ich zu meinem Handy, und auch meine Stimme zitterte, als ich den Notruf absetzte. Ich schilderte kurz, was ich vorgefunden hatte.

Die sonore, ruhige Stimme am anderen Ende der Leitung erwiderte: „Haben Sie nicht gestern erst eine Leiche aus eben diesem Garten gemeldet?"

In einem Ton, als müsste ich mich rechtfertigen, sagte ich: „Jaja, aber dieses Mal … kommen Sie bitte schnell. Ich bitte Sie …"

Der Herr von der Leitstelle wechselte wieder in den Profimodus: „Bleiben Sie ganz ruhig. Ein Wagen ist schon unterwegs" und erkundigte sich nach meinem genauen Standort.

„Oh, ich weiß nicht, ich bin ein wenig durcheinander. Ich sitze hier. Mir ist nicht gut … Ich stehe hier mit meinem Auto vor einem Autoteileladen."

„Bleiben Sie bitte ganz ruhig, Frau Frigge, wir sind in wenigen Minuten bei Ihnen! Soll ich Ihnen einen Krankenwagen schicken?"

„Nein, oh nein, da ist nichts mehr zu machen. Die ist mausetot", rief ich mit absoluter Überzeugung in den Hörer.

382

Er erwiderte trocken: „Aber nein, ich meinte Sie, brauchen Sie ärztliche Hilfe?"

Noch während ich sprach, bog ein Streifenwagen um die Ecke. Dieselbe Polizistin wie gestern, diesmal aber in Begleitung einer weiteren Polizistin, kam auf mich zu. Ich schilderte beiden kurz, was passiert war. Die beiden Polizistinnen beeilten sich, zum Tatort zu kommen, und übergaben mich in die Betreuung von zwei netten Rettungssanitätern, die zum Glück ohne Blaulicht zwischenzeitlich hinter dem Polizeiwagen geparkt hatten. Nun, da hatte die Leitstelle doch noch etwas mehr veranlasst. Ein paar Passanten beäugten die Szene, interessierten sich aber mehr für die davoneilenden Polizistinnen als für mich.

Nach der ersten Routineuntersuchung im Heck des Rettungswagens und einer Blutdruckmessung, die trotz meiner Aufregung ähnliche Werte wie tags zuvor bei Dr. Schütte ergab, klopfte ein älterer Herr mit Hemd und offener, beiger Sommerjacke an die Seitentüre und erkundigte sich bei den Sanitätern nach meinem Zustand. Beide Sanitäter verließen den Rettungswagen, und kurz darauf öffneten sich beide Heckklappen und der Herr in der beigen Sommerjacke betrat mit einem freundlichen, gewinnenden Lächeln meinen mobilen Behandlungsraum. „Guten Tag, Frau Frigge, ich bin Hauptkommissar Fiete Claussen. Ich war eben am Tatort und kann Ihnen mitteilen, dass wir den Fall umfassend aufklären konnten."

Ich fiel aus allen Wolken. „Ein Hauptkommissar? Aufklären? Jetzt schon?", sprudelte es aus meinem Mund. Ich hatte mich blitzartig aufgesetzt und schwankte zwischen Begeisterung und Ungläubigkeit. Hauptkommissar Claussen beobachtete mein Mienenspiel, lächelte noch immer und sprach mit angenehm ruhiger und langsamer Stimme.

„Frau Frigge, das, was hier heute passiert ist, ist mir in meiner fast 40-jährigen Polizeikarriere so noch nie untergekommen."

Er zeigte hinter sich zu den parkenden Autos, wo eine junge Frau in einem himmelblauen schmutzigen Trainingsanzug – ich meinte, Blutflecken erkennen zu können – in Begleitung eines Polizisten vorbeigeführt wurde.

„Das ist die Täterin", sagte der Hauptkommissar mit einer festen Überzeugung in der Stimme. Ich schaute ihn überrascht und begeistert zugleich an. Mein Mund stand ein wenig offen. Es hatte mir zunächst die Sprache verschlagen. Als ich endlich zum Sprechen ansetzen wollte, hob er die Hand und sagte: „Moment, ich möchte diesen Ermittlungserfolg keinesfalls für mich in Anspruch nehmen. Ich stelle Ihnen erst einmal meinen Kollegen vor, der für den Fall zuständig ist." Er winkte mit der anderen Hand in Richtung Schloss, von wo ein großer, grauhaariger Herr neben den Hauptkommissar in die offene Tür des Rettungswagens trat.

Ich stutzte. Das war doch ..., das war doch Kommissar Borowski!

„Hauptkommissar Borowski", wie Heinz mich gestern schon korrigiert hatte, stellte sich mir vor. Er strahlte mich an und begann mit der mir vertrauten Stimme: „Gnädige Frau, ich möchte Sie vielmals um Entschuldigung bitten. Sie haben durch unglückliche Umstände eine Szene der neuen Produktion des nächsten Tatortkrimis erlebt und dabei einen völlig falschen Eindruck erhalten."

Er machte eine kurze Pause, um meine Reaktion abzuwarten.

Ich platzte heraus: „Ich fasse es nicht. Wirklich? – Aber die junge Dame gestern, die sah so echt aus ..."

Borowski drehte sich um und winkte wie zuvor Hauptkommissar Claussen jemanden herbei. Und dann stand auch sie auf meiner kleinen Privatbühne im Heck des Rettungswagens: ‚Meine Leiche'! Die junge Schauspielerin, die mich schüchtern, fast zaghaft anschaute.

„Darf ich Ihnen Chantal Kowalski vorstellen?", sagte Borowski und blickte sie eindringlich an, während sein Kopf in meine Richtung nickte.

„Entschuldigen Sie bitte, dass Sie meinetwegen so sehr erschreckt wurden. Ich schäme mich."

Ich fixierte sie und prüfte erneut ihre Erscheinung. Ja, das war meine gestrige und meine heutige Leiche. In die entstehende peinliche Pause fragte ich sie: „Heute habe ich Sie nur kurz aus der Entfernung gesehen, aber warum haben Sie mich gestern nicht aufgeklärt?"

Chantal Kowalski bereitete die Antwort körperliches Unwohlsein: „Dies ist mein erster Tatort-Dreh, gestern war das nur … meine persönliche Probe am Set. Ich wollte bestens vorbereitet sein und habe die Szene alleine geprobt. Verstehen Sie …? Als Sie dann kamen, war die Versuchung zu groß …" Sie kam nicht weiter.

„Ach, du meine Güte … und dann bin ich ja auch, ohne mich umzudrehen, weggelaufen", sinnierte ich.

Plötzlich musste ich laut lachen. Mein Kreislauf war wieder da, meine gute Laune auch!

Ich nahm Chantal Kowalski in die Arme, Hauptkommissar Borowski half mir galant aus dem Rettungswagen, und dann sah ich sie alle beisammenstehen: Die echten Polizisten, die Schauspieler, irgendwelche wichtigen Leute vom Film, die Sanitäter – und alle hatten ein Lächeln im Gesicht. Ich deutete eine Verbeugung an, drehte mich um, stieg in mein Auto und fuhr erst mal nach Hause, nicht mehr in den Supermarkt. Diese unglaubliche Geschichte musste ich sofort erst einmal meiner Familie erzählen!

Und vielleicht schreibe ich das ja eines Tages sogar mal als Kurzgeschichte nieder …!

Magda Sorour
DIE ALTE TRUHE

Bisher war alles glatt gegangen. Dort, wo er die Leiche abgelegt hatte, würde sie so schnell niemand finden. Wer käme schon auf die Idee, in der alten Geldkiste, die schon seit Jahrhunderten hier im Schloss in Ahrensburg stand und nur durch ein äußerst kompliziertes Verriegelungssystem zu öffnen war, überhaupt einen Inhalt zu vermuten? Er hatte sich im letzten Sommer beim „Tag des Offenen Denkmals" von einer kundigen Schlossführerin den Mechanismus erklären lassen. Bei der Gelegenheit erfuhr er auch, dass diese Truhe früher in der Eingangshalle stand, nun aber nirgends mehr so recht hinpasste und deshalb dort im Keller ein unbeachtetes Dasein fristete. Seiner Frau Jette hatte er versprochen, sie nach der heutigen Schlossbesichtigung in das Geheimnis dieses alten Möbelstückes einzuweihen. So war sie ihm arglos in das unterirdische Gewölbe gefolgt, ohne zu ahnen, dass sie niemals wieder von dort zurückkehren würde. Oder doch?

Markus jedenfalls triumphiert: Nein, nie würde sie zurückkehren, weder zu ihm noch zu ihren diversen Liebhabern, weder zu ihren Whiskyflaschen noch zu ihrem Bankkonto! Das war doch das Allerbeste an seinem sorgfältig ausgeklügelten Plan: ihr Bankkonto!

Markus kann sich auf dem Weg zu den Toiletten im Kellergewölbe ein Lächeln nicht verkneifen. Seinen Plan fand er nach wie vor genial. Erst mal würde niemand seine Gattin vermissen, denn sie hatte schon wieder eine Reise vorbereitet, bei der sie sich in einem italienischen Badeort von Kosmetikerinnen, Frisören, Masseuren und dergleichen mehr verwöhnen und umschwärmen lassen wollte. Solche Ausflüge trat sie am liebsten allein an, denn sie wollte ihre Eskapaden mit niemandem teilen, schon gar nicht mit einer Freundin, die schnell zur Nebenbuhlerin hätte werden können. Doch Markus wusste schon lange, was seine Frau alles glaubte, sich erlauben zu können. Trotzdem hing sie weiter an ihm, denn er war ein „hübscher Junge", den man gut als „Aushängeschild" benutzen konnte. Er wiederum hing an ihrem unerschöpflichen Bankkonto, das sie ihrem verstorbenen ersten Ehemann verdankte. Falls irgendjemand sich nach einer oder zwei Wochen nach Jettes Rückkehr erkundigen sollte, wäre er schon längst nicht mehr erreichbar.

Das Ahrensburger Schloss hatte ihm die Idee zur Lösung seines „Problems" gegeben: Er wollte sie endlich loswerden, natürlich kostenfrei, aber mit größtmöglichem Profit. Gut, dass Jette alte italienische Möbel liebte, von denen es hier einige hübsche Exemplare gab. So hatte er sie überreden können, ihm zu einer Besichtigung zu folgen. Der Rest war recht einfach gewesen: erst die Spritze, dann die Truhe.

Als Markus erleichtert und erfrischt die sanitären Anlagen verlässt und die Treppe ins Erdgeschoss hinaufsteigt, fällt ihm sofort die ungewohnte Stille auf. Hinter dem Empfangstresen am Eingang steht keine freundliche Dame mehr, die Truhe mit den Filzpantoffeln für die Besucher ist geschlossen, der Kronleuchter erloschen, die schwere Eichentür verriegelt. Nur durch die hohen Fenster dringt noch ein wenig Tageslicht. Ein Blick auf seine Armbanduhr sagt ihm, dass dies nicht mehr lange dauern würde, denn jetzt im November geht ja bereits am Nachmittag die Sonne unter. Neugierig sieht er sich in der Eingangshalle um: keine Menschenseele. Er rüttelt an der großen Eingangstür, natürlich ohne Erfolg. Markus muss einsehen, dass er eingesperrt ist. Zunächst erschrickt er ein wenig, aber: Macht nichts – eigentlich gehört auch das zu seinem Plan. Er wollte sowieso noch ein wenig die Schlossatmosphäre genießen, ganz allein, ohne das störende Geplapper von Jette und all den anderen Besuchern.

Ja, schon als kleiner Junge hatte er sich oft gewünscht, einmal auf eigene Faust durch ein großes Schloss zu wandern, zu laufen, zu geistern, an Ritterrüstungen zu rütteln, alte Schränke und Truhen zu öffnen, auf goldenen Stühlen zu sitzen, den ehrwürdigen Herrschaften auf den Gemälden die Zunge herauszustrecken. Heute ist nun endlich die Gelegenheit dazu, wobei er das mit der Zunge nicht mehr so erstrebenswert findet. Hinzu kommt die Genugtuung, noch für ein paar Stunden die Gegenwart Jettes zu spüren, die nun für immer verstummt ist. Ach ja, Schadenfreude ist doch nach wie vor die schönste Freude!

Markus verlässt die Eingangshalle und betritt das Schreibzimmer der einstigen Schatzmeisterin mit dem schönen Namen Caroline Tugendreich, die im blühenden Alter von 16 Jahren den Kaufmann Heinrich Carl Schimmelmann geheiratet hatte, man schrieb das Jahr 1746. Markus kennt sich aus. Gerade als sein Blick auf das Wandbild der Gräfin fällt, trötet sein Mobiltelefon. Er nestelt es aus seiner Jackentasche: „Nummer unterdrückt". Neugierig drückt er den Annahmenbutton. Auf sein fragendes „Hallo" ertönt ein Rauschen und Knistern, dann, nach einem heiseren Räuspern, eine knarzige Männerstimme: „Ich, Peter Rantzau, Erbauer dieses Hauses, ermahne dich. Du hast unsere Gemächer besudelt. Nimm diese Schmach von uns!" – Noch ehe Markus über eine Antwort nachdenken kann, reißt die Verbindung ab, ein unangenehmer Pfeifton bleibt. Er starrt sein Telefon an, sieht sich im Zimmer um, hält sich das Handy noch einmal ans Ohr – nichts mehr. Hat er richtig gehört? Peter Rantzau? Wer zum Teufel ist das? Erbauer? Ja, stimmt, aber das war ja wohl schon mehr als 400 Jahre her, wie Markus irgendwo gelesen hatte. Wer spielte ihm diesen Streich? Oder hatte er sich die Stimme nur eingebildet? Mit schnellen Schritten verlässt er das Zimmer.

Nebenan findet er zwei goldverzierte Stühle, die er zur Erholung von seiner Verblüffung nutzen will. Er rückt sie zurecht, lässt sich auf dem einen nieder und legt seine Füße schmunzelnd auf den anderen in dem Bewusstsein, dass so etwas niemals irgendeinem Schlossbesucher erlaubt sein würde. Während er die kunstvollen Scherenschnitte an der Wand gegenüber betrachtet, ertönt sein SMS-Signal. Unbekannter Absender, schon wieder! Markus liest folgende Botschaft: „Die Schwarze Margarethe hat viele Schuldige und Unschuldige vom Leben zum Tode befördert. Auch dich wird sie nicht verschonen!" – Markus liest ein zweites und ein drittes Mal. Was bedeutet das? Schwarze Margarethe? Keine Ahnung! Sicher hat sich jemand in der Nummer geirrt. Bei Google nachgucken? Quatsch! Einfach löschen!

Ich wollte doch Ritterrüstungen klappern lassen und in alten Schränken stöbern, überlegt Markus, steht auf und verlässt das Silhouettenkabinett. Aber auch im Turmzimmer findet er nicht das, was er sucht. Angekommen im Gartensaal, betrachtet er gedankenverloren den kostbaren Mahagonischreibtisch. Ja, den hätte Jette gerne gehabt, natürlich nicht als Schreibtisch! Wann schrieb sie schon mal?! Nein, zum Angeben hätte sie ihn in den Wintergarten gestellt, damit man ihn auch von draußen gut sehen konnte. Tja, meine Liebe, zu spät, zu spät …

Wieder das Handy! Verdammt – soll er es abstellen? Aber nein, könnte doch wichtig sein. Wieder keine Nummer gesendet. Markus zögert, doch die Neugier siegt, er drückt den grünen Button: Rauschen, Pfeifen, Knistern. Dann wieder die Knarzstimme: „Ich, Heinrich Carl Schimmelmann, werde Rache üben. Die Sklaven brachten mir Reichtum, dich werde ich zum Sklaven deiner selbst befördern." – Aus … Verbindung abgebrochen. Herrgott! Was soll das? Markus sinkt auf einen der samtgepolsterten Besucherstühle und starrt hinauf zum Kronleuchter. Hier will ihn jemand einfach nur schikanieren. Aber wer? Wem hat er etwas von seinem heutigen Ausflug erzählt? Doch niemandem! Oder doch? Markus denkt angestrengt nach, allerdings ohne Erfolg. Oder hat Jette geplaudert? Kann sein, Mist!

Allmählich bereut Markus nun seinen Entschluss, in diesem Schloss die Nacht verbringen zu wollen. Aber wer könnte ihn denn hier herausholen? Die Schlossverwaltung anzurufen hätte sicher keinen Sinn, dort würde doch nur der Anrufbeantworter anspringen. Im Übrigen soll niemand erfahren, dass er überhaupt heute hier war wegen des kleinen Geheimnisses, das die Truhe im Keller in sich barg. Natürlich würde es eines Tages ans Licht kommen, aber er wäre dann längst weg, weg aus Deutschland, möglichst noch weg aus Europa. Und niemand soll nachträglich kontrollieren können, ob er einer der heutigen Schlossbesucher war. Deshalb wäre es ein großer Fehler, wenn er sich jetzt irgendwo meldete.

Wohl oder übel muss er durchhalten. Draußen ist es inzwischen dunkel. Notleuchten weisen ihm hier drinnen den Weg, durch ein Fenster scheint der Vollmond herein. Markus schaltet die Taschenlampenfunktion an seinem Handy ein. Seine Neugier auf Altertümer hat sich inzwischen gelegt, die merkwürdigen Telefonate zerren an seinen Nerven, eigentlich will er nur noch ein geeignetes Plätzchen zum Schlafen. Aber es muss auf jeden Fall ein bisschen versteckt sein, damit er nicht womöglich in aller Frühe vom Reinigungspersonal oder sogar vom Hausmeister entdeckt wird.

Markus durchquert den Gartensaal und findet sich in der Eingangshalle wieder. Ach da, die Treppe! Er weiß, dass dort oben in einem größeren Raum ein wunderbares himmelblaues Sofa steht. Das gehörte einst einer der schönen Töchter des alten Schimmelmann. Dort würde er Ruhe finden. Doch gerade als er seinen Fuß auf die erste Treppenstufe setzt, erschreckt ihn erneut sein Mobiltelefon. Nein! Dieses Mal nicht! Soll es weiter schnarren, er ist „nicht erreichbar". Bestimmt wieder unbekannte Nummer, oder? – Nein, es ist sein Freund Stefan. Was will der jetzt? Markus hatte ihm deutlich zu verstehen gegeben, dass er heute keine Zeit mehr hätte und für niemanden zu sprechen sei. Es muss also schon sehr wichtig sein, wenn Stefan trotzdem versucht, ihn zu erreichen. Markus nimmt an: „Hallo Stefan, was gibt's?" Aber nicht die vertraute Stimme des Freundes antwortet, sondern wieder dieses rätselhafte Knistern und Rauschen im Äther. Ärgerlich will Markus auf Rot drücken, aber irgendetwas lähmt seinen Finger. Er muss sich Folgendes anhören: „Hier spricht Edgar Wallace. Die toten Augen von London haben dich beobachtet. Die seltsame Gräfin hat dich verraten. Der grüne Bogenschütze wird auch dich erlegen!" Knacks, Piep, Pfiff, Ende der Durchsage.

Wer zum Teufel ist das? Markus fühlt sich zunächst wie gelähmt. Doch dann jagt er die Treppe hinauf. Möglichst schnell irgendwo hinsetzen und in Ruhe nachdenken, das will er. Hat jemand sein Handy präpariert? Edgar Wallace …, Edgar Wallace? Markus bleibt atemlos stehen. Ach ja, da gab es doch diese Filme in den 60er-Jahren, diese alten Krimis, noch in Schwarz-Weiß, von denen sein Vater manchmal erzählte. Einige davon sollen ja teilweise hier gedreht worden sein.

Allmählich glaubt Markus, dass sein angekratztes Nervensystem ihm einen Streich spielt, dass dieses Schloss seine Fantasie allzu sehr anregt, dass die Sache mit Jette doch nicht so emotionslos an ihm vorübergeht. Aber vielleicht hat ihn jemand im Keller beobachtet? Stand hinter einem Mauervorsprung? Wollte ihn jetzt erst mal mürbe machen und dann erpressen? Ja, das wird es sein: Erpressung! Hier ist noch jemand im Haus, der ihn verfolgt, der ihn anruft, ihn quält! Aber woher weiß der seine Nummer? Oder ist es ein Bekannter, gar ein Freund, ein vermeintlicher? Hat Stefan damit etwas zu tun?

Markus überprüft noch einmal den letzten Anruf, den vom angeblichen Edgar Wallace. Nein, es war doch nicht Stefans Nummer, nur eine ähnliche, sie unterschied sich nur durch eine Ziffer. Der Name fing auch mit S an, Markus hatte vorhin gar nicht genau hingesehen vor Aufregung. Aber er würde jetzt gleich dort zurückrufen. Eilig setzt er seinen Weg auf der Treppe fort, vorbei an all den Porträts von schönen Frauen und mutigen Männern. Er hat das Gefühl, dass sie ihn alle beobachten, ihm mit glühenden Augen folgen. Endlich erreicht er oben den Emkendorf-Saal mit dem hellblauen Sofa.

Ein Schwindel erfasst ihn. Er hätte jetzt gern ein Glas Wasser, noch besser wäre ein Whisky. Der liegt jedoch gänzlich außer Reichweite, während er für einen Schluck Wasser lediglich wieder in den Keller hinabsteigen müsste. Doch dazu fühlt sich Markus jetzt absolut nicht in der Lage. Erst mal lässt er sich auf das kostbare italienische Sitzmöbel fallen in der Hoffnung, hier Ruhe zu finden. Doch weit gefehlt: In dem Moment, als er seinen Rücken gegen die Armlehne lehnt, um seine Beine auf das Polster zu schwingen, ertönt ein grässlich schrilles Lärmen. Alarm! – Alarm?, schießt es Markus durch den Kopf. Dieses verdammte Sofa! Seit wann haben die hier eine Alarmanlage? Doch noch ehe er weitere Überlegungen anstellen kann, hört er Schritte auf der Treppe. Markus springt auf, sucht einen Ausweg. Die Telefongespräche! Er ist verloren! Sie wissen alles. Sie waren bestimmt auch schon im Keller. Peter Rantzau ist der grüne Bogenschütze ..., die Schwarze Margarethe ist die seltsame Gräfin ..., die toten Augen von Jette haben ihn verraten ... Der Schwindel hält an. Markus rennt zum Fenster. Die Schritte auf der Holztreppe werden immer lauter, Stimmen sind zu hören, – dann ein markerschütterndes Klirren.

Der Schlossvogt kommt zu spät. Markus hat mit einem verzweifelten Sprung das mittlere Fenster durchbrochen. Auf der Schlossgrabenbrücke versickert sein Blut zwischen den Fugen des Kopfsteinpflasters.

Klaus E. Spieldenner
HECKENKRIEG

Ahrensburg, 31. Dezember 2020

Zwei Dinge waren es, die dem Leiter des *Fachdienstes
IV.5, Grünflächen und Klimaschutz* der Stadt Ahrensburg
an diesem Donnerstagmorgen durch den Kopf schossen:
zum einen der Gedanke daran, dass er sein bevorstehendes
25. Dienstjubiläum am 1. April 2021 wohl nicht mehr fei-
ern würde, und zum anderen das konventionelle 9-Mil-
limeter-Para-Vollmantelgeschoss, das in seine Stirn ein-
drang, dort eine Öffnung zauberte, den Hirnlappen und
die rückwärtige Schädeldecke durchschlug und mit der
kompletten Restenergie die Kunststoffplane des Bauge-
rüstes vor der Rathausfassade passierte. Hajo Ranken-
steins Blick brach, und der Bezieher der Entgeltgruppe
E 12 sackte zusammen, ähnlich einer Marionette, deren
Schnüre man durchtrennt hatte. Das Geschoss selbst ver-

lor seine kinetische Energie von anfänglichen 500 Joule abrupt beim Aufprall auf ein Stahlrohr des hinter der Plane aufgestellten Gerüstträgers. Anschließend taumelte das Projektil im freien Fall durch die Luft und blieb, Sekunden später, auf dem Ahrensburger Rathausplatz liegen.

*

Der pensionierte Hauptkommissar Willibert Krache packte an diesem Morgen seine riesige Ledertasche zwischen die Beine, riss sich die medizinische Gesichtsmaske herunter und sog die frische Luft vor der Stadtbücherei Ahrensburg schnaufend und wie ein Ertrinkender nach der Rettung in seine Lungenflügel. Gerade hatte Krache zusammen mit Enkel Lasse dort eine Vielzahl Jugendbücher, Spiele und CDs ausgeliehen. Grund war es, den Jungen zu beschäftigen, um sich und Bille, der alleinerziehenden Tochter und Mutter des 8-Jährigen, die Chance zu geben, die Pandemieferien des Schülers gesundheitlich ohne Schäden zu überstehen.

Am letzten Tag des Jahres 2020 hatte es erneut Frost gegeben, und Opa Krache war froh darüber, den Enkel mit Jacke, Mütze und warmen Stiefeln ausgestattet zu haben.

Der 68-jährige erfahrene Ex-Kriminalbeamte identifizierte den Knall aus weniger als 30 Meter Entfernung sofort als Schuss aus einer Waffe. Erstaunt darüber änderte er seine Kopfrichtung zum angrenzenden Ahrensburger Rathaus. Der coronabedingt sportlich unterforderte Enkel Lasse war, noch bevor der Großvater reagieren konnte, mit Worten, die nach ‚Silvester-Böller‘ klangen, auf den sich vor ihnen ausbreitenden Rathausplatz gerannt.

„Böller? Sind Feuerwerke in diesem Corona-Jahr nicht verboten?", fragte sich Krache. So lautete, seiner Meinung nach, zumindest die Vorgabe der Landesregierung Schleswig-Holsteins. Er war plötzlich guter Dinge, dass die kleine Familie plus Mischlingshund Karotte beim heutigen Jahreswechsel 2020/2021 eine mehr oder weniger entspannte Silvesternacht verleben durfte.

Dann fielen ihm der Enkel und der Schuss wieder ein!

Krache ließ die Tasche Tasche sein und humpelte so schnell er konnte die Stufen der Stadtbücherei hinunter, die Angst um seinen Enkel im Nacken. Das Laufen fiel ihm seit einem Schusswechsel zwei Jahre vor seiner Zurruhesetzung und der daraus resultierenden zertrümmerten Kniescheibe immer schwerer. Täglich verfluchte er den Bankräuber, der damals auf ihn und seine Kollegen geschossen hatte. Der Angetrunkene hatte sieben Mal abgedrückt, alle Ziele verfehlt, nur Kraches Kniescheibe wurde unglücklicherweise von einem Abpraller durchschlagen.

Schnaufend und außer Atem erreichte er jetzt Enkel Lasse, in eher nicht olympiareifer Zeit. Dieser war wenige Meter vor dem Rathaus zum Stehen gekommen und hatte sich zu einer Gruppe Schaulustiger gesellt. Die Formation bestand – wie Krache vermutete – aus Bewohnern oder Besuchern der Stadt Ahrensburg. Der kleine, ihm unbekannte Haufen hatte vor dem rechten Gebäudeteil des Rathauses Aufstellung bezogen und blickte unisono nach oben, in Richtung des mit Kunststoffplanen umwickelten Betonbaus. Auch Krache schaute sofort nach seiner Ankunft in diese Richtung. Die Planen oben am Rathaus flatterten im Dezemberwind, und es klang wie das Schlagen von Segeln bei einer Regatta.

„Hörte sich wie der Schuss auf ein Wildschwein an!“, witzelte eine ältere Frau mit schwarzer, unkorrekt sitzender Gesichtsmaske und schaute den Ex-Kommissar überzogen neugierig an. Krache überprüfte sicherheitshalber den Abstand zu ihr und nickte, ohne zu wissen warum. Dann machte er aus Vorsicht einen seitlichen Ausfallschritt. Ihm fiel ein, dass man dem hässlichen und ungeliebten Betonbau aus dem Jahre 1970 wieder finanzielle Aufmerksamkeit mittels Umbaumaßnahmen gewährt hatte. Die regionale Zeitung widmete der hochpreisigen Renovierung des Rathauses eine halbe Seite und präsentierte dazu das Morgenstern-Zitat: *,Zeige mir, wie du baust, und ich zeige dir, wer du bist!‘*

„Christo hätte das Ahrensburger Rathaus sicher besser verhüllt!", scherzte die ältere Frau mit der schlecht sitzenden Gesichtsmaske erneut. Doch keiner lachte.

∗

„Opa! Opa! Schau mal! Der Mann hat eine Pistole!"

Bei Willibert Krache setzte kurz der Herzschlag aus, als die Worte des Enkels seine Gehörgänge erreichten. Mit einem tiefen Atemzug musste er den Aussetzer des Muskels kompensieren. Doch als er ein wenig Erleichterung verspürte, folgten seine Augen dem verlängerten Arm und dem ausgestreckten Zeigefinger des Jungen. Sein Blick endete bei einem Unbekannten, der – eine Waffe in der Hand – dabei war, das Ahrensburger Rathaus durch den Hauptausgang zu verlassen. Der Mann war eher dicklich als schlank, eher alt als jung, nur sein volles graues Haar erinnerte den pensionierten Beamten an seine eigene Halbglatze, die er schon seit Beginn des Mannesalters optisch zum Besten gab und die ihn jahrelang zum dauerhaften Kunden eines teuren Psychologen gemacht hatte. Der Flüchtende selbst schaute nervös und mit böser Miene auf die Menschenansammlung vor dem riesigen Betonklotz. Dann spuckte er vor sich aus, rannte dann los und verschwand Sekunden später aus dem Blickfeld der Beobachter. Ein lautes Raunen war die Folge.

„Sicher ein Amokläufer!", lispelte ein Mann seitlich von Krache aufgeregt. Der Satz fand Zustimmung bei einer grauhaarigen Frau im alten Bundeswehr-Parka.

„Ja, ist denn schon Silvester?"
Krache horchte in die Umgebung und betete, dass seine Ex-Kollegen von der Ahrensburger Polizei schleunigst hier am Tatort auftauchen würden. Doch das Einzige, was er wahrnahm und was bei seinem Herzmuskel ein weiteres Stolpern verursachte, war Enkel Lasse, der in Richtung des verschwundenen Bewaffneten davonstob.

„Mist!", entglitt es dem Pensionär, und mit ungewöhnlicher Schnelligkeit, trotz seiner Einschränkung, versuchte er den Jungen unter *„Halt, Lasse, halt!"*-Rufen einzuholen oder zumindest zum Stoppen zu bringen. Doch Lasse war schon um das Rathaus herum, in Richtung des *Bruno-Bröker-Hauses* abgetaucht.

*

Opa Krache gingen sämtliche Schlechtigkeiten der Welt durch den Kopf, und vor seinem geistigen Auge spielten sich schon filmreife Szene ab, in der er Tochter Bille den Verlust des einzigen Sohnes mitteilen musste. Als Krache nach einer gefühlten Ewigkeit und mit einem großen Ballast schlechten Gewissens um die Ecke des Rathauses humpelte, erblickte er mit großer Erleichterung den Enkel. Der stand auf der Grünfläche vor der aufgrund der andauernden Pandemie stillgelegten Jugendfreizeitstätte und bückte sich gerade. Lasse schien im Begriff zu sein, etwas aufzuheben.

Außer Atem und leise fluchend beendete der Pensionär seine Bewegung und schaute sich schnell und dankbar in der offenen Natur um: Der Typ mit der Waffe war nicht mehr zu sehen, und Enkel Lasse schien unverletzt. Alles andere zählte nicht. Ich bin halt nicht mehr der Schnellste!, entschuldigte sich Krache bei sich selbst für seine Behinderung. Er kompensierte die völlige Verausgabung des Sprints durch einige tiefe Atemzüge und trat einen Schritt auf den Jungen zu. Lasse drehte sich im gleichen Moment in Richtung seines Großvaters. Der darauffolgende Schmerz in der Brust des 68-jährigen Willibald Krache musste von einer der Extra-Systolen kommen, die ihn in der letzten Zeit plagten. Er nahm sich ernsthaft vor, wenn dieser Tag ohne weiteren Ärger vorbeiging, endlich einen Kardiologen aufzusuchen. Der 8-jährige Lasse Maas-Krache stand wenige Meter vor dem Großvater, eine Waffe auf ihn gerichtet und erklärte mit breitem Grinsen: „Schau mal, Opi, der nette Mann hat mir die Spielzeugpistole geschenkt! Peng! Peng!"

✶

Noch völlig konsterniert von den Ereignissen saß Ex-Kommissar Krache noch am Nachmittag des gleichen Tages vor dem Schreibtisch, an dem er selbst jahrelang seinen Dienst verrichtet hatte. Mit zittriger Hand schob er die Gesichtsmaske zurecht. Sein Blutdruck war noch immer jenseits eines guten Wertes, und unter der Maske spürte er aufkommende Feuchtigkeit. Lange würde er auf seinen Nachfolger im Amt, Hauptkommissar Spitzer, nicht mehr warten, redete er sich ein. Unbewusst und in Gedanken massierte sich der Ex-Kriminalbeamte das schmerzende rechte Knie, obwohl der Schuss damals die linke Knie-scheibe zertrümmert hatte. „Es handelt sich sicher nur um Phantomschmerzen!", hatte ihn sein Hausarzt beru-higt. Er selbst glaubte, es läge einzig und allein an seinem inzwischen gesetzten Alter: Im Moment fühlte er sich auf jeden Fall wie jenseits der Hundert.

„Ehemaliger Kriminalbeamter von 8-jährigem Enkel erschossen!", ertönte hinter ihm eine bekannte Stimme. Erschrocken drehte sich Krache um.

„Moin Willi, da hast du aber Glück gehabt! Die Gazet-ten hätten ihren Spaß an der Geschichte gehabt!", grinste Hauptkommissar Spitzer und legte dem ehemaligen Kol-legen eine Hand auf die Schulter. Auch Spitzer trug eine Schutzmaske, aber wie es schien, machte ihm das Tragen deutlich weniger aus. „Dein Hund ist auch dabei?"

Krache nickte und wandte seinen Blick seitlich neben den Stuhl, wo Mischlingshündin Karotte den Kopf hob. Die dreiköpfige Familie hatte die Hündin mit dem zot-teligen Fell aus dem Tierheim gerettet, und obwohl man sie als ‚Paula‘ übergab, fand Krache den Namen ‚Karotte‘ aufgrund der ungewöhnlichen Körperform des Tieres passender. Karotte schien bemerkt zu haben, dass sich das Gespräch um sie drehte. Neidisch streichelte Krache dem Hund über das Fell. „Du hast Glück, Karotte, du brauchst keinen dämlichen Mund-Nasenschutz!“, flüsterte er.

„Du weißt, dass wir den Täter identifiziert haben, Willi?“

Krache hob seinen Kopf und blickte überrascht in das Gesicht des leitenden Beamten.

„So schnell?“

„Ja, tatsächlich! Der mutmaßliche Reichsbürger Josef Maria Holzhammer verlor während der Flucht nach seinem tödlichen Schuss auf Amtmann Rankenstein seine Baseball-Cap. Da waren Haare, Hautschuppen und noch so einiges an Körperflüssigkeiten dran ...!“

Krache wollte es nicht so genau wissen und würgte leicht.

„... auch konnten wir den Mann durch Aufnahmen der Videoüberwachung im Rathaus identifizieren!“

„Ein ... ein Wutbürger?“

„Nein! Hatte ich Wutbürger gesagt?“ Spitzer kratzte sich diverse Schuppen vom Kopf und betrachtete sie so neugierig und überrascht, als sei er auf der Schädeldecke auf eine Goldader gestoßen. „Nein Willi, du kennst doch diesen dämlichen Bayer, der hier vor einigen Jahren aufgeschlagen ist: Holzhammer! Er hat die alte Kapelle beim

Kriegerdenkmal an der Hunnau gekauft, sie ohne Erlaubnis des Bauamtes zum provisorischen Wohnhaus hergerichtet und uns seither nur Ärger bereitet!"

Der pensionierte Kriminalbeamte Krache erinnerte sich: Er selbst hatte Josef Holzhammer auch schon einmal verhört. Irgendetwas mit Körperverletzung.

„Stimmt, jetzt wo du es sagst! Aber man erschießt doch niemanden so einfach!"

„Hintergrund ist wohl ein seit Längerem schwelender Streit Holzhammers mit der Stadt Ahrensburg!"

Krache hatte sich aufgerichtet und mit ihm Karotte. Die Hündin war sicher der Meinung, die Langeweile hier im stickigen Büro habe endlich ein Ende.

„Um was ging es bei dem Streit?"

„Da müssen wir noch genauer recherchieren. Was ich weiß: Nachbarn haben Holzhammer wohl schon vor Wochen angezeigt, weil die Hecke, die sein Haus umgibt, extrem weit auf den Gehweg gewachsen war. Man scheint dort kaum zu Fuß vorbeigekommen zu sein, und mit einem Kinderwagen schon überhaupt nicht!"

Krache glaubte an einen Scherz. „Du verarschst mich?"

„Warum sollte ich? Laut einem Kollegen, der *Am Postwald* wohnt, hat die Stadt in einer Nacht-und-Nebel-Aktion Holzhammers Hecke gekürzt, und dabei sind diverse Sträucher … sozusagen abgestorben. Die hiesige Tageszeitung schrieb sogar von einem Heckenkrieg!"

406

„Aber das ist doch noch lange kein Grund, einen Menschen …!", Krache war fassungslos und schüttelte betroffen den Kopf.

„Ja, man spricht auch von schweren psychischen Pro-
blemen Holzhammers. Doch das bleibt erst einmal unter
uns. Das muss die Untersuchung des Gutachters zeigen,
sobald Holzhammer hinter Gittern sitzt. Ich vermute, der
aggressive Bayer hat sich diesen Ärger wohl sehr zu Herzen genommen, und Amtmann Rankenstein ist nun zum
Opfer geworden."

„Aber Rankenstein hat die Hecke doch sicher nicht
selbst geschnitten?"

Spitzer zuckte mit den Schultern.

„Habt ihr ihn schon eingebuchtet?", wollte Krache –
sichtlich aufgewühlt – wissen.

Spitzer schaute auf seine Uhr. „Die Kollegen stießen bei
seiner Festnahme auf Widerstand. Holzhammer ist wohl
im Besitz zahlreicher illegaler Waffen und hat sich mit einigen Kurz- und Langwaffen sowie genügend Munition auf
dem Turm der Kapelle verschanzt. Bei einem Schusswechsel vor etwa zwei Stunden wurde ein Kollege durch einen
Querschläger aus einem Gewehr Holzhammers verletzt!"

„… die Kniescheibe?"

„Was meinst du?"

„Vergiss es! Erzähl weiter!"

„Nichts weiter! Das Landeskriminalamt Kiel hat auf
Anforderung von mir ein Spezialeinsatzkommando nach

Ahrensburg gesandt. Die werden ihm schon Beine machen!" Spitzer versuchte ein Lachen, doch es klang für Krache eher nach einem Hickser. Der Kriminalbeamte blickte auf seine Armbanduhr: „Das SEK sollte inzwischen beim Schäferweg eingetroffen sein!" Nach den letzten Worten drehte Spitzer den Kopf und warf einen Blick aus dem Fenster. Der Besucher tat es ihm nach. Draußen wurde es langsam dunkel, und Krache hoffte inständig, dass die Kollegen des SEK Holzhammer vor Einbruch der Dunkelheit ohne Verluste in den eigenen Reihen stellen konnten.

„Willi, tut mir leid, ich muss los! Muss mich mal am Tatort sehen lassen. Du weißt, die Presse! War schön, dich zu treffen, guten Rutsch!" Spitzer war abrupt aufgesprungen, hatte seinem Ex-Kollegen erneut an die Schulter gegriffen und war dann aus dem Büro gerannt. Hund Karotte kam mit einem Satz auf die Beine und schaute sein Herrchen mit großen treuen Augen an.

Die beiden schwarzen VW-Busse mit Kieler Kennzeichen waren ohne Beleuchtung und mit abgeschalteten Motoren hinter den Einsatzfahrzeugen ihrer Kollegen von der Ahrensburger Polizei-Zentralstation zum Stehen gekommen.

Wie von Geisterhand glitten die Schiebetüren auf, und aus jedem der Fahrzeuge schälten sich dunkel gekleidete und bis zu den Zähnen bewaffnete Beamte in die Abenddämmerung. Ohne Verzögerung und absolut geräuschlos schwärmten die Männer in unterschiedliche Richtungen aus. Die uniformierten Polizeibeamten selbst hatten, nach dem zurückliegenden Schusswechsel mit Holzhammer, Deckung aufgesucht. Einige versteckten sich hinter ihren blau-gelb-silbernen Fahrzeugen, andere lagen mit eingezogenen Köpfen bei der Böschung, nahe der Hunnau.

Holzhammer hatte die Wagen des SEK aus seiner exponierten Lage wohl doch kommen sehen und das Feuer eröffnet. Die Kugeln aus seiner Waffe produzierten, je nach Untergrund, in den sie einschlugen, Geräusche von unterschiedlichstem Klang. Eine Stimme schrie plötzlich laut: „Der Typ ist genau dort oben!", und einer der Polizisten war aufgesprungen. Er schwenkte seinen Arm in Richtung des mittelhohen Turms des alten Ahrensburger Gemäuers. Erneut waren Schüsse zu hören; Mündungsfeuer wurde für einen kurzen Moment im Turm sichtbar. Der Uniformierte schrie plötzlich vor Schmerzen laut auf: „Er hat mich getroffen!" Danach schlugen weitere Treffer in den gefrorenen Boden, aber auch in die Karosserie eines Polizeiwagens ein. Die Nacht war für einen kurzen Moment erfüllt von Jammern, leisen Stimmen und Geräuschen, wie Schleifen und Schieben. Helfende Hände zogen den verletzten Kollegen in Deckung; die restlichen Beamten suchten schleunigst wieder sicheren Schutz vor weiteren Kugeln.

Kriminalhauptkommissar Pit Sellien, Leiter des SEK, stand hinter einer Hecke und überlegte einen kurzen Moment. Das Knallen von Böllern in der näheren Umgebung lenkte den erfahrenen Beamten für einen Moment ab. Dann flüsterte er in sein Funkgerät: „Finaler Rettungsschuss! Wir werden nicht stürmen! Der Gesuchte hat erneut einen Kollegen verletzt. Ich wiederhole, wir setzen den finalen Rettungsschuss – nicht stürmen! Ronnie, mach dich fertig! Du hast von jetzt bis auf Widerruf die Schussgenehmigung!" Sellien griff hinter sich an den Gürtel seiner Ausrüstung und zog einen Gegenstand hervor. „Ich werfe zur Ablenkung eine Blendgranate", flüsterte Sellien weiter. „Wenn die Zielperson erneut schießt, hast du freie Bahn! Kommen, ob verstanden!"

Ein kurzes und leises ‚*Schütze verstanden*' war zu hören. Dann atmete Sellien tief ein, zog den Splint der Granate und warf den ein Kilo schweren pyrotechnischen Gegenstand mit einem gezielten Wurf über die Hecke. Unmittelbar nach der Zündung ertönte ein lauter dumpfer Knall, der die Trommelfelle der Anwesenden bis zur Schmerzgrenze belastete. Der Schein der Blendgranate verlieh den alten Mauern der ehemaligen Kapelle eine unreale, fotografische Schönheit. Eine Salve von Gewehrschüssen war die Antwort. Ein lauter Ruf, der nach ‚Ihr Arschlöcher kriegt mich nicht' klang, durchbrach die Nacht. Man vernahm Ladegeräusche einer Waffe und lautes Fluchen. Plötzlich ein weiterer einzelner Schuss, dem ein Schrei

410

folgte. Ein ungewöhnliches Poltern war zu hören, dann Stille. Einige Sekunden später durchbrach der dumpfe Aufprall eines schweren Gegenstandes auf den Boden die Ruhe vor Ort.

Vorgezogene Silvesterraketen schossen wie auf Kommando lärmend in den dunklen Himmel über Ahrensburg. Sie zerbarsten unter lautem Knall in zig schillernde Farben und verschwanden – Sekunden später – wie eine Fata Morgana. Anschließend herrschte für Sekunden absolute Todesstille.

„Ziel ausgeschaltet!", kam es leise aus dem Lautsprecher von Selliens Funkgerät.

Neujahr, 1. Januar 2021

„Frohes Neues, Bernd!"

„Auch dir frohes Neues, Lothar!" Die beiden Nachbarn aus dem Ahrensburger Schäferweg standen vor ihren Häusern und hatten sich diesen Gruß aus geringer Entfernung zugerufen.

„Hast du schon gehört, die Polizei hat den Holzhammer erledigt?"

„Ja, habe ich, Lothar!" Bernd Kramer trat gegen einen vor ihm liegenden zerrissenen China-Böller und verfolgte mit den Augen fasziniert dessen Rollbewegung in Richtung Straße.

„Wir sind zwar erst am Morgen zurückgekommen", fuhr er fort, „erfuhren es jedoch direkt nach unserer Ankunft von der Mutter. Die Hecke ist weg, Holzhammer hat das Zeitliche gesegnet – besser geht es doch nicht, oder? Da kann deine Tochter Kati mit ihrem Kinderwagen endlich wieder an der Kapelle vorbeilaufen!"

Der Böller hatte seine Bewegung eingestellt, und Kramer bewegte sich langsam auf ihn zu.

„Ja! Du hast recht, Bernd. Aber was hatte der Bayer mit dem Typen von der Stadt zu tun? Kennst du den Grund, warum er ihn im Rathaus so einfach – mir nichts, dir nichts – plattgemacht hat?"

Der Angesprochene zuckte mit den Schulterblättern, rieb sich die Hände und steckte sie anschließend in die Hosentaschen. „Keine Ahnung! Soll wohl um Geld und Waffen gegangen sein. Holzhammer war Reichsbürger. Die Flaggen an der alten Kapelle hatten ja schon darauf hingedeutet. Der andere hatte vielleicht auch Dreck am Stecken, werden es morgen sicher im Durchhalteblatt lesen. Wie dem auch sei, wenn wir Nachbarn das Kürzen der Hecke nicht selbst in die Hand genommen hätten, würde Katrin noch immer mit dem Kinderwagen durchs hohe Gras zur Hunnau rollen müssen. Sag ihr schöne Grüße – sie muss dafür mal einen ausgeben!" Kramer machte eine Geste, als fröstelte es ihn, winkte, drehte sich plötzlich um und schlenderte ohne Hast durch seinen Vorgarten. Wenig später verschwand er in der Eingangstür der Doppelhaushälfte.

Lothar, Bewohner des Schäferwegs, winkte stumm zurück, blieb aber noch eine Weile nachdenklich stehen.

NACHWORT

„Alles beginnt mit dem ersten Schritt"

Als ich im März 2020, inmitten der ersten Welle der Corona-Pandemie, die Idee hatte, einen Krimi herauszubringen, wusste ich weder, wie lang und steinig der Weg werden würde, noch, dass ich mich bereits auf eben diesem befand. Es sollte eine Anthologie mit Kurzkrimis aus der Stadt Ahrensburg werden, geschrieben von Stormarnern, um sie für den Leser möglichst authentisch darzustellen, so viel war klar, aber mir fehlten noch weitere Autoren. Ein kurzerhand aufgesetzter Infoflyer, der meine Projektidee grob beschrieb und den ich über mein Netzwerk verteilte, brachte mir in erster Linie positive Rückmeldungen ein.

Erst auf einen Zeitungsartikel meldeten sich ausreichend Autoren, die das Projekt ins Rollen brachten. Am Ende lagen 28 Kurzgeschichten vor mir auf dem Tisch. Weitaus mehr, als ich erhofft hatte, aber leider auch weitaus mehr, als ich im Buch unterbringen konnte.

Das Ergebnis, liebe Leserinnen und Leser, halten Sie nun in Ihren Händen, und ich hoffe, dass Ihnen die Auswahl der sehr unterschiedlichen Kurzkrimis genauso gut gefallen hat wie mir, als ich die Geschichten zum ersten Mal las.

415

DANKE!

An einem Projekt dieses Umfangs sind viele Personen beteiligt, die mit ihrer Expertise dazu beitragen, dass das Ergebnis zu einem Erlebnis wird. Allen voran muss ich den Autorinnen und Autoren danken, ohne deren Beiträge „Ahrensmord" nie entstanden wäre.

Wie schwierig es ist, einen Verlag zu finden, durfte ich zur Genüge erfahren. Umso mehr weiß ich es zu schätzen, dass ich in den Niemeyer Buchverlagen einen professionellen Partner für meine Buchidee gefunden habe. Ich danke Carsten Holzendorff und seinem Team für das Vertrauen und die Unterstützung bei der Umsetzung.

Ein großer Dank gebührt meinem Schwiegervater Joachim Heilmann, den ich von Anfang an für das Krimiprojekt begeistern konnte. Er hat mich nicht nur bei der Auswahl der Skripte, dem Lektorat und den juristischen Fragen unterstützt, sondern stand mir auch jederzeit für eine zweite Meinung zur Verfügung.

Dem Mitautor Klaus E. Spieldenner sei an dieser Stelle ausdrücklich gedankt, der mit seinem Feedback das Projekt unterstützt und nicht zuletzt die Niemeyer Buchverlage ins Gespräch gebracht hat.

Einem glücklichen Zufall verdanke ich, dass ich den Spiegel-Bestseller-Autor Andreas Winkelmann kennenlernen durfte. Über sein Vorwort habe ich mich sehr gefreut.

Auch dem neuen Ahrensburger Bürgermeister, Eckart Boege, bin ich für seine persönlichen und zutreffenden (Vor-)Worte dankbar.

Last but not least danke ich meiner Frau Anna und meinen drei Töchtern, die gute Ideen eingebracht, Kritik offen und ehrlich geäußert haben, immer ein offenes Ohr und Geduld mit mir hatten, sowie meinen Eltern, Ilona und Günther, für jegliche Form der Unterstützung. Danke Euch!

Ich bin sicher, dass ich Personen vergessen habe, die ich eigentlich hier hätte erwähnen sollen. Seht es mir bitte nach: dieses „DANKE" ist für Euch.

Liebe Leserinnen und Leser!

Rezensieren Sie gerne dieses Buch, empfehlen Sie es weiter, wenn es Ihnen gefallen hat.

Mundpropaganda ist die beste, schnellste und ehrlichste Werbung.

Sollten Sie zu den Lesern gehören, die zuerst das Nachwort lesen (ich nehme mich da nicht aus), wünsche ich Ihnen nun viel Spaß mit „Ahrensmord", dem 1. Ahrensburg-Krimi.

Ihr Nils Meyer-Selbach

AUTORENVORSTELLUNG

Bernhard Behrendsen, Jahrgang 1964, wohnhaft in Trittau und Schiffsmakler in Hamburg, veröffentlichte seinen ersten Roman „LOUSIAH Safe Harbor, ME", 2011 im Geest-Verlag, Vechta. Seitdem sind mehrere Erzählungen und Kurzgeschichten des leidenschaftlichen Wassersportlers und zweifachen Vaters in verschiedenen Anthologien erschienen.

Jörg Dierkes, 1967 in Warburg geboren und in Bad Salzuflen aufgewachsen, fing erst mit 47 an zu schreiben. Inspiriert durch seine beiden Töchter entstanden zwei bisher unveröffentlichte Kinderromane um einen liebenswerten Ex-Räuber mit rauer Schale und weichem Kern. Jörg Dierkes lebt mit seiner Familie in Ahrensburg.

Fritz Eickenscheidt, geboren 1941. Nach dem Studium in Hamburg, das er als Diplom-Handelslehrer abschloss, unterrichtete er in Hamburger Berufsschulen mit dem Schwerpunkt Deutsch und Literatur. Er ist Autor zahlreicher Studienbriefe und hat zwei Bände mit satirischen Texten, Gedichten und Sprachspielereien und drei Theaterstücke für Kinder veröffentlicht. Er lebt in Ahrensburg und engagiert sich ehrenamtlich im Kulturzentrum Marstall, u. a. beim „Literarischen Café".

419

Petra Emmrich, Jahrgang 1965, ist Diplomhandelslehrerin und war einige Jahre in Bayern und Hamburg tätig. Die Mutter von Zwillingsmädchen beschäftigt sich schon seit einigen Jahren mit dem Verfassen von Texten und absolvierte ein Studium an der „Schule des Schreibens". Sie lebt in Ahrensburg, „Tod einer Buchhändlerin" ist ihr erster Krimi.

Heidrun Florczik, Jahrgang 1948, wurde in Ahrensburg geboren und wuchs hier auch auf. Die dreifache Mutter arbeitete in unterschiedlichen kaufmännischen Funktionen. Sie hat ein Faible für Krimis und Thriller, davon auch schon einige Hundert Exemplare gelesen. Ihre Gedanken bringt sie gerne zu Papier, einige davon werden in Hochzeits- und Geburtstagszeitungen abgedruckt.

Gerald Gräf, den man als Großhansdorfer Urgestein bezeichnen kann, verbrachte nahezu sein ganzes Leben im Ahrensburger Nachbarort. Der dreifache Vater, Jahrgang 1957, arbeitete als technischer Einkäufer und ist seit Oktober 2020 im Ruhestand. Nach dem frühen Tod seiner Frau begann eine berufliche Neuorientierung, und Gräf fing mit dem Schreiben an. In den autobiografischen Werken verarbeitet er das Thema Verlust. Weitere Werke, abgründige Thriller und ungewöhnliche Geschichten, werden im Eigenverlag veröffentlicht.

Dietrich von Horn, geboren 1944 im Kreis Eckernförde, studierte Pädagogik mit dem Schwerpunkt Kunst und arbeitete als Lehrer an der Grund- und Hauptschule Bargteheide. 2012 gewann er den „Hamburger Abendblatt-Romanwettbewerb", in den letzten Jahren folgten weitere Veröffentlichungen. Dietrich von Horn ist verheiratet, hat zwei erwachsene Töchter und lebt in Bargteheide.

Den 1973 in Wilhelmshaven geborenen **Thomas Jüttner** zog es 2009 in die Schlossstadt, wo er mit seiner Familie lebt. Der studierte Wirtschaftsingenieur hat bereits eine Kurzgeschichte veröffentlicht und stellt in seinem Kurzkrimi „Spitze" sehr eindrucksvoll dar, wie die Polizeiarbeit von morgen aussehen könnte und was wir technisch noch alles zu erwarten haben.

Den ersten Roman veröffentlichte **Christian Kraus** bereits 2010. Es folgten weitere Werke, zuletzt 2021 der Psychothriller „Tief wirst du schlafen", der im Droemer-Verlag erschien. Christian Kraus, geboren 1971, ist Psychiater und Psychoanalytiker und lebt in Großhansdorf.

Das Schwesternduo **Mia und Emma Meyer-Selbach**, Jahrgang 2006 und 2012, hat schon in frühen Kinderjahren angefangen, sich Geschichten mit dem schwedischen Opa zu erzählen und später dann selbst aufzuschreiben. Mia malt und zeichnet leidenschaftlich gerne, Emma spielt Theater. Beide vereint das Interesse am Klavierspielen. „Rache der Vergangenheit" ist der erste gemeinsam geschriebene Krimi und das Debüt der beiden Schwestern.

Für den 1975 geborenen Hannoveraner **Nils Meyer-Selbach**, der seit 2008 mit seiner Frau und seinen drei Kindern in Ahrensburg lebt, war es eine Herzensangelegenheit, den ersten Ahrensburg-Krimi zu veröffentlichen. Er ist gelernter Bankkaufmann, arbeitet aber schon seit 23 Jahren im Bereich Facility Management. Neben der großen Krimileidenschaft ist er Sänger in einer HipHop-Band. „Der letzte Tag" ist sein erster Krimi.

Silke Möller studierte einige Semester Kunstgeschichte, entschied sich dann aber doch für eine Ausbildung zur Reprofotografin in Ahrensburg. Die fünffache Mutter entdeckte während der Kindererziehung die große Begeisterung für das Malen, Zeichnen und Schreiben. Es entstanden witzige Geschichten, immer mit einem Hang zur Satire. Sie liebt den Schwarzen Humor und ist gelegentlich bei Poetry Slams in der Region zu sehen.

Finn Moryson, geboren 1999, wuchs in Großhansdorf auf, besuchte aber im Nachbarort Ahrensburg die Schulen. Nach dem Abitur 2018 am Eric-Kandel-Gymnasium zog es ihn nach Erlangen, wo er derzeit Politikwissenschaften studiert. Er hat einige unveröffentlichte Geschichten verfasst, wobei „Kaltblütiger Vorsatz" sein erster Krimi ist.

Henry Riedl wuchs im südlichen Teil Ahrensburgs, der Siedlung Hagen, auf. 2017 machte er Abitur an der Stormarnschule und studiert nun Sozialökonomie in Hamburg. Schreiben, sagt der 22-Jährige selbst, war bislang „nur" ein Hobby: Er schrieb einen Roman und arbeitet derzeit an einer Fantasy-Trilogie. Für Henry Riedl ist der Krimi die erste Veröffentlichung.

Sybille Röhrl erblickte 1948 in Berlin das Licht der Welt, hier lernte und arbeitete sie als Lehrerin. 1975 zog es die zweifache Mutter nach Ahrensburg. Sie arbeitete zuletzt in sehr unterschiedlichen Bereichen, u. a. als Multimedia-Entwicklerin und freie Journalistin. „Ja" ist Sybille Röhrls erster Krimi.

Jens Westermann wurde 1926 in Hamburg geboren, verbrachte seine Kindheit in Ahrensburg und Großhansdorf und ging hier zur Schule. Im Zweiten Weltkrieg arbeitete er als Luftwaffenhelfer am Waltherwerk Ahrensburg, heutiges Feinkostwerk HELA. Seit 1947 war er als kaufmännischer Angestellter bei Unilever beschäftigt, bis er 1984 pensioniert wurde. Seit seinem 18. Lebensjahr schreibt er Gedichte und Geschichten, Essays und Romane, vieles davon wurde im Krieg zerstört. 2012 gewann er den Publikumspreis der Schriftsteller in Schleswig-Holstein. Seit über 35 Jahren ist Jens Westermann Mitglied bei „Literaturlandschaften e. V.", dem „Stormarner Schriftstellerkreis" und „Schriftsteller in Schleswig-Holstein". Jens Westermann hat zwei Söhne.

Mit dem Schreiben begann **Karin Schattmann** vor etwa dreißig Jahren. Die dreifache Mutter, Jahrgang 1951, die in Ahrensburg lebt, arbeitete als Fremdsprachenkorrespondentin, freie Übersetzerin und ist seit vielen Jahren auch Texterin. Sie experimentiert gerne mit Wörtern und hat einige Texte und Druckwerke geschrieben. Karin Schattmann ist Mitglied des Stormarner Schriftstellerkreises.

„Mord am Mühlenredder" stammt aus der Feder eines Autorenpaares. **Marlis Schwanenberg**, Jahrgang 1942, wohnhaft in Hannover und Teilzeit-Ahrensburgerin, schreibt leidenschaftlich gerne makabere Kurzgeschichten mit unerwarteten Wendungen und gutem Ausgang. Zusammen mit ihrem Sohn Philipp, Jahrgang 1969, seit 1999 Wahl-Ahrensburger, entstand die Geschichte um die verschwundene Leiche an der Bagatelle. **Philipp Schwanenberg** ist IT-Abteilungsleiter und hat auch schon für Flugmodellzeitschriften geschrieben.

Die Reinfelder Krimiautorin **Magda Sorour**, Jahrgang 1947, ist Rektorin im Ruhestand. Sie schreibt Kriminalgeschichten, teilweise mit historischem Hintergrund, Gedichte und Märchenhaftes. Ein Teil ihrer Kurzgeschichten wurde bereits veröffentlicht unter dem Titel „Delikate Delikte – geschehen in Norddeutschland". Einige ihrer Gedichte sind im Internet zu finden.

Klaus E. Spieldenner machte 2017 mit „ELBTOD" – dem ersten Kriminalroman über die Hamburger Elbphilharmonie – auf sich aufmerksam. Der 1954 geborene Autor begann 2012 aus „kreativer Langeweile" mit dem Schreiben. Mit „ELBGIER" ist 2022 (nach „ELBTRAUM", „ELBFINSTERNIS" und „ELBFLUCHT") der achte Regional-Krimi seiner Reihe um die Hamburger Kommissarin Sandra Holz in den CW Niemeyer Buchverlagen erschienen. Klaus E. Spieldenner lebt mit Ehefrau Ingrid in Bad Oldesloe. Beide haben zwei erwachsene Kinder.

Im Verlag CW Niemeyer bereits erschienen ...

Käpt'n Krischan kann es nicht fassen. Der Motor seines geliebten Krabbenkutters ANNE II wurde mutwillig zerstört. Die Diagnose „Sand im Getriebe". Der Schuldige ist schnell gefunden, da dessen ölverschmierte und erschlagene Leiche noch immer im Maschinenraum des betagten Kutters liegt. Oder war etwa alles ganz anders, als es auf den ersten Blick scheint? Ein verzwickter Fall für Kriminalhauptkommissarin Nina Moretti und Inselpolizistin Lotta Dönges.

Micha Krämer. Mordskutter
432 Seiten. Klappenbroschur. ISBN 978-3-8271-9378-0
E-Book   978-3-8271-8629-4 (Pdf)
           978-3-8271-8421-4 (Epub)

Im Verlag CW Niemeyer bereits erschienen ...

Wenn sich der Tod mit Flossen tarnt ...
Gierige Investoren wollen in Niendorfs Seewäldchen direkt neben dem Hafen ein Hotel mit Fisch-Erlebniswelt bauen. Das Vorhaben spaltet den Ort – ein Mensch stirbt. Lianne Paulsen, die Strandkörbe in Timmendorf vermietet, will von ihrer Chefin Thea Harms den Bereich Niendorf übernehmen. Dadurch gerät diese mitten hinein in den Kampf um den geplanten Touristenmagneten. Umweltschützer und Fischer stehen plötzlich auf einer Seite. Eines Morgens sitzt ein Toter im Park. Verdächtigungen machen die Runde. Liannes beste Freundin Britt ist zu neugierig und riskiert ihr Leben. Kann Lianne sie und das Seewäldchen retten?

Sabine Latzel. Niendorf ... jetzt mit Leiche
384 Seiten. Klappenbroschur. ISBN 978-3-8271-9376-6
E-Book   978-3-8271-8631-7 (Pdf)
               978-3-8271-8423-8 (Epub)

#niemeyerbuch
Jetzt kein Buch mehr verpassen

Im Verlag CW Niemeyer bereits erschienen ...

Ein Messer voll Blut. Ein Geist im Wasser. Aber: keine Leiche?
Wat 'n Moordsspaaß, Neuharlingersiel ...
Bei Wikingerausgrabungen wird ein Meuchelwerkzeug entdeckt. Nichts Außergewöhnliches? Doch, denn die rostige Klinge steckte erst kürzlich in ihrem Opfer. Ob Mensch oder Tier kann nur Rechtsmediziner Enno klären. Aber diese besonderen Umstände rufen sofort die legendäre Oma Pusch auf den Plan. Sie weiß: Das Böse schläft nie! Es muss stets von Neuem überlistet werden. Und während sie längst mit ihrer Freundin Rita ermittelt, glaubt manch einer noch an Spuk, denn es gibt weder einen Toten, noch einen Vermissten. Ja, es ist diesmal tatsächlich zum Haare raufen ...
... doch wer zuletzt lacht, lacht am besten!

Nané Lénard. FriesenWitz
432 Seiten. Klappenbroschur. ISBN 978-3-8271-9377-3
E-Book   978-3-8271-8630-0 (Pdf)
            978-3-8271-8422-1 (Epub)

Im Verlag CW Niemeyer bereits erschienen ...

Es fühlte sich großartig an, als sein Herz zu schlagen aufhörte.
Mehr als 50 Jahre nach seiner Schließung gerät der legendäre Hamburger „Star-Club" wieder in die Schlagzeilen. Die Villa des letzten Geschäftsführers Ritchie Sanders wird schwer verwüstet, deren neuer Besitzer mit Kopfschuss hingerichtet. Das Team vom Landeskriminalamt 41 – unter Leitung der Ersten Hauptkommissarin Sandra Holz – erwartet ein verheerender Anblick. Was haben die Täter in der Villa gesucht? Die Spur führt das Hamburger Ermittlerteam zunächst weit zurück in die Vergangenheit, als sich noch musikalische Größen im Hamburger Kultschuppen die Klinke in die Hand gaben. Doch fehlende Motive und verschwundene Zeitzeugen erschweren die Ermittlungen. Als plötzlich ein gesuchter RAF-Terrorist und weitere Tote auftauchen, wird allen Beteiligten klar: Es geht hier um weit mehr als nur um musikalische Erinnerungen!

Klaus E. Spieldenner. Elbgier
416 Seiten. Klappenbroschur. ISBN 978-3-8271-9379-7
E-Book   978-3-8271-8628-7 (Pdf)
               978-3-8271-8420-7 (Epub)

#niemeyerbuch

Jetzt kein Buch mehr verpassen

Folgt uns auf

#niemeyerbuch